U0918829

薛涌◎著

仇富

THE HATRED AGAINST THE RICH

——当下中国的贫富之争

凤凰出版传媒集团
江苏文艺出版社
JIANGSU LITERATURE AND ART PUBLISHING HOUSE

目　录

前言：我为什么要辩论？ 001

最低工资制：右翼专制主义的表现 007

警惕右翼专制主义的崛起 008
收一收既得利益的心态 010
中国到了“羊吃人”的时候了吗？ 012
我为什么写《中国不能永远为世界打工》？ 014
中国的发展不能依靠人口红利 016
市场并不仅仅属于暴发户 019
资本的道德 022
张五常凭什么给中国的老百姓定工资？ 024
布莱尔与东莞民工 027
中国工人的月薪应该是多少？ 029
高薪才能维持高发展 032
市场经济需要文化的滋养 034
开私车的怎么成了弱势群体？ 036
开发商是怎么赚钱的？ 039
感恩是人的基本品德 041
被逼着感恩时应该怎么办？ 043
低薪是中国的比较优势吗？ 045
盖茨帮助我们反省市场经济 051

土地制度：对江平、吴敬琏的批判 053

从世界史看土地使用权 054
从承包到宪章　——从世界史的角度看产权 057
城市准入与共同体精神　——从大历史看城市化进程中的社会治安 067
我们必须拒绝一个隔离的社会 072

目　录 CONTENTS

普通法传统中的私有产权 074
有自由才能有秩序 083
新伦敦案能证明拆迁合理吗? 086
拆迁纠纷应试行陪审制度 091
江平教授,请你公开道歉! 093
知识界需要“清理门户” 095
21 世纪的中国应是法学家时代 098
橄榄球社会 101
重植被切断的草根 105
谁把社会分成了精英与草根? 107
“吴市场”为什么反市场? 110
吴敬琏先生,请公布你的收入来源 113
吴敬琏该不该公布收入来源? 115
吴敬琏:什么叫极少数人挑拨煽动? 118

仇富:对茅于轼的批判 121
中国歧视富人吗? 122
从民工被打看“首先保护富人的权利” 125
为富人说话能为穷人办事吗? 127
茅老是好人,但难道不能批评吗? ——我为什么终止和《南方都市报》的合作 129
中国媒体的潜规则 135
我和新浪是什么关系? ——答冯一刀先生 139
我和“博客中国”是什么关系? 141
关于冯一刀事件的澄清声明 143
茅于轼真不主张首先保护富人吗? 145
要勤劳致富,就必须保护穷人 148
崇拜财富并不能创造财富 151
学者要有些体育训练 153
只有保护穷人,穷人才能变富 155
贫富分化是市场经济的必然结果吗? 157
中国的廉租房难道还赶不上五百年前的欧洲? 160

茅于轼有什么资格说穷人懒？ 162
茅于轼错在哪里？ 164
北京提出了住房建设的好模式 166
我们应该从经适房丑闻中学什么？ 168
经济适用房真是无药可治吗？ 170
用经济适用房改造棚户区 173
发展经济适用房的两策 175

各方反响：你为谁说话？ 177

是茅于轼被歪曲，还是我被歪曲？ ——兼论自由与平等 178
“说话”就是“做事” ——答邝海炎先生 182
说话的人要把话说好 ——再答邝海炎先生 186
保护茅于轼的社会病理分析 ——答笑蜀 192
“炮打茅于轼”之社会病理分析（笑蜀） 198
笑蜀：你已经不是孩子 204
忠告薛涌：你需要上做人的启蒙课（笑蜀） 208
告笑蜀：请学习民主自由的基础课 212
请容忍骂人 ——回复网友的质疑 214
为与《南都》决裂一事答网友 216
就和《南方都市报》断绝合作关系再答网友 220
贫富共和 ——妥善安排穷人和富人关系的唯一出路（秋风） 222
按事情的本来面目进行讨论（肖雪慧） 227
《南方人物周刊》访谈：你为谁说话？（何三畏） 233
薛涌：我就自封“新右”如何？
徐友渔：“仇富”的现实危害被夸大了
一个公共话题的左右说 ——薛涌先生访谈（《新生代·调查》） 245
“反智主义”的崛起 249

代跋：当自由放任的市场经济失灵的时候 255

前言：我为什么要辩论？

这部集子，以我几年以来和吴敬琏、江平、茅于轼等人的“单方面辩论”为主干。之所以说是“单方面”，主要是因为这些人从来没有对我的批评正面回应过，甚至一直在回避和我辩论。是不是我的观点过于浅薄、不值得回应呢？有位朋友告诉我：在北京由众多方家出席的学术会议上，我的观点不断地被提起来批判，甚至成为会议的主题，但批判者都回避提我的名字，好像生怕沾上是非。我的言论的“恶劣影响”，也是被这些人所深恶痛绝的。但是，他们选择不直接通过辩论来清除这些“恶劣影响”。一些和他们志同道合的媒体开始拒绝刊登我的稿件。有的媒体曾千方百计地请我充当专栏撰稿人，但是，一旦我批评上述诸公的文章见诸于世，当初自己找上门来的热情编辑立即中断与我的联系，甚至连简单的回信礼貌也不讲了。总之，在“自由派”的主流知识分子和媒体中，我是个必须回避的人。

为什么他们对我的态度会这样神神秘秘？这让我想起一位编辑告诉我的“业内人士”对我的评价：“薛涌的文章，如同公牛闯进瓷器店，不分青红皂白地乱砸一气，什么都不认。”在他这位好心人看来，一切都是因为我长期生活在国外，不了解中国的“国情”，不知道谁和谁应该是一头的，乃至动不动会掉转枪口，对这自己一方进行扫射。

在我看来，这也许恰恰说明了我这些文章的意义。

吴敬琏、江平、茅于轼这些人是谁？在上世纪八十年代，他们是我们的时代英雄。这些人多半是右派，因为自己的独立思想吃尽苦头，并且是最先提出市场经济改革理论、提出在中国建立西方意义上的法律体系的人。他们主张限制国家的权力、政府从社会经济领域逐渐退出、给个人更多的权利、给社会更大的自由。所有这些，无一不表达了我所信奉的社会理想和价值观念。既然是思想和精神上的同道，我为什么还要反他们？这难道不是“公牛闯进瓷器店，不分青红皂白地乱砸一气”？这难道不是“大水冲了龙王庙，自家人不认自家人”？这难道不是“立场不清”、“是非不明”？

可惜，此一时彼一时也。上世纪八十年代，他们确实是时代的开创者。但今天，他们则经常是现存体制和既得利益的卫道士，甚至是“歌德派”知识分子。在两年多以前重庆钉子户事件中，吴敬琏和江平的表现就非常令人信服地证明了这一点。众所周知，重庆“最牛的钉子户”之所以触动了整个国家的神经，甚至演化为一个国际关注的事件，就是因为在二十多年的经济起飞中，政治改革严重滞后，政府说是从经济领域退出，实际上并没有退出。特别是地方政府，经常靠出售权力为生。这就造成了官商一体、权钱交易的腐败。为之付出代价的，则是普通的老百姓。这在拆迁问题上表现得尤为突出：开发商经常用金钱买通地方官员，后者一纸拆迁令，大批寻常百姓的祖产、祖居就被剥夺，受害者只获得了很少的补偿，甚至受到暴力驱赶。重庆“最牛的钉子户”的诞生，是个非常具有象征意义的事件：这象征着中国老百姓权利意识的崛起，象征着他们开始向这种政府无所不在的权力、这种官商勾结的体制、这种权钱交易的腐败说“不”。而新技术手段所催生的“网络民意”，则使这种在过去是不可能的抗争有了赢的机会。只有民众在这个问题上能赢，国家的权力才能受到限制，政府才能真正从社会领域退出，经济自由才能获得充分的保证。但是，吴敬琏、江平们对此是什么态度呢？

吴敬琏因为提倡市场经济，有了“吴市场”的绰号。但在这关键时刻，他无视大量拆迁户的利益被侵犯、拆迁暴力事件成为家常便饭的事实，明确提出对拆迁户“按市场价格进行补偿是不合理的，因为城市化是全民的成果，其利益不应该完全给房主”（根据媒体的报道引用）。换句话说，如果你买了股票，几年后股票价值上涨了几倍，按他的理论，你的收益可以被政府合法收夺。因为股票价值的上涨是一种类似“全民成果”的东西，是别人努力的结果。你根本没有介入企业的经营管理和生产过程，怎么可以独吞这家企业股票升值的果实？这就是他的市场逻辑。他所谓的“全民的成果”，其实就是全民所有制的计划经济体制的理论基础。他在真正涉及老百姓的生活的问题上，彻底背叛了市场经济的最基本原则。

江平被誉为是中国“民法三杰”之一，是《物权法》的起草人，被一些人视为是私有产权的守护神。在重庆钉子户事件中，拆迁户抗议说拆迁并不是出于公共利益，而不过是为开发商让路。江平则并没有出来论证拆迁本身是否代表着公共利益，而是直接站出来痛斥拆迁户的权利理论：“他说不是公共利益就不是了？!”他甚至断章取义地引用美国最高法院对新伦敦案的判决，试图证明在美国政府可以把民宅任意推倒而为大公司让路，只要这些大公司能够创造就业。他进一步论述说：“经济生活是自由经济，是由市场经济规律自己来调节的，但是当发生市场经济规律这只无形的手不能够解决的某些问题的时候，国家这只有形的手就要进行必要的干预。”一句话，他拥护用国家权力解决这一问题。在这个具体的案例上，国家权力就是地方政府的权力。这个地方政府控制着法院、警察、行政等等多方面的权力,可以无限制地介入我们的生活。

吴敬琏和江平们的上述言论,如果出于极左派之口并不令人奇怪,但出于为市场经济和法治社会而奔走呼号的人之口,则令人震惊了。在我看来,这是一种倒退。这种倒退,未必局限在这两个人,而很可能是一代自由派知识分子中的普遍现象。为什么会如此?在我看来,可能的理由有如下两点。

首先,这些人的地位不同了。他们不是当年蹲牛棚的右派、"臭老九",而是挂着各种头衔、身兼数职的名流,是各大国营企业的独董、大学校长、开发商的座上客。我曾经为他们在具体问题上的立场和他们一贯的理论主张之间的矛盾大惑不解,特地打电话讨教国内媒体一位同情我的记者。对方说:"现在的开发商开会,动不动就把这些知识界的权威请来,一人几千甚至几万块的出场费,连白条都没有。你怎么查?你出席这种会多了,能不为开发商说话吗?"这话有多少真实成分,我多年生活在国外,"不了解中国国情",要靠了解的人去判断、调查。我所看到的,只是这些人以令人难以置信的方式背叛了自己的信仰。我们都记得阿克顿的名言:"权力意味着腐败,绝对权力绝对腐败。"这些人当然并不拥有最高权力。但是,我们的社会,可以把他们的相对权力塑造成绝对权力。在许多自由派人士和媒体看来,这些人是市场改革的功臣,是不能批评的。批评他们就等于帮助了左派。几个圈内人的电话,就可以使批评他们的声音不能见诸报端。一个人不管有多么微不足道的权力(这可以是政治权力,也可以是知识权力、话语权力),一旦这种权力在公共舆论或者"圈内"成为不受挑战的东西,哪怕是微不足道的权力也会导致腐败。况且,这些人所把持的权力,根本不是微不足道。

第二,吴敬琏、江平这代人的学术根底,大致是苏联的训练。他们通过亲身的经验和思考,看出苏联体制的弱点,应该说是非常难能可贵的。但是,学术上的见识很难突破自己的训练。当年的"苏联专家"对他们在知识上的影响似乎是相当长久、深刻的。这也许是为什么他们动不动要用"全民的成果"来否定个人的权利的原因。江平据说是研究《罗马法》的"权威"。但我们必须注意到,《罗马法》在厘定私有产权等方面固然有很大贡献,同时也是欧洲专制君主进行"国家建设"的重要工具。中世纪欧洲大学培养的法律学者,也是填充专制君主刚刚建立的官僚机器的主力。以中国士大夫传统的精英意识,加上苏联的训练,再来消化《罗马法》的传统,则很容易把法律转化为单纯的国家权力工具。在重庆拆迁户的问题上,江平把国家作为界定公共利益的唯一权威,怕是和这种学统不无关系。

这些人能再继续指导我们的改革吗?自由派媒体从来没有反省这个问题。相反，这些媒体把他们当成了改革的旗帜，自己则变为这些“主流”的同仁媒体，丧失了自己的公共性。当我写文章要求吴敬琏公布自己的收入来源时，竟然引起了自由派的震怒，说我要挖人家的个人隐私。要知道，吴敬琏在政协等重要机构担任要职，并且是几大国营企业的独董。他公开抱怨当前的舆论“集中注意的是结果的不平等，于是就要限制国企经理的最高薪酬，对一般的富人征高额税等等；还动不动就要‘向富人开枪’”。难道当一个国企的独董如此公开地反对限制国企经理的薪酬时，他从国企拿了多少钱还不属于公众的知情权之范畴吗？为什么他反对对富人征高税，却偏偏主张在不按市场价格补偿的前提下还要对拆迁户的“买进价和卖出价的差额开征资本利得税”呢？这难道不是想尽一切办法为开发商说话吗？难道我们不应该查一下他是否拿了开发商的钱吗？他进一步阐述：“什么人可能反对改革？一个是既得利益集团，一个是贫困群体。他们可能在反市场体制上结成联盟。打着弥补市场缺陷的口号，大众全然没有意识到自己的命运会就此改变。”好像大众对什么是自己的利益全然没有判断能力，必须依靠他这样的精英来指导。连他所运用的“打着弥补市场缺陷的口号”这样的句式，也是从“打着人民的旗号反人民”这种文革式的语言中化出来的。

在这里，吴敬琏公然诬蔑弱势群体，暗示低收入阶层正在和“既得利益”集团形成一个反改革的联盟。茅于轼则干脆打起“保护富人”的旗帜，称中国现在的财富都是富人创造的，工人农民都不算数，睁眼不看中国的经济起飞主要是制造业廉价劳工的竞争优势所致的事实。这等于为剥夺普通百姓对自己创造的财富的所有权打下了理论基础。于是，声言不给穷人盖房的任志强成了“最关心群众”的人。我们似乎只能回到计划经济时代，要靠“关心群众”的领导来改善我们的生活。你不同意这一点，就是“不明真相”，就是“少数人造谣煽动”。总之，这些主流派自由知识分子已经构成了一个保卫富人联盟，并对野蛮拆迁、不按市场价值给予经济补偿的经济掠夺表示了公开的支持。当掠夺起家可以被这样正当化时，当剥夺普通百姓的所有权也成了市场规则时，针对这种掠夺而产生的“仇富”情绪就有了坚实的理由。我们必须对这样的不义之财说“不”。如果听任这些人把持话语权力，那么权钱和知识三位一体的“右翼专制主义”就可能崛起。政府就无法从社会领域退出，而是把自己的权力向社会拍卖。个人的权利也无法得到保障。这也是我站出来和他们辩论的基本理由。

中国的经济体制改革取得了不可否认的成就。批判这些人不是要抹杀这些成就，也不是贬低他们过去的业绩。但是，中国是个走向未来的国家。中国已经发展到了这样的地步：没有政治体制的改革，经济体制的改革不仅无法深入，而且其果实也无法长久保持。要知道,所谓限制国家的权力、政府从社会经济领域逐渐退出、给个人更多的权利、给社会更大的自由等等,都更多地属于政治改革的范畴。国家在本质上是要扩张而非限制自己的权力,政府也不会那么情愿从社会经济领域自动退出。限制国家权力,让政府从社会经济领域退出,最根本的办法是培育个人的权利,培养草根社会的力量。而这一过程是很难设计的,只能走一步看一步,抓住一切机会,培育草根社会、让普通百姓发出更大的声音。这也是我和这些主流的自由派精英的本质不同:我一直为"网络民意"等等草根社会的声音而欢呼,即使在这一过程中泥沙俱下,甚至我个人也要顶着网络上的语言暴力。而他们则对这种声音充满了恐惧,视之为"不是民意"、"非理性",似乎普通人永远是"不明真相"的。许多主流经济学家甚至私下开始讨论:民主的"交易成本"太大,还是绕开为好。对我来说,这是对中国之长治久安的最大威胁之一。

我不是左派。即使是那些主流们,也无法把我描述成左派。我是在上世纪八十年代大学毕业的人。但是,我的立场,已经很难用八十年代的词汇来界定。在我看来,这是一种进步。中国的改革,需要走出八十年代的自由主义。这,也是本书的目标。

最低工资制：右翼专制主义的表现

薛　涌 XUEYONG

警惕右翼专制主义的崛起

最近的中国，有一股右翼专制主义的思潮正在崛起。这种思潮的危险在于，它的倡导者常常是过去的自由派人士，对抱有自由主义价值的人有相当的迷惑性。我们如果对之丧失警惕，使之占领我们的体制，中国现代化的转型就又添一番曲折。

这种右翼专制主义的思想，在一些主流经济学家的言论中已经体现得非常清楚。比如他们几乎一致排斥老百姓对改革的参与，对网上民意充满了恐惧。从张维迎的“正确的观点不用投票”，到樊纲的“网民不代表民意”，他们想方设法地阻止而不是鼓励老百姓的政治参与，把老百姓的心声妖魔化为“非理性”。《经济观察报》干脆把那些“希望把争论扩大到全社会，进而影响政府决策”的人归之为“反改革势力”，暗示改革只是一小部分人的特权。

话说得最明白的，当属清华大学教授李稻葵。他公开提出发展中国家民主要缓行，对法治“不能神话”。他不希望老百姓参与关系到自己切身利益的公共讨论，要回到“不争论”的时代，甚至反对公开利益集团的冲突，构想着一个没有任何透明性的社会。他还具体地指责媒体不负责任，搬出所谓的美国模式，认为由几个大财团集中控制的媒体才是负责的，暗示对媒体要加强集中管理。他甚至耸人听闻地声称，现在网上对主流经济学家的一些攻击在美国已经构成了诽谤罪。

真是如此吗？我在美国生活了十几年，还没有看到网民因攻击公共人物而被判诽谤罪的一个案例。相反，老百姓攻击公共人物受到充分的法律保护。比如2004年总统大选时，一批越战快艇队老兵组织起来攻击克里。他们不仅是网上骂骂，而且拍摄电影，在全国各地的电视上放映。连保守派的评论家也指出他们的片子充满不实之词。克里在大选之中和之后都曾考虑起诉对方，后来还是不了了之。在美国，小人物“诽谤”大人物，在法律上享有非常充分的保护。美国在建国之初，政府一度曾经想管管媒体。第一，那时确实不少人在报纸上匿名造谣诽谤；第二，当时和法国就要发生战争，保持稳定非常重要。于是，亚当斯领导的联邦党人，于1798年在国会通过了“煽动法案”，严格打击对政府官员的攻击和诽谤。然而，这一法案变得如此臭名昭著,促成了亚当斯在1800年大选中的失利,联邦党也很快寿终正寝。甚至亚当斯晚年还极力试图撇清自己和这个法案的关系。不知道在美国读过书的李教授是从哪里搬来的美国规矩?中国如今竟出现写本小说也被判诽谤罪的事情。请问李教授希望把媒体管成什么样子?

李教授看不上印度的民主,但是印度有些事情却出奇地对他的胃口。比如,他指出《印度快报》非常严肃负责,理由之一就是主编是个经济学博士。另一个理由,是人家监督政府,但"决不会对政府官员进行人身攻击,所以政府官员大都是她个人的好朋友"。这家报纸知道一位国家领导人是同性恋,而且和一个未成年人有某种关系,但在有确凿证据的情况下拒绝报道。

这就是李教授心中的理想社会:政府官员和媒体人士都成为个人层面的好朋友,政府官员和未成年人发生性关系,媒体帮助掩盖!这样媒体还能监督谁呢?大家还记得克林顿的性丑闻吧。那还不涉及未成年人,但媒体连篇累牍。许多美国的老百姓反对因为这种私生活而弹劾总统,但没有人说这种事情不该报道。耶鲁一位大教授,因为和未成年人发生性关系,不仅被媒体追踪报道,而且现在还在联邦监狱服刑。李教授等于公开提倡媒体要保护罪犯!仿佛一个人只要是个官,犯了罪也属于私生活。

从主流经济学家的种种言论我们可以看出,他们希望通过加强对老百姓的管制,而不是增加老百姓的权利,来寻求一种经济发展的道路。他们希望建立某种垄断性的权威,来抑制老百姓的政治参与。这是一种典型的右翼专制主义的寡头模式。

哈耶克认为,从右翼专制向民主过渡,比从左翼专制向民主过渡要容易些。看看战后的世界历史,这话当然有些道理。但是,右翼的专制也是专制。民主才是我们的社会理想。在1980年代,改革刚刚开始,"两个凡是"的左倾势力是改革的主要障碍,所以那时反左是我们首要的历史使命。如今,当年那些原教旨的左派基本上已经退出历史舞台。中国已经经历了深刻的历史转型。在一个新的历史关口,右翼专制主义正在成为对自由的主要威胁。主流经济学家们利用人们对左派的恐惧,口口声声地说要"骗出一个好的制度"。我孤陋寡闻,见过"此地无银三百两"式的"骗",还没有见过"此地有银三百两"式的"骗"。既然要骗,怎么能先把自己的底牌告诉人家?看来,他们要骗的并不是左派。他们是通过声称骗左派来让老百姓闭嘴,让追求民主的人们放松警惕。这样他们可以在阻力最小的情况下建立右翼专制主义的体制。这才是骗人者藏而不露的底牌。所以,我们这些梦想着一个经济发达、政治民主的中国的人,到了和他们分道扬镳的时候了。

收一收既得利益的心态

我在博客中写了一篇《财阀学阀，欺行霸市》的文章，批评房产大亨任志强和北师大教授董藩关于房地产业不能公布成本的理论，立即引来两人的连手反击，在网上闹得颇为热闹。可是，两人的反击，回避了我的中心问题，董教授更是诉诸歪曲谩骂的手段，颇能表现中国既得利益集团的心态。

本来，我的批评最初还不是针对任志强。他是个生意人，要说对生意有利的话。这样做合法也合情。我对他的批评主要集中在他过去对穷人侮辱性的言论。这次之所以站出来说话，主要的导火索还是董藩先生发明了公布房地产成本是创造“国耻”的理论。我的观点很清楚：中国的平民百姓（包括那些富裕到能够购买商品房的人），把自己一生最大的积蓄用来购房，他们当然有权利知道用自己一生心血购来的房子的造价和成本是多少，而且这种造价和成本是可以核算的。第二，我并不因此反对市场逻辑。相反，我明确提出公布成本和房地产公司的自由定价权是两回事。经济适用房的利润率受政府的有关规定的约束，商品房的利润率则不受这个控制。你的成本越低，售出价格越高，说明你的经营越有效率。这是市场逻辑。不过，市场越透明，消费者对产品越有知情权，市场的运行才越健康。

对此，任志强出来反驳，说我不懂中国的有关法律规定，不懂中国的土地是国有，美国是私有，不懂公司经营成本与项目开发成本的区别等等。其实，我从来没有说中美土地所有权是一样的，更没有说成本不能有不同的算法。我的基本立场是，尽管有不同种类的成本，土地所有权也影响房地产公司的利润，但这些成本核算应该公开，让消费者看清楚自己的钱花在什么地方。

这样驴唇不对马嘴的反驳，说明了任志强的心态。他文章开篇就说：“对房地产问题的争论，似乎已成为任何想引起人们关注并借此成名者的阶梯。于是不管是从事此行业、研究此行业的人；还是根本就对此行业一无所知，或研究领域与此行业毫不相干的人，都自认为是‘专家’、‘学者’，也都长篇大论地参与了与房地产业发展有关的各种讨论。”他要证明的是，他是专家，我不是，所以我应该闭嘴。或者说：“见过马跑的人，并不知道骑马的滋味，也不等于会骑马。看别人骑马跑得很快,你却可能骑上马还没跑就掉下来摔个半死。别以为看过骑马就懂骑马了,仅仅看过骑马的人如果也都有资格去评论马术那才是真正的笑话呢。”顺着这样的逻辑一推就明白:在房地产上,只有像他这样的人才有说话权。一般消费者最多见过马跑,甚至有连马跑都没有见过的,根本没有资格说话。

任先生大概忘了,仅看过马跑的人并非不能评论马术。赛马也好,马术也好,骑师再专业,他们也要表演给看马跑的人看。看马跑的人是骑马的人的衣食父母。你见过哪个骑师会像任先生这样对观众怒斥:“起什么哄,喝什么彩,你们这些没有骑过马的蠢货!还不给我闭嘴。我到时候告诉你们谁赢就行了。”

买房的老百姓没有专业知识就去经营房地产,就像仅看过马跑的人贸然骑马一样,多半会出事故。但是,人家花钱买房,就有权知道钱花在哪里。这就像花钱进了跑马场的人,有权亲眼看看比赛究竟是怎么分出胜负并且在看台上品头论足一样。否则人家凭什么买票?房地产商有经营的专长,但不能用自己的专业知识垄断关于房地产的公共辩论。所以,我写文章并非像他所指的是在冒充专家、学者。相反,我坦诚交代我是个没有买过房、也不懂房地产的“白丁”。但是,我有问题要问,有观点要表达。这是所有老百姓都有的权利。不管你是什么专家,也别想挡住我。

这种垄断公共辩论的心态和图谋,被董藩表述得更清楚。他的反驳文章,题为《薛涌的无耻、无知与放肆》,竟从我对北大的批评讲起:“令我愕然的是,薛涌竟是早年北大的毕业生。虽然薛涌的批判不乏真知灼见,但他毕竟曾受业于北大,北大是他的母校,他曾是北大的学子。有意见和建议可以通过其他途径传递,抑或采用相对平和的语气公开表达。”言下之意,我受了北大的恩,北大无论干什么都不应该公开批评,有话内部说,别让外人知道;或者要非常客气地说话。可是,为什么他自己可以今天说人家是“国耻”,明天说人家是“无耻”呢?按他的逻辑,只要人家过去给了你好处,你就应该把公共利益抛到一边,“通过其他途径”而不是公共辩论的方式表达自己的看法。这难道不是公开为既得利益张目吗?

任志强和董藩,一个是生意人,一个是学者,但有着同一种心态:排斥老百姓参与公共辩论。我说他们欺行霸市,看来并没有委屈他们。

中国到了“羊吃人”的时候了吗?

据《上海证券报》报道,最近国内经济学家纷纷出来回击《华尔街日报》关于中国的经济发展是否是以最穷的人的利益为代价的质疑,称该报“断章取义”,并坚持“中国绝大多数人从改革开放受益”。

听了这样的评论我未免有些疑问。我订了《华尔街日报》多少年。众所周知,《华尔街日报》是右派的财经报纸,对华在政治上强硬,但对中国的经济改革一直持相当积极的态度,并坚持弗里德曼式的市场经济理念,反对政府干预经济,削平贫富,主张对中国贸易开放,并在中海油并购美国石油公司、美国对中国的贸易赤字、乃至美国是否应该压人民币升值等一系列具体问题上,基本都站在中国一面。怎么会突然拿出一副民主党的口气来教训中国不管穷人呢?

后来看到《金融时报》的相关报道,才算明白是怎么回事。事情起源于世界银行的一个报告。根据这个报告,从 2001 年到 2003 年,中国最贫困的 10% 的人口,收入降低了 2.4%;最富的 10% 的人口,收入增加了 16%。而在同一段时间内,中国经济的年增长率接近 10%。报告讲得很清楚,在这段时间内,最穷的十分之一人口收入略有下降,但其他经济地位的人口的收入都有明显增长。翻译成我们经济学家听得懂或者最爱听的话,那就是 90% 的人口收入有明显增长。人家已经有了这样的结论,我们的经济学家何必用什么“中国绝大多数人从改革开发受益”来反驳呢?谁说绝大多数人没有受益呢?

一些名字也没有的“经济学家”在接受《上海证券报》记者采访时还进一步表示,“把造成中国的低收入人群的原因归为富裕人群更富裕,在某种程度上有‘断章取义’之嫌”。但看看前面世界银行的报告,人家只是把数据摆出来,说最富的 10% 的收入提高了 16%,最穷的 10% 收入降低了 2.4%,并没有“把造成中国的低收入人群的原因归为富裕人群更富裕”,反而好像是我们的经济学家自己在那里对号入座。

经济学家应该善于发现现实中的问题,而不要无条件地当现实的辩护律师。中国经济改革的成就举世公认,我们应该有足够的自信来面对发展中的问题和外界的批评。世界银行的报告，无疑对中国社会具有良好的警示作用。第一，一般而言，当经济发展良好时，社会对穷人更好些。比如政府有财政盈余，舍得花钱；富人钱包鼓了，捐赠也痛快。第二，中国的经济技术含量不高，严重依赖低薪阶层的简单体力劳动。当一个经济的简单体力劳动的含量高，高技术的含量低时，穷人的机会应该比较多。但是，在这么有利的条件下，为什么政府和富裕阶层没有为穷人提供足够的福利？为什么急剧扩张的制造业没有给最穷的10%的人口提供基本的机会？中国的人均收入，远比美国和俄罗斯低，但根据基尼系数，贫富差距已经比这两个国家大。这些难道还不值得我们思考吗？

“一些专家”或经济学家无视这些问题，甚至临时换专业，以历史学家的口气狡辩说，“从大历史的进程观察，任何国家或地区在经济快速发展的时期，都要经历一个‘受益不均’的阶段，比如英国工业革命中的‘羊吃人’现象、欧州国家早年对非洲的殖民掠夺等等，都是明显的例证。”言下之意，就是在当今的中国也可以“羊吃人”，也可以进行“掠夺”。这等于用十八、十九世纪的道德标准，来规范二十一世纪的社会。这些专家怎么不看看：日本战后的经济起飞，缩小而不是扩大了贫富差距。抢银行可以致富，当金融专家也可以致富。我们的经济学家，在教唆人们走哪条路？

贫富不均，对中国不仅是个政治挑战，也是个经济挑战。主流经济学家面对这种问题，总是会出来说：要让市场解决问题，要先把饼做大，然后大家都有吃的。他们回避的问题是：一个贫富严重不均的社会，饼不可能做大。市场经济的祖师爷亚当·斯密在十八世纪就对中国经济作出了这样的诊断。就是被当今的主流经济学家奉为市场经济的教主的弗里德曼，也提出过负进所得税的构想。按照这一构想，穷人可以合法地从国家那里领钱。亚当·斯密也好，弗里德曼也好，他们鼓吹市场秩序，就是追求充分的竞争。财富过分集中，自然形成了垄断，还怎么充分竞争？

二百多年前，中国是世界第一大经济体，是财富的中心。但亚当·斯密预言，中国已经富到头了，不可能再有潜力发展。理由一是缺乏自由贸易，一是穷人毫无保障，富人有太多保障。对弱者的态度，检验着一个社会的道德底线。而这一道德底线，也是健康的市场经济的基础。面临历史上最佳发展机会的中国，不要在这方面再不及格。

我为什么写《中国不能永远为世界打工》?

我曾在《南方都市报》发表的《中国不能永远为世界打工》一文,引起了周克成先生的批评。其要点如下:第一,打工是自由交易,打工仔在打工,老板也在打工,只有在自由的环境中这样打工,才能发展。不应该对工资待遇横加干涉。只要经济发展了,老板多了,互相争夺一个劳工,劳工的待遇才会好起来。第二,一个行业工资太高,竞争力就会降低。甚至获得的教育资源也会因此减少。周先生的观点,代表了我所谓的“天真的自由派”。这派人的主张,在世界任何一个自由经济的国家中,其实都行不通;在中国也正在丧失公信力。如果实施,为害会甚大。

首先,打工在理论上是自由交易。但是,由于老板和劳工之间在经济资源上的不平衡,如果对劳工缺乏法律保护,打工就成了劳工别无选择下的出路,没有自由可言。劳工的工资也会被压到生存线上,你无法指望他们能够挣得任何剩余价值,他们也不可能成为未来的老板。比如,你在一家汽车厂的流水线上工作 20 年,付出的不仅是自己的劳动,而且还有从事这个工作以后所丧失的发展其他技能的机会。等你工作到一段时间、除了这个工作外丧失了其他技能以后,老板可以“自由”地砍一半工资,你毫无抵抗能力。所以,在任何一个市场经济成熟的发达国家,老板不能随意解雇工人。如果解雇,工人下岗后还会拿一定时期的工资,有失业救济。即使在美国这种最自由的国家,最低工资也有严格的法律规定,而且不时根据物价而调整。福特解雇工人的条件是要给人家提供四年大学学费,也是基于这种道义和法律上的现实。

第二,工资高并不是企业丧失竞争力的原因。创意的丧失,才是丧失竞争力的根本。你可以说一个在实验室刷瓶子的人是在打工,但在同一实验室里搞研究的诺贝尔奖得主并不是在打工。两者的根本区别是,打工是个创意最低的工作。比如中国的一些服装厂,完全根据国外来的订单和设计来生产。创业可以从这种最低端的行业起家,但“永远”打工,甚至剥夺了打工仔培养自己的创意的基本经济资源,就会使他们陷入长期的贫困。这也是我在《中国不能永远为世界打工》一书中探讨的问题。

比如,书中提到《华尔街日报》的报导,中国一家给沃尔玛供货的厂家,10年前一件产品出厂价7美元,如今被砍到4美元,工厂被低价压得难以生存,裁员一半,却要保持同样的产量,结果工人每日工作18个小时,一个月挣不到300元人民币。你能指望这些工人日后成为老板吗?

不妨再举个例子。一个大都市边上有家养鸡厂,一对农民夫妇白手起家,几年内发展到相当的规模。结果一纸拆迁令,养鸡厂被毁,价值六七十万元的鸡被哄抢。这对农民夫妇什么权利也没有。为什么要拆迁?当然是要发展,要修公路、建开发区、改善投资环境,使世界上的跨国公司都来我们这里开厂。但这对农民夫妇经营的养鸡厂是什么呢?以中国的经济水平,至少也算中小企业了吧。这样的中小企业,在世界各个发达国家,几乎都是最重要的经济发展动力。一些跨国公司,也是从这样的小规模发展起来的。我们把这些民间的小企业推倒,他们的创意自然无法发展。把跨国公司引进来,照人家的订单和设计进行最无创意的"打工"。想想看,那对农民夫妇失去自己多年经营的企业后,还会有什么出路?还不是去打工?我们这里是老板越来越多,还是打工仔越来越多?对小老百姓缺乏保护,劳工的工资太低,还会惯坏了大企业,使之缺乏真正的国际竞争力。许多跨国公司来第三世界发展的一大理由,就是那里对劳工、环境缺乏保护,企业不需要在经营、技术上下太大工夫,只要压低工资就能赚钱。结果,来的全是低技术的企业。我在书中反复提到"低薪危机"、"低技术陷阱",就是这个道理。国外一些非常先进的企业,到了中国,宁愿把自己有的先进技术放弃。为什么?因为先进的设备太贵,中国的工人太便宜。不如用买设备的钱多雇些人。这样中国能够学到什么技术呢?

我们的政府,要学会像对待跨国公司那样对待老百姓的夫妻店小买卖,要像对待"外宾"那样对待自己的老百姓。如果以亏待劳工的方式,为老板们创造一个"良好的投资环境",那么我们给企业设置的横竿就太低了,使之缺乏压力在经营和技术上改进。日本经济起飞25年时,许多日本公司成为世界顶尖的企业,而我们起飞同样25年,一流企业的影子也没有。为什么?因为我们惯坏了大企业,因为我们无权无势的民间小本买卖,太缺乏法律的保护。这些小企业本来可能会像索尼那样发展成势可敌国的跨国公司,但我们的社会,并没有给这些企业同样的机会。

中国的发展不能依靠人口红利

不久前，周其仁教授在《经济观察报》上写了一篇文章，叫《什么山上唱什么歌》，鼓吹他的“衬衫换飞机”的经济学。他提到许多人对“中国卖八亿衬衫才能换回一驾空客”的事实感到痛心，并特别提到“更有一位自称‘海外自由派’的美国华裔教授，跨洋越海发表了‘中国不能永远给世界打工’的声明。”在他看来，这些痛心疾首的看法表达的无非是非理性的民族主义情绪。

我不妨自报家门，声明自己就是那位“海外自由派”。可惜周教授对我讲的话未免有些断章取义。我从来没有反对过衬衫换空客。以中国目前的状况，不用衬衫换用什么换呢？我对欧美针对中国的贸易保护主义也同样嗤之以鼻。我当然更不反对中国现在为世界打工。我强调的是中国不能“永远”为世界打工。我两年多前写了《中国不能永远为世界打工》的文章，后来同名的书也已经出版。不论是在文章还是书中，都没有讨论“衬衫换空客”的事情。我书中的核心主张是：中国的问题必须用充分的市场竞争来解决。要有充分的市场竞争，就必须注意保护一般市场经济的参与者(即普通老百姓)的基本权利。不能以恶化老百姓的生存和工作环境为代价来为大企业或外资“改善投资环境”。政府要像对待外资那样对待老百姓的小小夫妻店，要像对待外宾那样对待自己的公民。只有这样，本土有竞争力的企业才能崛起，产业才会升级，中国人才不会“永远”为世界打工。

我和周教授一样相信市场，也为中国近年的经济成就叫好。不过，我们看到的东西不同。周教授反复论证的是现实的合理性。他是为现状辩护的经济学家。我则着重分析现实中的问题、在目前的繁荣中潜存的危机。换句话说，他是向后看的经济学家，动不动就回首过去二十多年：我们很了不起！我则向前看，看看下一步该怎么走，有什么陷阱等着我们。

周教授是经济学家，其乐观精神是大家都知道的。他一年多以前在《21世纪经济报导》上撰文，认同张五常的说法，认为2022年中国的人均GDP就有和美国叫板的实力。这无异于预测中国的GDP总量在未来不到20年的时间里增长60多倍！在我看来，这种乐观已经到了喝醉了的状态。我以研究历史为本业。对照历史，中国目前的经济成就虽然不错,但还比不上许多发达国家当年的经济起飞。比如,日本战后经济起飞 25 年,到 1970 年前后,已经出现了一系列世界顶尖的企业,如索尼、东芝等等。那时人家已经开始做世界的老板。中国经济起飞同样 25 年多了,哪里有世界顶尖的企业?为什么我们还只能为世界打工?这难道不值得关注吗?

人无远虑,必有近忧。中国目前虽然经济繁荣,但经济运转还是缺乏效率,过度依靠投资而非创意来驱动发展。更重要的是,我们现在享受着巨大的人口红利,有的是人,有的是力气,可以给世界不停地缝衬衫。但是,这样廉价、没有自主知识产权的苦力,能卖多久?再过 15 年,中国的人口红利消失,老龄化开始,必须要求人均创造较高的附加值才能养活大比例的被抚养人口。而要创造人均的高附加值,就不能仅靠给人家打工、挣最低的工资,还必须当老板、赚大头。可是如今,我们当老板的影子还没有。往前看看,打工的好日子只有 15 年,过一天少一天。这能让人睡得着觉吗?

周教授也许说,到什么山唱什么歌。我们还没有走到那个份上。我则说,看看日本,战后起步时和我们一样穷,人家 25 年走到给世界当老板的地步。我们大概走 35 年也到不了那里。这证明我们的体制有问题。中国经济,就像一个人一样。年轻时没有钱可以卖力气吃饭。但你必须保证等你卖不动力气时能够靠不卖力气而吃饭。你必须为未来作准备。这就是我书中要探讨的问题。

可惜,周先生不仅不去唤醒公众的危机感,反而督促大家放心地在目前的山上放声歌唱:“认真看看脚下的中国之山吧。她是那样的景色迥异,多姿多彩。”在我看来,这不过是“只缘身在此山中”而已。我看中国这座山,完全是另外一番景象:很大,很壮观,但也很单一,打工仔太多,老板太少。中国已经是世界第四大经济体。按购买力算,是世界第二大经济体。这么一座大山里,竟连一家世界顶尖级企业也没有,哪里说得上什么多姿多彩?

中国的经济,如今就像一个二十岁的小伙子,身强力壮,能不停地给人家扛大包。周教授为他叫好:有活儿就去干,扛得越多越好,这样下去你一定会了不起的!我则会对他说:年轻人,现在没办法只能卖力气,但总这样卖下去不是个办法。想办法缩短扛大包的时间,抽空读读书吧。这个年轻人应该听谁的呢?相信读者应该有个判断。

行文至此,不禁想对国内的“自由派”提出一些忠告。在改革之初,“自由派”在普及一些市场经济的基本理念方面功不可没。他们的成就,源于对现实的批判精神。但是,“自由派”必须小心不要成为自己的成功的受害者。当一些“自由派”的理念得以实施后,“自由派”容易弹冠相庆,从对现实的批判转向为现实辩护,甚至成为新的既得利益集团。一旦失去了批判精神，自由就失去了创意和公信。我之所以自称“海外自由派”，就是因为我依然秉承自由主义的理念，但希望和“歌德式”的“自由派”划清界线。

市场并不仅仅属于暴发户

2006年,任志强的只为富人盖房论引起了公愤;后来,张维迎又出来说“通过限制富人买房来帮助穷人行不通”,并抱怨政府:“如果你担心老百姓买不起房,就应该拿出更多的地来,更多的钱来,专门建廉租房给穷人住。想通过限制富人买房来帮助穷人买房是不可能的。这其实是有些政府部门在推卸责任;推卸责任的同时,又想扩大权力。”

政府在经济过程中权力过大,确实是个不争的事实。通过扩大政府权力来干预市场,并不能改善老百姓的生活。但无论是任志强也好,张维迎也好,都没有给我们描述一个公平的市场机制。没有这样的机制存在,他们当然难以说服公众,反而给自己塑造了一个利益集团的形象。

比如,在任志强看来,解决穷人的住房问题是政府的事情,房地产商只管给富人盖房,因为那样才赚钱。张维迎则要求政府“拿出更多的地来,更多的钱来,专门建廉租房给穷人住”。换句话说,他们把穷人的住房问题,完全排除在市场之外。特别是张维迎。他一方面攻击别人用计划经济的老一套思路来对应住房问题,并要求政府从经济领域进一步退出,另一方面又要求政府承担给穷人提供住房的责任。要知道,穷人的住房要求,能创造一个巨大的市场。把这么大的一个领域从市场中切除,让给政府,等于呼吁扩张政府的职能,复活计划经济。

从任志强到张维迎,我们可以看出中国的所谓市场经济派已经陷入既得利益而不能自拔。由这些人鼓吹市场经济,最终会玷污市场经济的名声。如果我们的市场经济只是暴发户的市场经济,谁还会拥护市场经济?看看美国这种成熟的市场经济就知道:许多人可以靠给穷人提供服务发财;穷人也相信市场经济最终能解决他们生活的问题。也只有这样,市场经济才能得到社会大多数人的支持,才能在一个民主的框架中存活。

我们不妨用市场经济的基本语汇来讨论住房问题。在成熟的市场经济中,一个人经济行为的个人回报率应该接近社会回报率。这就是说,一个人干了一件事情,他从这件事情中得到的好处,和社会从中得到的好处呈均等的正比关系。你为社会贡献越大，你个人的收入越高。这样才能使社会有效率。

当个人回报率远远低于社会回报率时，比如只让比尔·盖茨拿比一般政府职员高一倍的工资，这个个人就变相成了为社会做好事，长久下去，就失去了做好事的动力，社会也丧失了从他做的好事中受益的机会，丧失了效率。我们这代人从小都背诵过“毛主席教导”：“一个人做一件好事并不难，难的是一辈子做好事”，讲的其实就是这样的现实。市场经济的效率，则在于能不断让做好事的个人从他给社会带来的利益中“分红”，最后大家都争着做好事。

不过，当一个人从其经济行为中得到的个人回报率远远高于社会回报率时，又会出现什么情况呢？显然，社会对这个人支付过度，使他不正当地占有了过多的社会经济资源。当社会觉得自己“亏了”时，就会有所谓“仇富”的现象。这种个人回报率高于社会回报率的状况长期不改变，“仇富”也就成了合理的现象。

以这些简单的概念，就很容易看出任志强和张维迎们的问题来。比如任志强说房地产商只有为富人盖房才赚钱。这本身就说明我们市场有问题。一个房地产商，只为几个富人服务，他们的经济行为的社会回报率很低，大家都没有得到什么好处，但个人回报率却太高，让房地产商发了横财。张维迎则呼应，要求把穷人赶出市场。也就是说，人口中的相当一大部分人无法从市场经济行为中获得回报，只能靠政府照顾他们的利益。这样，市场经济就成了一个富人俱乐部。而在美国，盖低档房和经济适用房都能赚钱，对房地产商也很有诱惑。社会回报率和个人回报率是接近的。市场经济是属于大家的。

在经济领域，市场永远比政府有效率。解决中低收入阶层的住房问题，也要靠市场而不是政府。关键是，政府应该通过税收等政策维持一个良性的市场秩序，使建造中低档住房的利润率赶上甚至超过建豪宅的利润率。比如，建中低档的住宅，可以免税甚至享受补贴；政府对建豪宅虽然不必限制，但应该上高税，高到把其利润率降下来为止，高到把大部分房地产商赶出这个市场，不得不挖空心思竞争普通民宅的市场为止。

中国城市化进程这么迅猛，城市这么拥挤，人口增长速度这么快，怎么可能让政府不停地“拿出更多的地来”？在土地公有的情况下，“居者有其屋”还是我们房地产市场的一个重要道德基础：每个公民，都有享受一定面积住房的权利。在这个范围内，他们应该用可承受的价格购房。超出这个范围，等于侵占了别人或社会的土地资源。侵占者就必须和被侵占者进行讨价还价。比如，双方可以达成协议，侵占者为多占的每平米支付五倍的税，二十倍的税，等等。

政府需要的是建立一套制度框架，使这种讨价还价能够随时、公平地进行。我期待着任志强和张维迎们说："给富人建房税太低了，赚钱太容易了，所以大家都来投资建豪宅。政府应该建立一种市场机制，使建中低档房也有钱好赚，让我们也有机会为穷人服务。"

资本的道德

成思危先生对“资本无道德”论的批判，实际上是揭了主流经济学家的底牌。我们这些拥护市场经济的人必须要出来解释：为什么资本必须有道德？

资本无道德的理论很好理解：经济的运行要严格符合市场规律，而不是跟着道德原则走。遵循市场规律创造出最大的效率和利润，就是最大的道德。按任志强的说法，房地产商的使命是利润，为了追求利润，就要给富人盖房。穷人的房子让政府去管。我给富人盖的房子越多，缴税就越多，穷人就越得益。对此，张维迎也出来支持。他在此之前还曾表示限定最低工资会伤害经济的发展。

情绪化地否定这些人的理论，无益于澄清理论上的是非。这些人所依据的，实际上是一种通俗的亚当·斯密的市场经济理论：一个健全的市场经济，能够使一个人在追求个人最大利益的同时贡献于社会。比如，你给富人盖房，赚了大钱，就会缴更多的税，而且还给许多人创造了就业机会。所以，企业不要奢谈什么道德责任，而要首先追求经济目标。最近刚刚去世的诺贝尔经济学奖得主弗里德曼，也是这方面一个最有力的发言人。

这派人错在哪里？他们错在把市场经济从一个原则发展成一个迷信。要知道，市场经济的理论，本来具有强烈的反乌托邦的色彩，即不相信有一个涵盖一切的完美制度，使大家通过服从这个制度的原则而实现自己的最大利益。市场强调的是多元性。而这些迷信市场经济的人，则把市场经济构造成了一个乌托邦式的设计。好像世界上真有那么一套完美无缺的市场法则，你只要跟着走，想办法赚大钱，就不用操心什么道德不道德，因为在这个规则之下赚的钱最终都是有益于社会的。

但是，稍微复杂一些的经济学家就知道，完美的市场从来就没有存在过，也永远不可能存在。任何经济，只能在不甚完美的市场中进行（比如有什么“信息不对称”等等）。我们所能做的，是使市场逐渐趋于完美，但永远不可能达到完美。自信能构造出完美的市场经济的人，和那些相信社会工程的人已经没有本质的区别，我不妨将之称为波尔布特式的市场经济。

一个不完美的市场，自然会产生种种不公平的竞争结果。有的时候，当这种不公平的结果出现时，我们甚至无法通过现有的对市场不完美的知识来对之进行分析，只能根据基本的道德原则对之加以修正。当你把一个不完美的市场描述成完美的，并拒绝根据道德原则对其产生的不公正进行修正时，你就等于给种种社会不公平以合法性。

亚当·斯密对这一点有充分的了解。人们对亚当·斯密最大的误解，是误以为他把人都看成是自私自利的动物，所谓市场经济，就是迎合这种自私自利的本能，创造一种制度，让人在追求私利时也造福社会。这纯粹是一个市场乌托邦。要知道，亚当·斯密是一位经济学家，更是一位道德学家。他在《国富论》之外另一本重要著作就是《道德情操论》。他主张政府不干预经济，让个人在自由放任的经济中竞争，一个重要的理论前提，就是他相信个人有基本的道德自觉，你给他们自由，他们就会自觉向善，所以用不着政府来管闲事。如果把这个预设改变了，把人都看成是自私自利的动物，没有道德目标，那么亚当·斯密说不定就会要求政府以道德的目标干预经济过程了。

其实，在这种自由放任的经济中最成功的企业家，从卡耐基到巴菲特和盖茨，都殊途同归地认识到这一点。从他们所能认识的市场经济法则上看，他们当然认为他们的财富是理所当然的。但是，从道德原则上看，他们都不认为自己有独享这些财富的权利。在他们那里，资本有强烈的道德使命。

最低工资、对穷人的医疗救助等等，从已知的市场原则来分析都未必说得通，但也都融入了世界最成熟的市场经济体制中，对维系这些社会起了不可低估的作用。这充分说明市场原则的有限性。市场经济的乌托邦主义者们则认为，他们能够构造一个完美的市场原则，而且这个原则应该是我们社会的主要原则或者唯一的原则，一切都要照这个运行。当市场派走到这一步时，他们对市场的信仰，就变成了对社会工程的信仰。看看二十世纪血淋淋的历史就知道，当有些狂人觉得自己能够为社会制造一个完美无缺的体制，并成功地强制社会牺牲一切来服从这个体制时，人类的大悲剧就会开始。

我们需要市场，需要深化市场的改革。但是，我们同时相信，人类的道德原则和价值观念，是比市场规律更高的正义。这种正义，也是我们用来不断修正不完美的市场所创造的社会不公平的依据。

张五常凭什么给中国的老百姓定工资?

在美国因涉嫌经济犯罪而被全球通缉的张五常,躲在国内不敢外出,却不时小露峥嵘,成为主流经济学家的一面旗帜。如今他又跳出来,高呼所谓中国贫富分化过大之说是“胡说八道”,是世界银行和“很多好事之徒给做出来的”。接着他就具体举出了例证,证明失业下岗的大多是活该:“很多人不是被老板炒鱿鱼,而是他自己炒老板鱿鱼。一家公司每年只有20%工人流失就是很好的了。我的一个朋友在东莞开厂,软件企业,一年会有50%的工人流失。”“假如一个人真的想要找工作的话,你找到一个月600块钱的一份工是没有问题的。你去东莞找,马上就有。”

主流经济学家如今已经是既得利益集团的代言人。这就是一个活生生的例子。张五常的朋友在东莞开公司,希望给工人600元的工资。工人一半跑了。张五常义愤了:放着600元不要,还有脸喊穷!他的这种经济学理论,实际上是在为自己的哥们儿拉夫呢。

张五常口口声声市场经济,从亚当·斯密、弗里德曼,一直讲到邓小平。归根到底一句话:“你想要社会有进步,一定要鼓励每个人发挥个人所长。”那么,我们就从这句话所揭示的理论讲起,帮助张五常理解一下,为什么那么多工人不愿意领他开的600元。

诺贝尔经济学奖得主道格拉斯·诺思对所谓“鼓励每个人发挥个人所长”的市场经济制度有一段精彩的归纳:当一个人能从其经济活动中获得的“个人回报率”接近社会从同一活动中获得的“社会回报率”时,经济运行才最有效率。当“个人回报率”远低于“社会回报率”时,个人就不会努力为社会创造价值了,个人的闲暇时间也就升值了。

把话说得再白一些,当一个人对社会作出贡献时,他能立即从这种贡献中按正当比例分得“红利”,那么在利益的激发下,许多人都会争先恐后地造福于社会。如果取消这种红利,或者只奖赏很小的红利,和其对社会的贡献远不成比例,人们就宁愿闲着不干事。

这一理论,其实一直被主流经济学家们所拥抱。他们认为企业家创业不容易,必须从他们的贡献中分得红利，否则就无法鼓励最优秀的人来当企业家。对此，我完全拥护。但是，下面就是我和这些主流们的分歧。主流经济学家们认为企业家改变了中国，小民百姓多属于一个月领 600 块的跟从者。所谓“个人回报率”接近“社会回报率”的理论，只对企业家适用，对小民百姓则不适用。我则认为，同一理论，对任何人都适用。工人为什么从工厂跑掉？为什么日本工厂里的工人不跑？美国工厂里的工人不跑？因为在人家那里，工人到工厂上班，他们从这种活动中得到的“个人回报”和“社会回报”是接近的。在中国，工人去上班，如果拿 600 元的月薪的话，能养活自己就不错，根本无法照顾家庭。他们从自己的劳动中得到的“个人回报”，和他们所创造的“社会回报”（即对社会的贡献）相距太远。所以人家才会跑掉。这么简单的道理，难道张五常这位自称有资格获得诺贝尔奖的经济学家真搞不懂吗？

张五常还说：“北京有很多智囊……要搞什么福利制度，搞三搞四，又搞什么最低工资，还有什么反垄断法。”那么请问，现在哪个发达国家没有福利制度？没有最低工资标准？没有反垄断法？以美国这个没有全民医疗保险，福利最少，最讲究自由竞争的西方发达国家为例。其社会安全（Social security）、医疗保健（Medicare）、医疗补助（Medicaid）这三大“福利”，就占去了联邦政府财政收入的 36%，达到 1.2 万亿美元，与中国的国民经济总产值已经相距不远。相比之下，在伊战打得正酣，军费猛增之时，国防开支才占政府财政的 20%。最近众议院以 315 对 116 的压倒多数，通过了法案，要求在两年内把最低工资从每小时 5.15 美元提高到 7.25 美元。再看看反垄断法，从比尔·盖茨到希望互相就奖学金问题达成协议的大学，都要受其约束，接受调查。如果没有反垄断法，如果市场被几个像张五常那些只肯给工人 600 元的朋友所垄断，还怎么自由竞争？

看看中国近四分之一世纪的经济起飞就知道：中国的财富翻了几倍，靠的是劳工们辛辛苦苦制造的衣服、鞋袜、玩具……但是，我们并没有造就世界一流的企业，没有世界一流的名牌。这说明，目前中国的经济成就，主要是劳工的血汗，不是企业家的创意。否则就无法解释这么大一个经济体没有世界一流企业的现象。但是，这些为中国的经济奇迹立下首功的劳工们，“个人回报率”太低，权利太缺乏保障。这是中国当今不得不面对的问题。

我在《中国不能永远为世界打工》和《草根才是主流》两书中反复强调：一个国家的经济起飞，最终不能靠几个暴发户，而必须靠保证普通百姓的基本权利，使他们能够因为自己的努力而从经济发展中得到正当的回报。中国的经济起飞起点低，刚刚从饥饿中幸存下来的老百姓，对“个人回报”的要求并不高。他们愿意拿比别人更低的工资而更努力地工作。中国的经济发展,实际上搭了他们这种工作伦理的便车。但是,天下没有免费的午餐,谁也不能永远坐车不花钱。中国的百姓看到了身边的变化,看到了社会积累的财富。他们开始寻求自己正当的回报。像张五常这样的老爷们,该给自己的车夫付钱了!

布莱尔与东莞民工

最近,英国前首相布莱尔到广东东莞走穴赚钱,引起一阵媒体风暴。有说他二十分钟讲演进账五十万美元者,有说他三小时活动收入二十四万英镑者。

国外的政治家退休后利用自己的声望进行商业性演讲、挣点外快,并不是什么稀奇的事情。比如,2005 年美国前总统克林顿在多伦多演讲,收费三十五万美元,次日跑到加拿大的另一省份阿尔伯特演讲,再收三十万,两天挣了七十多万美元,一度成为新闻。美国前副总统、诺贝尔奖得主戈尔,一场演讲收费十万美元。不过,布莱尔的东莞之行,价码实在太高。第一,他和克林顿同为前国家元首,而英国的 GDP 不及美国的六分之一。克林顿是地道的世界领袖,布莱尔则不过是个国家领袖,怎么讲演费比克林顿高出二十万美元?第二,克林顿讲演收费,主要是在发达国家。三十多万固然不是个小数,但大致不超过当地人平均年收入的十倍。加拿大人当时平均年薪,在三万美元以上。布莱尔的五十万美元,合人民币三百七十多万人民币。如果东莞人平均年薪有这十分之一多,即四十万左右,布莱尔的讲演费虽然骇人听闻,但总还说得过去。但是,东莞人究竟挣多少呢?

我曾一直主张中国要早日走出低薪陷阱,让更多的人分享经济发展的果实。许多经济学家则指出我的说法不现实,称中国企业支付不起高薪,甚至有说人民币如果升值几个百分点,许多企业就要破产等等。不久前,张五常更是大放厥辞,称中国的许多贫困现象是自愿的,比如他的朋友在东莞开厂,给六百多块的月薪,居然招不到人!放着这样的钱不去挣,你穷还不怪你自己吗?

布莱尔二十分钟三百七十多万人民币。在同样的地方,民工一天干十几个小时,一周六天,一个月六百多块,还不能嫌钱少!布莱尔和民工,还同属于一个人类吗?中国的企业,如果支付不起民工体面的工资的话,怎么能支付得起布莱尔的讲演费呢?为什么一些口口声声市场经济的经济学家,当看到过低的薪水在市场上丧失了竞争力时,不建议自己的朋友按照市场规律提高工资,反而骂那些拒绝市场价格之下的工资的工人呢?

这一问题,更进一步说明了我一贯的主张:市场经济需要文化的滋养,并不仅仅是个经济制度的问题。从伯克以来西方保守主义传统中一个重要的基点就是：健康的制度往往要从其原有的文化中自发生成。脱离了本土文化的脉络，凭空加上一个人为设计的制度，甚至深信制度万能、理性万能，那么这种制度的运作，就可能带来法国大革命那样血淋淋的悲剧。我们的主流经济学家，动辄把自己的思想说成是“理性的”，把老百姓的情绪说成是“非理性的”，要社会按照自己的“理性”设计的制度强行运作。殊不知，他们所谓的“非理性”，体现的是社会传统的价值观念、行为习惯、道德标准。如果把这些都扫平，给社会强加上自己的理性，那就如同法国大革命或者文化大革命一样，会给社会的机体带来致命的打击。

这种“非理性”所代表的文化价值和习俗，时时制约着“理性”的市场规则。比如北美殖民地时代，殖民地资源丰富，劳动力价格高于英国本土，购买力也非常大。同时，因为处于边疆地带，工业品奇缺，英国的日常用品在殖民地就变得奇货可居。当时在殖民地开店出售这些工业品的商贩，自然也大发其财。但是，当时流行的生意指南等书中明确告诉这些商贩：发财后不要穿戴太招摇，否则邻居会认为你从他们身上挣得了不合理的利润。

可见，在最自由的市场经济中，经济竞争受诸如“不合理的利润”这类文化概念和社会习俗的约束。你有进货渠道和资本，你冒了风险，赚钱是合法的。但是，你如果卖给邻居的东西太贵，使自己的生活水准远高于邻居们，就不为社会道德所容。这种道德，用我们的话来说就是“仇富”，在客观上制约了垄断性的商业掠夺。

再看看东莞。东莞在改革这些年非常繁荣。这究竟是谁的功劳呢？如果按美国等西方社会的伦理，那一定是工人们的功劳，虽然企业家的功劳没有人会抹杀。究竟企业家和民工的功劳谁大谁小，各占什么比例，这当然可以争议。不过，大家怎么争论，也绝对不会把功劳算在布莱尔头上。如果一个企业给自己的职工过低的工资，却花天价巴结外国的权贵，你不能想象这样的企业在美国这样的社会能站得住脚，在我们这里则很风光。

中国的市场经济一个最大的问题，就是企业不受社区伦理的压力，老板发了财后，不觉得欠了给自己一天干十几个小时的工人什么。民工不是自己的邻居。大家的生活可以是天上地下。这样，老板们的心思全花在如何和外国的权贵交往、进入世界富人俱乐部、赶紧“入流”上面，而不是顾及邻居的感情、用公益和体面的工资使自己成为社区内厚道的成员。这样，中国民工创造的财富就进了布莱尔们的腰包。他们拿了这笔钱远走高飞，不会用来拉动中国经济的“内需”，民工则连自己孩子的教育费用都无法支付，导致的不仅是内需贫弱，而且是下一代劳动力质量的低下。这样的“市场”，能够带来长久的繁荣吗？

中国工人的月薪应该是多少？

中国工人的月薪应该是多少？这当然应该和他们的贡献成比例。不切实际的高工资固然会妨碍企业的竞争力；但过低的工资，不仅会造成社会的不公平，也会影响中国经济的整体竞争力。所以，我们应该探讨一个中国工人理想的工资标准。

工人工资的基础，是劳动生产率，即每小时或每年一个工人创造的价值。最近，联合国公布了世界各国工人劳动生产率的数字，以此再参照有关国家工人的平均工资，就可以建立劳动生产率和工资水平之间的关系。

根据联合国的数字，美国工人一年创造 63885 美元的价值，居全球之首；爱尔兰工人排第二，一年创造 55986 美元；第三是卢森堡工人，55641 美元；比利时和法国分排第四、第五，各为 55235 美元和 54609 美元。

按小时算，挪威工人居第一，每小时创造 37.99 美元的价值；美国工人第二，每小时创造 35.63 美元；法国工人以半美元之差屈居第三。劳动生产率以年衡量和以小时衡量结果不同，主要是因为各国工人平均每年劳动时间不同。美国人一年工作 1804 个小时，挪威和法国工人则分别是 1407.1 和 1564.4 个小时。

中国工人的劳动生产率近年有很大跃进，工作时间则远较发达国家的工人长，高达 2200 个小时。一个中国工人平均每年创造的价值为 12642 美元；不过，一个农村劳动力每年才创造 910 美元。如果把美国的数字也这么拆开来算，一个美国工厂工人一年创造 104606 美元，农业工人则为 52585 美元。也就是说，一个美国的工业工人的劳动生产率是一个中国工人的 8 倍多。美国农业工人的劳动生产率则比中国农民高将近 58 倍！

美国工人 2005 年的平均工资是 40409 美元。也就是说，一个美国工人一年创造的 10 多万美元中，有 4 万出头用来支付其工资，比例是 39%左右。另外，这样的工人，从雇主那里享受家庭医疗保险、退休金等等福利。仅家庭医疗保险这一项，就达一万四五千美元。把工资和各种福利全加起来，企业在一个工人身上花的钱恐怕就超过 6 万美元之数。可以毫不夸张地说，工人创造的大部分价值，是进了工人的腰包。我们还必须注意，美国是发达国家中贫富分化最厉害的。而本世纪初这几年，又是美国战后贫富分化最严重的时刻，乃至最近报纸上连篇累牍地讲工人的工资上涨远赶不上他们劳动生产率的上涨。甚至有些统计还表明工人的工资自2002年以来下降了。在全球化的竞争中，发展中国家（如中国、印度）劳工的低薪压低了发达国家工人的工资。美国工人在国内的相对经济地位正处于战后以来的最低点上。与此同时，美国CEO的收入，是普通职工的364倍，贫富差距也达到了战后空前的程度。在这种情况下，工人创造的财富中有39%是作为自己的工资，这个比例绝对不高，而应该是个底线。

那么，我们就不妨以这个底线来算出中国工人的平均月薪是多少。中国工人创造的12642美元，按一美元7.9人民币来算（2006年人民币兑美元破8），就是99872人民币，接近10万块。按照39%的比例，工人的平均年薪应该是38950元；平均到月，就是3246元（注意，这只是全国平均数，沿海大城市自然要比这一数字高得多）。同时，每个职工还应该额外享受退休金、全家医疗保险等等。看病除了缴10块或20块的门诊费，拿药再缴10块、20块外，一切都应该免费。自然，孩子上学，也应该免费，上大学至少享受部分奖学金。这才应该是中国工人的最基本生活水平。

而根据我看到的资料，2006年中国在岗职工年工资为21001元，平均为月薪才1750元；在医疗保险、孩子上学等等福利上，比“应该”的水平恐怕更落后。就在不久以前，张五常还在抱怨，说他的朋友在广东东莞开工厂，月薪600多基本找不到人。要知道，东莞是中国最发达的地区，生活费用甚高。美国最发达的地区，工人的平均年薪远在5万美元以上。要这么算，东莞地区工人的月薪，至少也要在4000块钱以上了。怎么能把工人的工资压到这个数的六分之一呢？

我从来不主张政府出面指导企业制定工资标准。健康的市场经济，能创造出高薪。美国固然有最低工资线。但是，这一最低工资线两年后也不过是每小时7美元多一点，多是为保护打零工的人。而美国工厂的全职工人的工资水平远比最低工资线高得多，每小时达到20多美元；政府的最低工资线的升降，和他们无关。相反，1942年罗斯福总统下令限制企业给工人加薪；但是，企业为了竞争，明着不加薪，暗里猛加福利，其中最重要的一项就是给职工提供医疗保险。到了1952年，美国税务总署裁定职工的福利不属于需要纳税的收入。由雇主承担的福利制度，就是这么形成的。我们传统上讲“福利国家”，一谈福利就联想到政府干预。从美国福利制度的这个历程看，福利也是市场自由竞争出来的，甚至是抗拒政府干预的结果。

张五常等人，曾声称中国现在比美国更自由，在经济发展上更有制度优势。他把中国最发达地区工人“应该”拿的工资，从 4000 左右降到了 600 多。工人不愿在这种条件下干活，他就破口大骂。有些老板，干脆就不给钱了。难道这就叫自由吗？比较一下世界最自由放任的市场经济中工人的工资水平，中国工人的低薪，恐怕只能归结于市场改革不彻底、社会制度不公正，乃至无法保证劳动者的基本权利。亚当·斯密当年就指出，工商势力的垄断，限制了工人工资的上涨。作为市场经济的祖师爷，他首先出来为工人的低薪打抱不平。而我们的主流经济学家们，则几乎无一例外地为低薪辩护。几年前我就曾亲耳听一位主流经济学家说，美国工人工资太高，没有竞争力。确实，二战以来，美国的工人一直享受着独体的家庭住房、长期的休假等等“贵族工人”的待遇。半个世纪前，美国工人的日子比现在更有保证，与其他阶层比起来的相对生活水平更高。但是，美国的竞争力并没有衰退。事实上，世界其他发达国家，比美国还要均富得多。一个美国的老板在电视上说：“如果你一提高工人的工资，你的公司就要破产，那只能说明你的企业太缺乏竞争力，根本不应该存在，被淘汰掉对经济有好处。”这话道出了经济发展的宏观真理：如果企业可以靠“自由”地压低工人的薪水来维持竞争力，这样的企业就会被超低的劳动力成本娇惯坏了，不去考虑提高管理水平和开发新技术，就会永远在低端产业徘徊。同理，中国的经济要真正具有竞争力，中国人就应该变得更贵一些。根据目前中国经济的发展速度，除了良好的福利外，中国工人到 2010 年的平均月薪应该达到 4000 左右，发达地区则应该更高，沿海大城市应该达到 5000 以上。如果企业支付这样的工资后赚不了钱，这样的企业就应该被淘汰。如果这样的企业不仅不被淘汰，反而成了主流，那么只能说明中国的企业太无能，中国的经济也必将丧失长久的竞争力。

（多余的话：此稿在被四家合作媒体以不同原因退稿后，终于在《中国新闻周刊》上有删节地刊出。）

高薪才能维持高发展

我不久前曾在《中国新闻周刊》上撰文，根据工人的生产力水平，计算出中国工人"应得的"月薪水平至少为三千元以上，进而推出了目前中国的劳动者实际收入过低的结论。我不是职业经济学家，此论为一些人所不以为然也不奇怪。不过，最近西方自由经济的舆论"旗舰"《经济学人》杂志，综合新近的数据和经济学分析，得出了类似的结论，并进一步指出中国劳动者收入过低已经威胁到中国的经济发展。

该杂志指出，中国的消费占 GDP 的比例，已经从 1990 年代初期的 47%降到了 2006 年的 36%。与此相对，美国的这一比值则高达 70%！这是中国经济过度依赖出口、无法拉动内需的关键。过去一些经济学家认为，这一低消费的原因，是中国缺乏基本的社会保障系统(如医疗保险、退休金制度等等)，人们缺乏安全感，只有过度储蓄以防不测。但这一解释经不起数据的考验。根据世界银行的研究，从 1990 年代初期到 2006 年，中国家庭储蓄占 GDP 的比例，已经从 21% 下降到了 15%。再以储蓄占个人可支配收入的比例来计算，同期的储蓄率已经从 30% 下降到了 25%。消费率不是随着储蓄率的下降而上升，而是在储蓄率下降的同时也跟着下降，钱存得越少消费越少。

显然，内需不足无法单用储蓄率来解释。真正的原因实际上非常直截了当：中国老百姓没有钱。根据世界银行的估算，从 1998 到 2005 年，中国工资收入在 GDP 中所占的比例从 53%下降到了 41%，如果用图表上的曲线来演示，这一下降和消费率下降的曲线基本平行。相比之下，美国工资在 GDP 中的比例经过了长年的下降后，仍然维持在 56%的水平。难怪《经济学人》惊呼：尽管许多国家都出现了工资在 GDP 中所占比例下降的现象，但没有任何一个地方的下降有中国这样急剧。

另外，近年来美国的工资水平虽然下降，但这种下降多少被投资收入的提高所补偿。美国的许多家庭都是持有股票的。家庭财富随着股市而上涨。在中国，虽然股市火热，但投资收入在 2005 年仅占 GDP 的 2%，美国则为 15%左右。更不用说，虽然中国的国民经济维持着两位数左右的高增长，储蓄的利率则低得出奇。美国的经济增长速度虽然不及中国的一半，银行的定期储蓄利率却接近甚至超过

5%,比目前 GDP 的增长率还高。这样的对比显示出:中国老百姓辛辛苦苦挣了那么一点钱,因为缺乏社会保障而不得不维持着高储蓄(美国人仅将其收入的 1% 存起来),但储蓄的回报却远在市场价值之下。

造成这样的原因是什么?世界银行的一项研究指出,计划经济所遗留下来的财政金融系统是压低工资的根源。在中国,大型国营企业和有关系的大公司占据着各种垄断优势,可以从银行中得到低息贷款。这一点,在中国大型国企从事海外并购时就被媒体揭破:中国的大企业并购时从银行拿到了市场价值以下的利率,资本费用被人为地压低,自然出得起大价钱。难怪《华尔街日报》为一些中国企业在美国并购的失败而痛心疾首:中国以虚高的价钱购买美国资产,这是天下再合算不过的买卖,过这个村就没这个店了。可恶的贸易保护主义砸了美国人的买卖!

要不断给大企业这样的金融优惠,路径有两个:一是压低老百姓的储蓄利率,这样银行才能低息给大企业提供资金,任其烧钱;一是切断民间企业或中小企业的财源,或者对之只以高息贷款。这样,最能创造就业机会的中小企业就很难发展,乃至连大学毕业生都找不到工作。《经济学人》在另一报道中指出,在印度的制造业中,87% 的雇员就职于 10 人以下的小企业;在中国则仅有 5%。中国在制造业上领先于印度,在服务业中落后,也和这一现实有关。制造业更讲究规模优势,服务业则更仰仗小企业的活力和创意。中国以资本密集型的模式刺激了制造业,却无意中抑制了劳动力密集型的服务业的发展。劳动力规模成长缓慢,自然压底了工资总额在 GDP 中的比例。

这样的模式不改变,对中国经济的发展后果严重。首先,缺乏内需,就只能过度依赖出口。一旦美国等发达国家的经济患了感冒(消费下降、市场萎缩),中国经济就跟着发烧(拿不到订单、产品积压、工人失业)。另外,这一模式不可避免地创造了巨额贸易顺差,触发各国的贸易保护主义。随着房地产泡沫的破灭和次级贷款危机的爆发,如今美国经济出现衰退的可能性越来越大,政治上也开始左转,甚至共和党的选民也开始怀疑自由贸易的理念。这些都已经不是中国经济的远虑,而正在成为近忧。

中国的经济要保持长盛不衰,就必须尽早摆脱低薪模式,建立以国民收入增长为核心的发展目标。看看日本战后经济起飞的经验就明白,日本在上世纪六十年代初战后经济恢复才十几年的时候,就提出“国民所得倍增”的计划,并提前实现,走上高薪、高福利、高附加值的发展道路。中国经济起飞已经四分之一世纪,高薪的影子还没有,基本的社会保障系统也没有建立。低薪可以帮助我们脱贫,却不能使我们致富。脱贫之后,只有高薪才能维持长期的高发展。

市场经济需要文化的滋养

多少年来，我一直不断阐述一个观念：中国经济要长期稳定地发展，就必须走高薪的路，使劳动者从经济增长中得到公正的回报。这不仅是一个社会公平问题，也是经济效率问题。真正的市场经济，能够创造一个高薪社会。

这一观念，一直被主流经济学家们所不齿。在他们看来，劳动力成本低，是中国经济发展的优势。高薪取消了这样的优势，中国还怎么竞争？再说，低薪是市场决定的；强调高薪，等于主张计划经济中的国家干预。

我对这两点的回答很简单：所谓劳动力价格的竞争优势，在某种意义上是对企业的照顾。这种照顾一开始有合理之处，但长期照顾下来，就惯坏了企业。这就好像美国教育制度中的种族平权政策：黑人因为长期受种族歧视，成为弱势种族；于是上大学的录取分数比别的种族低。亚裔因为学术表现好，申请同样的大学，分数甚至要比白人学生还高很多，否则想也别想。表面上看，在这一教育竞争中，黑人有低分优势，亚裔则有高分劣势，或者说是受了歧视。但这种制度实行时间过长，就造成了一个结果：许多黑人觉得自己天生就该以比别人低一截的分数进大学，因而放松学业；亚裔则从小就知道：我要是和别人学得一样好，或者仅好那么一点，就别想有别人的机会，于是非常勤奋。最后，亚裔成了最成功的学生，黑人则几十年还是翻不了身。怪不得一些黑人保守主义者带头要求取消种族平权，让黑人和其他族裔在一个分数线上竞争。否则他们永远翻不了身。

企业其实也是一样。中国的老板和美国的老板在全球化经济中进行经营有两道“分数线”：中国老板给职工一个月一千块就可以；美国的老板则必须给三千美元，也就是两万多人民币，还外加一大堆福利。这样在成本上，中国老板当然可以高枕无忧了。于是，他们完全可以不思进取，靠着低劳动力成本竞争。美国老板就不同。他们面临的分数线太高，要像中国老板那样做早被淘汰了。这就逼着他们开发节省人力的新技术、精简优化组织和管理、加速产业升级、提高产品的附加值。结果怎么样呢？美国人工资越来越高，其制造业不断被中国“击败”。但是，人家的经济照样持续增长，失业率还不到 5%。中国确实有着空前的经济繁荣；但经济起飞已经达四分之一世纪之久,所能做的主要还是给人家缝衬衫、做玩具而已。为什么?因为中国的企业靠着在劳动力成本上的低"录取分数线"进入了全球经济,能够维持着低水平的经营和技术水准而不被淘汰;美国企业则是必须达到高"录取分数线"才进得去,严格地进行优胜劣汰。

另外,把高薪经济和计划经济联系起来则更是无稽之谈。看看高薪的发达国家,哪个是计划经济?这些国家的历史表明,高薪往往来源于社会文化中的自发因素,并把这些因素转化成市场经济的重要动力。以美国为例。美国工人的工资高,当然受"新政"以来政府的一系列社会政策的影响。但是,美国工人的工资并非是"新政"以后才高起来的,而是在内战前甚至殖民地时代就高过欧洲。有几个社会文化的动力推高了工人的工资。比如,美国一直有着"生产者主义"的意识形态,即认为创造社会财富的主力是生产者,而非资本的拥有者。另外,"共和主义"也是社会意识形态的主流,即认为共和体制的基础是自立的公民。当一个劳动者无法得到能使他在经济上充分自立的报酬,或者他为了这一报酬必须超长时间地工作,乃至无法参与社会其他面向的活动时,他就走向了被奴役的道路。自立的公民被奴役,共和体制就有了生存危机。所以,一个老板不管怎样在市场上竞争,他必须给工人足够的工资,使其足以在经济上自立和发展,并且不能以超长的工时占据工人作为和老板一样平等、自主的个人的时间(这包括享受家庭生活,参加各种社区、宗教和政治活动的时间)。一个老板不给工人这样的待遇,就是不仁,就会为社会所唾弃。在这种市场经济中,企业在工资方面的"分数线"一直相当高。

历史证明,这种社会文化的力量,看上去和市场对立甚至冲突,实际上则不仅没有阻碍市场经济的发展,反而在关键时刻捍卫了市场经济。在十九、二十世纪,社会主义思潮席卷全球,计划经济成为大潮流,但在美国则一直无法成势。这种"美国例外"的关键原因,恐怕还是在于上述这些社会文化力量自行遏制了市场运行所释放出来的负面力量,大致解决了社会公平的问题,不需要用计划经济的方式来对市场进行修正。

中国的市场经济要在未来长盛不衰地发展,就必须培植类似的社会文化基因。这包括个人的道德情操、邻里之间的友爱、对他人的责任和同情等等。产权固然是市场经济的核心,但仅有产权还远远不够。把市场经济简单地化约为产权,是对市场经济的庸俗化。欧洲以伯克为代表的保守主义一直认为:健康的政治体制应该从社会的传统和习俗中自发生成。其实,市场体制又何尝不是如此!一个抽象的制度离开滋养它的文化和习俗,就成了无本之木,当然也就无法根深叶茂了。

开私车的怎么成了弱势群体?

不久前看到网络上颇为走红的一篇文章,题为《开私车的才是真正的弱势群体》,颇为吃惊。我离开国内很久了,当然可以说“不理解国情”。不过,看《经济学人》收集的2002年以后的数据,中国的私人车拥有量,是1000人中6.7辆。以我上世纪九十年代初在中国的生活经验,这数字确实高得惊人。中国变化之大,可窥一斑。不过,即使以这个数字,中国的人均私人车拥有量,在世界上排在倒数的第30位。有私人车的,还是非常少数的富裕阶层。怎么这个阶层成了“弱势”呢?

以下是该作者的理由:

说实话我觉得在北京开车人才是弱势群体。常常能在大街上遇到斜刺里杀出来的自行车骑士从你面前绝尘而去,剩下开车人独自冷汗淋漓,或是任凭你如何着急,迈着四方步的行人就是视你如空气,剩下的只有开车人不停地起步停车。我的一位朋友就曾经被一位胡同大爷的语言惊得半天无语。一天朋友路过一胡同,一位胡同大爷就是在前面不紧不慢地晃悠,朋友实在无奈鸣笛示意,没想到胡同大爷一语惊人:有本事你撞我啊,撞我你养我一辈子!唉!!!有句话说:做人要厚道,与其躺在床上让人养一辈子,让一下又何妨!好强的弱势群体理论啊!

这逻辑未免让我哭笑不得。我在美国学会开车不久,也刚刚买了车。学开车时,教官就不时警告:在繁忙的市区,常常能在大街上遇到斜刺里杀出个什么来,要特别当心。另外,随着环保热、健身热,美国自行车流行,公路上画出自行车道。人们对自行车都非常礼让。有研究表明,骑车的人越多,骑车就越安全。因为骑车人多了,使司机意识到骑车人的存在,更加小心。关于对行人鸣笛,在纽约这种大都市也可能有。在一般的地方,谁见过呢?我在波士顿地区住,算是热闹的地方了。开了车半年多的时间,一次出去等在十字路口,前面一辆车大概走错了路,突然倒车,根本没有意识到我的存在。于是我赶紧鸣笛。这是我第一次鸣笛。那车一下停下来了。我一身冷汗,回来对也是刚学会开车的妻子说:遇到这种危险情况,一定要鸣笛。结果她问我:“怎么鸣笛?”

我在美国开车,鸣笛一年不过几次。我妻子则是“一年不鸣”。你在人行横道上走,甚至有时候没有走人行道,而是横穿马路(这在美国其实也不少),常常一辆或几辆车静悄悄地停下来等着。最壮观的是在大马路上,虽然没有红绿灯,但一有行人出现,左右四条车道上的车队,全静静地停下来。我是从中国来的,还有些过马路小跑的习惯,哪怕有红绿灯保驾。再看那些美国人过马路,不紧不慢,有端着咖啡聊天的,有聚精会神地打手机的,有笑眯眯地等着牵着的小狗慢慢走的,甚至还有停下来和后面的朋友打招呼的,简直视车为无物。车让行人,是无条件的。这是文化,也是法律。一般美国人也很少鸣笛。据我观察,鸣笛的情况有几种:一是我碰到的那种情况,看见一辆车做危险动作,鸣笛提醒对方。一是我看到的反战等示威活动,开车的人对举着标语的人鸣笛,以示支持。一般情况无缘无故鸣笛,多属于粗野行为。最近几年中国汽车市场很火,美国汽车公司纷纷进军中国。美国公司遇到的一个问题,就是中国市场出售的汽车,喇叭必须重新设计。因为美国人不太用喇叭,鸣笛装置要求很低。到了中国,大家每天鸣笛,美国标准的喇叭很快就坏了,根本适应不了中国的国情。看看前面那位开车的“弱势群体”,自己对着别人鸣笛,其行为明明属于在大街上骂人,却还理直气壮地说别人欺负了自己。

有车是富裕的表现。富裕当然是好事。但是,为什么富裕以后,人与人之间还会像这位有车族描绘得那样“分外眼红”呢?是行人“不厚道”,还是开车的人“不厚道”呢?在美国,几乎所有人都会说开车的人太野蛮了:人家好好走路,你凭什么冲人家鸣笛?在中国则反过来,走路的人好像是“仇富”,是他“不厚道”。为什么两个地方的价值观念是这样对立呢?

以我的观察,美国人很尊重财富,但同时也意识到财富带来了责任。比如,我家边上一个小镇莱克星顿,是独立战争的发源地,房价很贵。一天我去镇上图书馆借书,为其公共图书馆之豪华所震惊。第二天,我对住在那里的同事夸他们的图书馆。他则说,本来可以盖个更好的。后来大家一讨论投票,决定大幅度削减预算。因为这么大的预算,要镇上增收房产税。一般居民并没有意见。但大家考虑到,最早来的居民,许多人不富裕,缴不起这么高的税。用高税把人家挤走,太不公平了。这就是富区老百姓的行为。你有钱可以随便花。但你要想到,你太有钱的时候,抬高了房价,可能让有些穷人住不起原来住的地方。对此你不是没责任。相比之下,在当今的中国,老百姓本来住在自己家里。有钱人来了,要盖大楼。老百姓就得拆迁,甚至有主流经济学家说拆迁不应该按市场价进行补偿。这逻辑很简单:财富是富人创造的,人家让你走人,好让人家用其财富促进经济的增长、造福社会。这样的社会能和谐吗?

开车也是一样。这位开车的“弱势”,其实在骂行人“仇富”。他的理论,我们的经济学家已经讲了:“只有保护富人,穷人才能变富。”再具体一点,我们是否可以说“只有保护开车的,大家才能有车”呢?你买了车值得恭喜。但是,开车占据了过多的公共空间,使交通更加拥挤、空气更加污染,甚至间接刺激了房价上涨,给行人带来了诸多不便。开车的人想想这些,自己是否应该厚道些呢?

财富需要品格。我们刚有了财富,却还没有财富的品格。有专业人士已经预测,再过几年,世界四分之一的奢侈品市场在中国。这还能说中国的富人过得委屈、缺乏保护吗?在我看来,那种指责穷人“仇富”的,就像是坐在车里向行人拼命鸣笛的人。他们的声音,已经太大了。

开发商是怎么赚钱的?

勤劳致富的人有很多。但是,在当今中国的社会中,不勤劳而致富、不称职而致富的人恐怕也不少。众所周知,房地产开发商,在中国的富人群中居最显要的地位。我曾经撰文指出,盖房子不是高技术,而是低技术,没有垄断性。如果是真正的市场经济,像比尔·盖茨这样的人会成为巨富,别人也服气。要进入最富的人的行列,一般轮不到房地产开发商。

最近《纽约时报》发表了对中国环境问题的长篇报道,其中提到了世界银行对中国房地产业的评估,十分令人震惊:中国在过去几年每年建造75亿平方英尺的商业和住房建筑,相当于美国现有购物中心面积的总和,使中国成为世界最大的建筑工地。但是,中国的建筑的绝缘技术形同虚设。建筑物内供暖和制冷所需要的能源,是欧美的一倍!95%的建筑甚至没有达到中国自己的节能标准。

来自国内的数据表明,到2020年年底,全国新增的300亿平方米建筑面积中,城市将新增130亿平方米,如果这些建筑全部在现有建筑上实现50%的节能,则每年大约可节约1.6亿吨标准煤。然而,建筑节能的形势却不容乐观。据2005年资料显示,我国既有建筑中95%达不到节能标准,新增建筑中节能不达标的仍超过四成。北方采暖地区非节能建筑单位面积能耗是同等气候条件的发达国家的2至3倍,我国建筑在建造和使用过程中直接消耗的能源占全社会总能耗约30%。(《中国建设报》07年8月8日)

要知道,按照欧盟的空气标准,中国5.6亿城市居民中,只有1%的人有幸能呼吸到安全的空气。世界10大污染城市,8个在中国,北京、上海、广州全在其中;另外两个是开罗和新德里,全属于比中国还落后的发展中国家。根据世界银行的估计,中国每年有35到40万人死于室外空气污染,30万人死于室内空气污染。这样,一年死于空气污染的人数就接近了70万,另有几百万人因此失去工作能力。这一切,当然不应该全由开发商们生产的劣质建筑负责。但是,在大都市中,住房的冷暖供应和机动车辆所造成的废气,无疑是空气污染的最大因素。

我们不禁要问:开发商赚了那么多钱,怎么连基本的绝缘处理也不做?他们是凭着什么本事，使95%的建筑绕开了中国自己的节能标准？有关的监督机构在哪里？这样制造的财富正当吗？建筑物缺乏基本的能源效率，就成了制造空气污染机器，使许多人得病甚至死亡。疾病固然不问贫富。但是那些看不起病的，毕竟还是普通的老百姓。

众所周知，“绿色GDP”不久前在各地方政府的反对下搁浅了。因为如果按“绿色GDP”核算，许多地方的经济增长就接近于零。所以我说，如今的高增长，是隐瞒了环境代价而做的假账。不顾环境的高增长，一年会创造几百万病号（如果计算那些得了病而并没有丧失工作能力的人，人数还会翻倍）。这些人求医问药，再被各种医院宰一刀；医院的赢利创造了更高的GDP。开发商把应支付的环境费用隐瞒下来，成为自己的利润，由此致富；老百姓则勒紧裤腰带，把辛辛苦苦挣出来的钱交给了医院，为GDP做贡献。这难道是一种道德的发展模式吗？

建筑是百年大计，至少寿命也要有几十年。在绝缘的环节上偷工减料，则使这些建筑成为永久的污染源。一个负责的政府，应该彻底检测最近几年新建房屋的绝缘性能，不合格者全部返修，费用要由承建的开发商们负担。这笔钱，也许是几十亿，也许是几百亿。需要彻底清查估算才会明白。但是，这都是被开发商贪污的钱。致富不能靠这样的本事。富人如果放弃了基本的社会责任，就会成为我们社会的劫匪。如果富人制造了95%的不合格建筑，并且大发其财的话，难道我们不应该对富人加强监督吗？

感恩是人的基本品德

2007 年 8 月,襄樊市总工会与该市女企业家协会组织 19 位女企业家与 22 名贫困大学生结对:这些企业家承诺 4 年内对每个学生每年资助 1000 元至 3000 元不等。市总工会还给受助学生及其家长发了一封信,希望他们抽空给资助者写封信,报告一下学习生活情况。可惜,其中 5 位大学生受助一年多,没有主动给资助者打过一次电话、写过一封信,更没有一句感谢的话,最后被取消受助资格。

此事如今已经是个旧新闻。不过,社会对此事的反应却很有深意。一般老百姓,大多认为这些学生知恩不报,应该为此付出代价。不过,看看各报专栏作家的文章,却对这些企业家多有微辞。他们认为,做慈善事业就要为受助者的利益考虑。如果以回报为条件,慈善事业本身在没有开始时就已经变了味儿。

表面看上去,这些专栏作家们在道德上高人一筹,讲出的道理一般老百姓想不到。其实,这颇能反映我所谓的"启蒙知识分子"和一般平民百姓的传统价值观念的脱节。而在这种脱节中,普通百姓那种朴素的感情是对的,知识分子们那种貌似高深的"理性"是错的。

我非常支持断绝对这几个学生的资助。理由很简单:需要资助的学生很多,竞争性很强。要资助,就应该资助那些最珍惜自己所得到的一切的孩子。一个心存感激的人,最容易成功,成功后也最有可能帮助别人。那些把所得到的一切都视为当然的人,很难有效地利用别人的帮助,而且久而久之会养成一种依赖心理,觉得别人欠他(或她)什么。这种人自我中心,不容易成功。即使成功后,也不会想着别人。

把要求受助者对资助者写信表达感激说成是中国的"报恩文化",是非常简单的归纳。其实,西方文化中也有许多类似的成分,只是人家不叫"报恩",而叫"感恩"而已。十年前我去一位基督徒家做客,印象最深的就是吃饭前全家手拉着手祈祷,感谢上帝赐予他们食物。吃饭时,大家也非常小心,盛饭菜从不过满,生怕自己吃不了糟蹋了上帝赐予的食物。他们从不认为自己拥有什么,而是一无所有。自己的每一分钟生命,每一口饭,都是上帝给的。我并不分享他们的信仰。不过,他们的精神很让我感动。这位基督徒，以这样卑微的态度生活，反而很成功，当了一所常青藤盟校的校长，几十万美元的年薪公布在《纽约时报》上。他女儿那时还在读研究生，和我讨论起奖学金的问题时叹息说，如今奖学金太丰富了，一个学生一年仅生活费就是上万美元，加上学费要三四万，大家习以为常，以为一切是当然；而她哪怕得到几百块的资助，也都要写一封感谢信去。

有没有感恩之心，其实反映了一个人是否有对他人的责任。那些女企业家如今固然很发达、不缺钱花，但起步之艰辛、冒险创业时彻夜难眠的情景，恐怕也是这些学子不知道的。社会上这么多人需要资助，人家把辛辛苦苦挣来的钱给了你，你一年也不和人打个招呼，那么你成功以后对别人、对社会是什么态度，自然可想而知了。你凭什么有资格再获得这笔钱呢？

感恩是做人一种基本的道德。以感恩的心态活着，对自己好，对社会也好。古罗马时代的斯多葛学派的信徒就常这样说：我从来不会失去，只会回馈。也就是说，他们把自己所有的一切，都视为别人的恩惠。这样活着，才有幸福和意义。而如今西方的成功人士，如比尔·盖茨和巴菲特，成功后最重要的事情，也是把自己得到的一切都回馈于社会。事实上，比尔·盖茨的母亲从小就教育他：一切都是来自社会的恩惠，要想办法回报。

中国如今这代独生子，从小在自我中心的环境中长大，对这些基本的做人道理，已经淡忘了。需要有人教育他们：这个世界上除了你，还有别人；这些“别人”会帮助你，但是，他们本身也有感情需要。对此，你是有责任的。

被逼着感恩时应该怎么办?

我写了《感恩是人的基本品德》一文,根据的是报纸上几句简单的报道。文章发表后,马上看到一位读者不满的留言、长平发表的有关文章。接着,和我联系的一位编辑发给我的如下的信,使我改变了看法。以下是信的全文:

薛涌你好!

不知你的软件是否能打开附件,用附件格式,发给你《南方周末》对"弃捐事件"的报道。

有一个问题是,作为一对一的结对帮助,直接给了受助人,节约一点成本为什么不可以,为什么要布置一个大场面,台下有领导、父母,让孩子们上台上跳舞——有的孩子没有裤子穿,跳起来很难受(舞曲叫《感恩的心》,中国的流行歌曲),布置这个场面,可能至少也要好几千块钱吧。租舞台、道具等等,还不要说企业家要出席两次(一次是跳舞,还有每年要"年审"吧),企业家的时间不要成本吗?他们为什么舍得这个时间?

我想说,这些企业家,意在每年给一个穷人的孩子1000块钱,还是上媒体,以作为对自己的个人或者企业的宣传手段?这当然比打广告便宜,每个人才1000块钱嘛。中国的体制,常把穷人的痛苦拿来当广告,政府这样做,企业家也可能要这样做。

在中国,穷人家孩子的心情是复杂的,他们的尊严常常保不了底,有的孩子在被要求介绍自己的时候,哭了出来,其中一个女孩子当场放弃了受助。这些孩子真的太穷了。1000块钱对他们和他们的家庭非常重要。他们是知道感恩的。但是,他们已经被告知,平时不要去打扰老板,打电话也只能是秘书接的。其中一个被指不知道感恩而取消受助资格的孩子,其实是写过信的。他回到校,手就被摔成骨折,很费劲地写了信,得到的回信只是,让他"多喝骨头汤",不知道是女企业家的秘书写的呢,还是她本人。总之,这个建议是不可能实现的——他是那样穷,家里不可能有钱,你资助的1000块,平均一个月才100,不可能喝得上骨头汤。

我在收入没有现在高的时候，给过山里的孩子资助，数目也跟这些女企业家差不多，以我的心情来说，要求他们给我跳感恩舞，写感恩信，我觉得相当奇怪。现在，我们还不知道这些企业家中，有没有国有企业的老板，还不知道她们用的是不是国有的企业的钱呢。

总之，我觉得组织这件事的工会和女企业家们，如果说，他们也想帮助穷孩子的话，那么，他们也太看重他们自己了，他们显然需要一个新闻效应……

看了你今天对这件事情的评论，我转了最新的报道，并写了这些看法给你。

读罢此信，我觉得自己对那些孩子很愧疚。看来在中国，“为富人说话”不容易，因为“富人”里好人确实不多，好事也能做得和坏事一样。不过，这也为我们提出一个问题：拿到这样的钱，是否还该写信感谢？

这实在是个道德困境：拿了人家的钱，是受人之恩，按理应该感谢。但是，这样被人逼着以丧失尊严为条件来感谢，实在也不应该。应怎么处理？那么小的孩子，实在很难要求他们知道在这种情况下知道该怎么做。我们这些上年纪的人，也未必知道什么是合适的做法。所以，我觉得也有必要提出来讨论一下。

我觉得，超越这一道德困境，非有宗教般的精神才行。依我之见，感谢信还是应该写。自己拿到这么一笔钱，总要感谢一下，把对方当成好人真诚地进行感谢，即儒家所谓的“尽心”而已。自己的义务，也就到此为止。其他事情当然不必去做。事实上，有的孩子就是这样去做的，很值得钦佩。

当然，这些“富人”给钱，想拿你做广告，想践踏你的自尊心，甚至他们的钱本身可能也来路不正。不过，这些是非，超出孩子们的判断范围。我的看法，就是把对方当好人、以给好人写信的方式去感谢一下。至于对方是否能像好人一样地领受、怎么领受，则是对方的事情。

我上文说对基督教那套很佩服，也正在这里。基督教那种感恩精神，是在比我们匮乏得多的基础上形成的。他们对所有的一切都充满感激，不论多少。而且，他们把这种感恩，视为自己的品格。基督教甚至还觉得，贫困给人带来了道德优势。用茅于轼的话，这大概也是“越穷越光荣”吧。但是，穷人应该保持这样的“光荣”。有了这种“光荣”，才能超越现世的恶浊。

如果我的上篇文章对那些孩子产生了进一步的伤害，我在此深深致歉！不过，在恶浊中保持感激，在困乏中保持“荣光”，才能最终拯救自己、拯救我们的社会。这是我愿意和这些孩子共勉的。

低薪是中国的比较优势吗？

中国人民银行发布的《2008中国区域金融运行报告》所含的东莞农民工的调查显示，在莞农民工收入低、增长慢、消费少。15年来工资年均增速不足5%，超两成在莞农民工收入仅千元以下。问卷调查显示，受访者月工资收入集中在1000～1500元之间，这部分人占到50%，月收入在1000元以下的占21%，1500元以上的占29%。东莞最低工资标准从1994年的350元/月提高到2008年的770元/月，受访者月均消费支出在500元以下的占40.3%，500元以上的占59.7%。受访者与用人单位签订劳动合同的达63.9%，仅17.2%的受访者表示存在工资拖欠。在有义务教育学龄子女的受访者中，其子女在家乡或其他地方读书的占56.9%，在东莞读书的占43.1%，在东莞就读的农民工子女中，公办学校就读的占27.3%，民办学校就读的占72.7%。

这一消息刚2009年五月底在新浪网发表后几个小时，就引来几千网友的留言和评论。我不妨摘抄一些，并对其中的错字不予改正，以保持真实面目：

我们这里每天正班八个半小时，加班最少每天四小时，现在已经连续两星期加班到凌晨了，底薪780加班费三块，每月最多有一天假期，而住宿可以用惨不忍睹来形容：白天污水横流垃圾遍地，晚上燥热难耐蚊虫乱飞，我大学刚毕业工作难找没办法，工资将将够花。

真的，我是九零后的农民工，每天上班十二个小时，工资才八百，还有五六百的。真的，我们也是没有办法，总不能去偷去强，只有赚辛苦钱，只希望工资涨点！希望国家能真正重视我们一下！说老实话，我对东莞有太多话了！

我从事制衣行业在东莞工作过一年工资都是600多，后来跑深圳做事一个月涨700到800，一个月消费最少300这样下来一年有几两银子。

工资低在东莞是很普遍的，偷盗行为也比较猖狂，我一个月不到就被偷了两辆单车。还有大街小店的老虎机实在太多！

在广东拿低工资是普遍现象，十年间物价提高了好几倍，但工资上涨不到10%，买了三金的农民工不到10%，房租贵、水电费高，连电费基本上都是每度1元，最怕的是生病，全都自己支付，贡献大的是农民工，但是很少有人享受法定节假日的全休和双倍工资，大家说公平吗？

东莞工资就是低，我在常平土塘一家知名的电子厂做文员，还是香港上市公司.底薪九百多，还要扣住宿费七十元和伙食费九十元！另外还要扣保险.没有班加！一个月就领八百左右！唉，现在这个社会，就是贫富差距太大!!!!!!!!!!!

在东莞外来人员的子女上学问题最头痛，现在又要出台一个要有什么什么条件的才可以就读，这样下去再过几年东莞真的人去楼空。

现在的东莞政府生怕外商关门，不关心农民工的待遇，我在厚街汇博鞋厂，每天加班到十二点，扣生活住宿费后才领一千，我还是做了几年的熟手，生手更少，照时间算连最低标准都没达到，昨天端午节，我们一样加班到十点多，还是照顾了。哎！也没有人管我们死活。

以一个有东莞工作五年经历的身份来说：完全相信这份调查！补充点：一、东莞的农民工百分之八十没有购买社保。二、百分之九十九的农民工没有购买住房公积金。三、百分之八十五的农民工每天工作十二个小时以上，每月仅休息一至二天。四、治安极乱。没有被偷被抢被打的、坐车被卖猪仔的、没见过治安队偷抢打的人，是一个没有在莞居住三个月的人。

我可是一个内地煤矿工人，一个下来也就是个八百来块，在内地的生活费可能比沿海地区的还要高些。肉价现在是十二元每斤，疏菜一般都是三元左右每斤，那么几百块钱也就只能用来生活开支还得节约点。

东莞的农民工都是机器，机器黑，工厂更黑，有什么吗？我在这家工厂底薪还是690元，还是去年才有签劳动合同，有什么用吗？明明东莞的最低工资是770元，劳动局就像瞎的,看不到一样,也在上面盖章,反正盖一份章手续费五元,他管你农民工死活啊!只要他过得好就行。哎!没办法,谁让我们是农民工呢,认命吧!

实话实说,实际1000元/月能拿到手的东莞农民工有2成就不错了,8成东莞农民工账面上有1000元/月的,不是要扣伙食费、食宿费、管理费或罚款,能真正拿只有七百多元。有谁能救、救东莞的农民工朋友,看到东莞的农民工的血汗钱被无情的榨取,这是中国的特色吗?这是中国的特色吗???

这个调查很真实!我就在塘厦。我们厂包吃包住上28天850元,加班4块!员工一个月实收最少也有1200。计时制东莞770底是不包吃住的22天制,如不加班一月就实收500多。欢迎只想拿1000多的来我厂。

工资少倒没什么,最可恶的是东莞本地人,他们当我们外地人,个个当贼看。钱不少,看看公共设施,有一个给外来工呆的地方吗?

我以前也在东莞工作,月工资195。有病都没钱看啦!只能是忍着病痛上班。真正的是很差!希望更多的朋友到浙江工作,比广东好多了。

大学毕业生恐怕也不止两成的人收入没到1000,也不看看现在的经济状况,有碗饭吃算不错了,要求太高只会饿坏自己,别用粉饰的太平来安慰自己,看了越南人到中国打黑工的新闻没有?马上要搞东盟经济圈了,劳务自由是迟早的事情,现在国内100元一天的脏活累活没人做,可人家越南人30元还抢着做,这就是市场经济的残酷性。

我曾经是深圳通讯器材制造企业的员工,生产线上的员工基本工资能拿到手的只有600－800元(上班8小时以内的,扣除了10元/天的伙食费,100元住宿及水电费用,公司代缴代扣三险一金)。

如果不加班的话,生产线员工工资是不会有1000元以上的。

我们公司还是正规国有企业,各种福利还算是比较完善稳定的。

所以说,农民工很苦的。想想看,深圳的消费多高啊。这点钱他们连给自己租一个小单间都租不起。

这些留言的准确性有多少，没有职业化的调研机构的介入很难核实，读者只能根据个人的经验去判断。不过，从中大致可以看出，许多留言者是在东莞工作过的，心中的愤怒非常真实。这多少是以所谓"衬衫经济学"为代表的低端制造业的一个写照。

这就使我们回到几年前我和主流经济学家们的争论。我提出"中国不能永远为世界打工"，要通过保证劳动者的权益来摆脱"低薪陷阱"。主流经济学家们则不屑一顾地把我的观点斥之为"不懂经济"。周其仁先生大唱"衬衫经济学"的赞歌，把低薪看作是中国的"比较优势"。张五常则为中国的工人越来越不肯接受低薪而痛心疾首，称"我的一个朋友在东莞开厂，软件企业，一年会有50%的工人流失"。"假如一个人真的想要找工作的话，你找到一个月600块钱的一份工是没有问题的。你去东莞找，马上就有。"

低薪真能构成了"比较优势"吗？具体而言，在经济起步的资本积累阶段，低薪是否构成了发展的必要条件呢？回顾一下世界经济史，特别是西方工业革命的历史，对这个问题就不难作出回答。

我在过去的文章中曾经谈了许多从中世纪到近代早期欧洲的经济发展。在这一阶段，欧洲工薪最高的地区，也是经济最发达的地区。最近，著名的英国经济史家罗伯特·艾伦出版一本新著：《全球化视野中的英国工业革命》，对近几十年来西方学者对工业革命的研究进行了总结。他的结论非常清楚：工业革命之所以发生在英国，就是因为英国在十八世纪工业革命的前夜是欧洲工薪最高的地区之一（大概仅次于被称为"第一个现代经济"的荷兰）。其中的理由也不难理解：只有工薪高、人力贵，巨额投资用机器替换人力才有钱可赚。当时欧洲大陆的主要经济体并非不能掌握工业革命的技术，只可惜这些地区的人力太贱，花大钱购买昂贵的机器来替换廉价的劳动力会赔本。这和几年前《经济学人》对中国的观察非常相似：许多外商到了中国，宁愿放弃使用多年的技术，用廉价的劳动力替换了其实已经并不那么先进的机器。"低薪陷阱"导致了"低技术陷阱"。这最终会成为经济发展的一大障碍。

还是让我们回到工业革命的主题上来。在十八世纪中期，英国首先工业化的地区，如西北部的Landcashire和北米德兰地区，工薪确实比发达的南部为高。不过，这仅仅是在英国国内的"比较优势"。英国作为整体，工薪高于欧陆。不仅如此，到了1867年，仅仅十来年的时间这些工业化地区就成了高工薪地区。这一发展模式在其他地区也有表现。与此同时，爱尔兰地处工业革命的大门口，工薪甚低，却没有工业化。

市场经济的祖师爷亚当·斯密，是个著名的提倡高工薪的人。他有段被经济史家反复引用的话："劳动力的工薪鼓励勤奋。这种勤奋就像其他素质一样，会随着所获得的奖励的幅度而提高。当维持生计的资源充足的时候，劳工们的体魄就强壮……所以，在工薪高的地方我们总能发现比工薪低的地方更积极、更努力、更勤快的工人。""慷慨地奖赏劳动，是国富增长的必要效应和自然现象。而勉强地维持那些贫困的劳动力的生存，则是百业停滞的自然现象……"他利用当时人的计算指出，一个劳动力不仅要挣到足以使自己生存的钱，还要挣够足以支持自身生存两倍的钱。劳工的妻子除了养育孩子外，临时打工的收入可以支持自身生存。这样，劳工本人所挣的钱就可以多出一些培养下一代。否则，劳动力的供给就不可能延续到第二代。用最低限额来计算，一个奴隶劳动力也至少要挣够比支持他本身生存多一倍的钱。最底层的劳工，则也至少要有这个奴隶那样的收入。

亚当·斯密大致生活在工业革命之前，没有机会观察大规模的机器生产，自然没有提到工薪高会提高现代化设备投入的生产效益问题。不过，他的两点观察对我们后工业时代仍然适用。第一，经济的增长有市场过程和社会过程，两者缺一不可。第二，"重赏之下有勇夫"，高工薪提高了工人的劳动生产率和企业的效率。

先说第一点。经济增长当然要靠市场竞争。但如果把市场竞争的逻辑推向极端，就可能产生阻碍经济增长的效应。比如，在劳动市场上，雇主总有资本优势，可以等足够的时间，让那些等米下锅的劳工陷入饥寒交迫的绝境，然后用仅仅能够维持生存甚至在生存线以下的工资进行雇佣。这样的结果是，劳工甚至连养育第二代的资源都没有。这等于杀鸡取卵、竭泽而渔。雇主并非不能从理性上理解这一点，也并非不想保持未来劳动力的供应。人们在使用牲口时，都还知道照顾牲口的基本福益，以最大限度地延长其工作寿命，而使之传宗接代。但是，雇主总认为人乃高级动物，有更大的能力在绝境中生存。并且劳动市场有高度的流动性，自己对劳工没有人身所有权。"过分地"照顾了他们，在他们或他们的下一代日后给别人干活时，自己就等于为别人作嫁衣裳，投资给竞争对手培养劳动力，使之"搭便车"。也就是说，个体的理性市场行为可能会伤害社会的整体利益。这也是现代市场经济国家通过种种福利，如医疗保险、失业救济、退休金制度、最低工资线、公立学校系统等等维持经济发展的社会过程的原因。

第二，即使从个体的市场理性行为来看，高工薪鼓励工人积极自觉地投入生产，提高了企业效率。经济史家们一直试图理解亚当·斯密的这一理论的依据。比如，有人认为，因为有非常高的工资，工人偷懒的代价太大。他们为了保持自己的高薪，就会竭尽全力，生怕因为偷懒被抓到后失去了这么丰厚的收入。还有些人提出，高薪使雇员稳定，减少了人员频繁的替换所导致的损失。这种损失，其实张五常也看到了。只是他抱怨工人不接受工资的市场价格，而不认为老板（也就是他的朋友）给出了市场水平以下的工资，吸引不到人。亚当·斯密本人则解释说，高工薪鼓励人们自觉努力地工作，有时他们在这种刺激下的努力到了过分的程度，伤害了自己的身体。在高工薪层中，过劳的比例特别高，乃至需要强制控制这些人的劳动强度和时间。

这一点，在现代经济中被屡屡证明，特别是在战后的日本格外突出。日本上世纪六十年代初期确立了一整套高工资、高福利、高增长的模式。“美国的经济、苏联的福利”成为当时的口号。终身雇佣、全民医疗保险等等制度也全面展开。当时有些保守派人士担心，给工人这么慷慨的待遇，会让日本人变懒的。但事实证明，这套政策带来的不是懒惰的国民，而是“敢死队”式的劳动阶层。大公司的工薪阶层（salary men）以现代武士自许，为公司效忠到了“春蚕到死丝方尽”的程度，乃至“过劳死”成为严重的社会问题，引发了国际性的关注。日本人在这套舒舒服服的高薪高福利中几乎把所有时间都用于工作，生活享受甚少，居住空间非常狭小，甚至没有时间生孩子，乃至造成了出生率下降、人口老化。这实在如亚当·斯密所预言得那样：人在高工薪的奖励下，会努力到伤害自己的程度。

世界经济史给我们提供了充分的例证，东莞式的低薪会伤害中国长期的经济发展。经济学家可以说：“在现在的经济条件下，工人除了接受这一低薪外，别无选择。这就是市场！”工人也确实会在这种低薪的条件下不得不出卖自己的劳动力。但是，他们不可能在GDP以两位数的比率增长的情况下对自己5%的收入增长感到满意。他们会觉得自己被掠夺了，心中充满了愤怒和怨恨。这从那些留言中看得清清楚楚。他们会为雇主的小小倒霉而幸灾乐祸。他们甚至会找机会捣乱，因为他们不觉得自己到了这步田地还能失去什么，甚至整个社会的治安都会因此受到严重的影响。他们的劳动生产率，当然无法和那些享受着高薪、高福利以公司为家的日本劳工相比。他们的功能，是让老板像上了毒瘾一样依赖最低级的劳动力，进而错过任何技术和管理创新的机会。

盖茨帮助我们反省市场经济

按中国主流经济学家们的解释,市场经济完全是由“看不见的手”支配。良好的市场经济,是这样一套制度:在这一制度下,每个人都能通过追求个人利益的最大化而自动造福于社会。这种市场经济虽然有着道德目标,但具体的运行是非道德性的。

盖茨当然是这一市场经济中的赢家。但是,他显然不认为社会能够从他个人利益的最大化中自动地充分受益。所以,他捐出全部财产,退出微软,全身致力于慈善事业。不仅是他,远到卡内基、福特、洛克菲勒,近到巴菲特,美国富人的慷慨实在惊人,贡献出一生所得绝不是从盖茨开始。怎么解释这个现象?更精确地说,这是市场经济的外在现象,还是市场经济的内在现象?从表面上看,美国并没有一套法律制度强迫这些富豪捐出其财富。他们是市场经济的赢家。赢了以后,就通过个人的道德自觉,超越市场经济的规则之外来行善。从这个意义上说,他们的行为和市场经济没有必然联系,属于市场经济的外在现象。但是,美国市场经济中的最大赢家们,几乎都这样一代一代地捐。小富人的慈善热情其实也不在其下。把在市场经济中如此普遍存在的现象剔除出市场经济之外,似乎有些说不过去,所以我们有理由说,这是市场经济的内在现象。

盖茨的捐赠,再次给我们提供了一个反省市场经济的机会。要知道,追求个人利益最大化的狭义市场经济古已有之。比如明清时代的中国,江户时代的日本,都可以说有着发达的市场经济。但是,现代市场经济显然比这些成熟得多,也成功得多。这种市场经济,镶嵌在一定的政治结构(如民主制度)和文化脉络之中,彼此难分。中国因为有明清的市场经济的历史传统,理解自由竞争、追求个人利益最大化的狭义市场经济比较容易,理解镶嵌于西方文化传统和政治结构中的广义市场经济就比较难。

盖茨的行为,首先让我想到的是“信托责任”(fiduciary duty)。这个词在西方是个文化概念,也是个法律概念,特别是在企业法中非常重要。一个老板如果疏忽了自己的“信托责任”,可能会受到法律的制裁,但在中国,不仅企业界没有这样的观念，一般的社会关系中也缺乏这一层面。因此，中国人理解起西方的个人自由，基本就是人人为己、“想干什么就干什么”。比如范跑跑为自己丢下学生逃生的辩护，就说明他完全没有意识到自己的职业需要他履行相关的“信托责任”。

什么是“信托责任”？简单地说，“信托责任”就是照顾他人利益的责任。任何企业，只要有一个以上的人参与，就会出现信托责任的问题，即你要在别人不在的情况下为了别人的利益做出负责的决定。如果是上市公司，老板经营的主要是别人的财产，其信托责任就更大。这种信托责任的覆盖面，也超出了股东，涵盖了几乎与企业运作相关的所有人员，包括自己的员工以及企业所处的社区。在市场经济中，企业老板当然要追求个人利益的最大化。但是，他必须履行自己的“信托责任”，看管好他人的利益，甚至要牺牲自己的利益来成全别人。“信托责任”要求企业家积极的有利他行为。

这一“信托责任”的观念，来自于基督教传统。在中世纪，教会垄断了文字，经营着巨大的教产。那些口口声声“富人进天堂比骆驼穿过针眼还难”的神职人员，其实就是那个时代最大的 CEO。他们怎么能够一方面攻击财富，一方面又把握着巨大财富呢？从理论上，他们是在履行自己的信托责任，是在为别人经营，传播上帝的福音。后来在清教传统中，富人的金钱不再是罪孽，而是他作为上帝的选民的证据。是上帝看中了他，才把这么多的财富都托付给他。他要替上帝好好看管使用，而不是什么追求个人利益的最大化。

这套理论世俗化后，就渗透到西方企业行为的方方面面。盖茨不是把他名下的财富看成是自己的，而是自己业绩的证明。这种业绩，就是凭借自己的能力和美德，在市场经济中赢得了社会如此之大的信托。所以他才会把财富小心地还给社会。卡内基早就说过，那些生前没有把财散尽、带着万贯家资进坟墓的人是可耻的。这种人死后不会有人为他们唱挽歌。

中国没有基督教的传统，但是，从“天下为公”的传统中，照样可以发展出“信托责任”的理念。什么时候中国的企业家能把自己的财富看成是社会的信托，什么时候中国的市场经济就算成熟了。

土地制度：对江平、吴敬琏的批判

薛 涌 XUEYONG

从世界史看土地使用权

新公布的《物权法》，规定住宅建设用地使用权期限届满后自动续期。根据我国现行法律的规定，建设用地使用权最高期限是：居住用地 70 年；工业用地 50 年；商业用地 40 年；综合用地 50 年。

有人说，这是给买了房子的阶层一个"定心丸"，告诉他们房子作为私有财产得到了法律保护，可以传给子孙。但也有些人担心，法律并没有对续期的土地使用费支付标准和办法做出明确规定，给产权带来了不稳定的因素。

这一担心，涉及中国改革中的一个制度瓶颈，必须突破。众所周知，如今虽然许多人成了有房阶层，但房子是盖在国有土地上的。70 年后土地使用期满，房子是你的，土地是国家的。这就像莎士比亚的《威尼斯商人》中描述的交易一样：欠我的债还不了，就还我你心口的一块肉！但是，对方在要割肉时说：你可以拿走这块肉，但不能拿走一滴血。结果，因为血的所有权没有让渡，肉的所有权也成了空话。

住房和土地的所有权，就是这种血肉关系：要让渡就全让渡，只给肉不给血，肉也等于没给。土地国有，住房怎么私有？所以，《物权法》规定了土地使用权的自动续期，试图从技术上解决这个理论难题。

不过，诚如批评者所指出，这种解决方式还是留下了条尾巴：70 年后续期时土地使用权的价格没有规定，定价权显然还在国家手里。如果国家把土地使用权的价格提高到房主承受不了的程度，房主还是不得不放弃对自己住房的所有权。这个漏洞必须堵上。在我看来，堵的办法有两种：一是索性规定土地使用权价格在续期时不得调整，或让房主在这 70 年期间的任何时期提前"买断"续期后的土地使用权；一是制定一个使用权重新定价的制度机制，并在这个机制中保证房主参与定价的权利。

我以为，第一种方式最好，操作简单，等于把土地使用权当作既成所有权来保护。有人也许反对：70 年后土地价格可能上涨十倍或几十倍。现在就确定了价格，作为土地所有者的国家，岂不吃了大亏？

不然。只要我们确定一家一居的土地使用权让渡原则，并控制每家或每人土地使用权的额度，这实际上是把土地较为均等地还给老百姓，是一种确立私有产权的过渡。国家廉价向百姓让渡土地所有权，是“不与民争利”的仁政。而老百姓一旦有了稳定的产权，将刺激经济发展。从国家的角度说，是吃小亏占大便宜。

从历史上看，从中世纪后期到近代的英格兰，就出现了类似的过程，并引起农业革命，为工业革命提供了必要条件，最终导致大英帝国的崛起。

事情要追溯到14世纪的黑死病。这一瘟疫使欧洲人口锐减，从人多地少，一下子变成人少地多。领主找不到人干活，庄园全荒了。绝望之中，领主和佃农达成协议：我给你终身的甚至是可继承的租佃权，你每年支付固定的现金地租。这样，领主保证了劳动力的供应。佃农所支付的现金也非常之少。一来当时人少地多，地不值钱但劳动力值钱，佃农更有讨价还价的优势；二来人口少造成物价低，现金很硬，领主见到几块钱的固定现金收入就满足了。于是，土地使用权很快就固定下来。

但是，随着经济的增长，人口迅速反弹，英格兰又到了人多地少的地步，物价飞涨，土地急剧升值，固定的现金地租的实际价值降低到了无足轻重的地步，佃农大获其利。打个比方，在半个世纪前的纽约，豪华饭店一晚上一二十美元，现在则是四五百。我如果当时把一个房间终身租下来，甚至可以传给子孙，我现在支付的一二十美元就不过是象征性的，转租出去每天进账几百美元，等于获得了实际的所有权。

英国佃农就是得到了这个便宜：土地上产的粮食增值数倍，利润自己独吞。赚下第一桶金后，胃口大开，立即投资改进生产，刺激了生产技术的提高。农业劳动生产率的跃进，使英国能用较少的农业人口养活较多的非农业人口，使以大量非农业人口为基础的工业革命得以展开。

英国的农业革命非常复杂，面向有很多。但上述的面向，即我所谓的“佃农革命”，一贯被国内阶级斗争的史观所忽略。其实这一过程恰恰证明：把既成产权让渡给小生产者，而非对之进行“残酷剥削”，才是创造经济动力的根本。

言归正传。当既成产权让渡给普通百姓后，会有什么效益呢？简单地说，老百姓觉得房子是自己的以后，就会对本社区投资，比如捐钱给当地学校，维护公共设施和社会秩序，保护环境。因为这样做不仅改善了生活环境，也吸引别人在这个社区购置房产，使房价提高，房主的资产升值。所以，在向个人让渡了既成产权后，国家应该进一步向社区让渡管理权和行政权，最终形成以基层选举为基础的社区自治。居民的产权，也进而过渡到在本社区内的政治权利。国家由此从基层社会的管理中抽身，节省下大量行政经费。

社区是社会的细胞。纵观世界史，凡是私有产权确定，社区有充分自治权的国家,发展得都比较有效率。中国与西方之间的距离,就是在这个基础上拉开的。日本和中国在现代化过程中命运之所以不同,最大一个原因就在于日本在江户时代就已经有了强大的社区自治传统:国家不与民争利,也不与社会争权,后来当它面临西方的挑战时,本来已经自我组织良好的社会就能有效地动员起来。反观中国,上千年的官僚政治传统使社会丧失了自我组织力,一切唯官是听。这也怪不得孙中山先生哀叹中国是一盘散沙了。

如今,中国面临着前所未有的历史机会。我们不仅要保护平民百姓的基本产权,而且还要确立基层社会的自治权。这种草根民主,不仅为市场经济提供了必要的政治框架,也是中国崛起为大国的基础。

从承包到宪章

——从世界史的角度看产权

写这个题目,是基于我对中国市场经济的基本构想:产权的确立,要以社区自治为框架。农村的联产承包是中国改革的起点,是伟大的制度创新。为了使未来的市场经济继续从这种制度创新中获益,我们就需要从奠定了现代市场经济基础的西方产权传统中寻找与之可以衔接的资源。因此,我从最浅层次开始,在英文中寻找“承包”的对应词汇,结果发现了 charter。这个词在报纸上经常出现。比如 charter plane 就可以翻译成“包机”,即这架飞机被你包租下来专用。NBA 的球队出去比赛,经常乘这么一个“包机”。这里的“包”和承包中的“包”,多少有些异曲同工之妙。

不过,charter 主要的意思还远不止这些。charter 更可以译为“宪章”。比如我们熟悉的英国史上“大宪章”,就叫 Great Charter,即拉丁文中的 Magna Carta。这是一种权利法案,也是西方民主政治最重要的一个来源。在这个意义上,charter 是国王或某种国家权威赋予或者承认某一社会实体的特定权利的文献。在欧洲史上,大学常常就是根据这种 charter 的授权兴办的。公司也不例外,比如大名鼎鼎的东印度公司,一向拿着 charter 做生意。另外,欧洲中世纪的许多自由都市,其权利是受 charter 的保护。一些殖民地,也是在 charter 的特许下才建立的。把可以译为“宪章”的 charter,通过“包机”之类的俗语中的“包”字和承包的“包”联系起来,是因为宪章和承包都涉及到从产权到权利的种种理论问题,值得联系起来讨论。

道格拉斯·诺斯曾概括说,经济增长的根本动力,不是什么技术进步,也不是劳动生产率的提高,这些都是经济增长的结果。经济增长的真正原因,是保证了私有产权。私有产权的确立,使人们在生产活动中所获得的“个人回报”和同一生产活动所产生的“社会回报”最大限度地接近,结果刺激人们的创造。我由此引申,产权的确定可以分为两类。一类是横向的,即两个平权个体或群体之间的产权划分,比如张家和李家各有块互相接壤的地,界线在哪里。另一类则是纵向的,双方的权力关系是不平等的,比如雇主和职工之间的产权划分,或者国家和个人之间的产权关系。横向产权的确定因大家权力均衡而比较容易,纵向产权的确定则比较难。

在纵向产权关系中,权力关系不均衡,强者很容易欺负弱者。产权最终的保证,也在于纵向产权关系中弱者的权利获得了保证。

近代西方的崛起,核心的一点就是比较成功地解决了这一难题。

承包也好,宪章也好,都是上位的权威赋予下位的个人或社会实体的某种权利。这种建立在下对上承揽了某些义务的基础之上的权利,实际上是契约。一旦赋予,只要领受者履行了其所承揽的义务,授予者就必须尊重领受者因此而获得的权利。通过这种权利,领受者保证了自己独立的政治、社会和经济活动领域,也保证了自己的自由。换句话说,这属于纵向的产权划分。

不过在我看来,承包主要应用于个人,宪章则主要应用于社会实体。面对自上而下的纵向权力来捍卫自己的自由,个人显然难以自支,而社会实体则有更多的资源和法码与上位的权力进行讨价还价甚至对抗冲突。所以,个人的权利特别是产权的保障,地方自治体是一个重要的制度基础。中国农村的改革从承包走向基层选举,正是这一逻辑的体现。换句话说,承包虽然界定了农民的"软产权"(即土地使用权),使改革得以起步,但随着改革的深入,承包本身并无法长期稳定地保证农民的产权。产权真正的确定,还是要靠保证地方自治体权力的宪章。

中国的历史阙失,也正出现在这里。中国有千年以上的官僚政治,地方自治薄弱,也没有宪章的传统。这是中国现代化最大的一个障碍。农村的基层选举试行多年,问题重重,甚至出现相当的混乱,也在于我们缺乏这样的自治的制度"基因"。因此,要想让中西历史汇流,借鉴宪章传统以建立中国的市场经济秩序,我们就必须回顾一下宪章传统在塑造西方的现代性中扮演的重要角色。

产权的封建根源

西方现代产权的直接源头,在中世纪的欧洲。

中世纪的欧洲是在罗马帝国的废墟上成长的,过去被称为"黑暗时代"。但西方的现代性就从这里萌芽。我们习惯于遵从马克思的理论,把中世纪视为封建社会。其实,中世纪是几种秩序的大杂烩。举其要者,一是罗马帝国留下的帝国秩序,即由一个皇帝君临天下,神圣罗马帝国就是一例。这可称为普世的政治秩序。二是以罗马教庭为中心的宗教秩序,所有基督徒都臣服于教皇,这也可称为普世的精神秩序。三是以领主诸侯为基础的封建秩序,这是以个人纽带来维系的特殊主义秩序。四是以地方社会共同体(即所谓 common)为基础的自治,这特别体现在一系列城市国家或城市联盟上,也是最早的资本主义的工商业秩序。近代早期,随着民族国家的崛起，这些秩序都土崩瓦解。不过，这些秩序也都从不同的方面为现代世界的形成做出了贡献。其中，产权是现代市场经济的根本。产权的形成，主要体现在封建秩序和城市自治秩序之中，而且全离不开宪章的传统。

封建秩序实际上是以个人纽带结成的武力同盟。罗马帝国在日耳曼蛮族的冲击下覆亡，代之而起的是群雄并起的乱世。在这种互相残杀、朝不保夕的时代生存，拥有武力的人就要结成联盟而共生，由此形成一个独特的武力阶层。有历史学家称，罗马帝国的覆没，在军事上的根源是以罗马军团为代表的陆军比起野蛮民族的骑兵（特别是后来的法兰克重甲骑兵）来已经落后。后来在中世纪早期主宰军事的骑士，大致是野蛮民族的骑兵和古典世界的铠甲的混合物。一身铠甲的骑士，需要非常大型的马才能负载。欧洲为此逐渐培养出了特别的高头大马，在现代马术运动中我们还能领略到。同时，一匹良种战马，一身铠甲和兵器，造价奇高，非一般人所能承担。根据历史学家的估计，一个四百英亩（大约两三百个现代足球场的面积）的庄园，才能供应得起一个骑士。这也保证了武力被贵族阶层垄断。

这些拥有武力的人，彼此通婚结盟，成为一个新的排外的"蓝血"部族，代替了野蛮部落。骑士向领主效忠，领主向大领主效忠，最后一直效忠到国王，有上下之别。但是，这种等级式的效忠是在自愿基础上的契约关系。下对上提供自己的武力服务；同时上对下提供各种保护。上如果不履行这样的义务，下面的效忠也就失去了。因此，贵族间的关系是 peer，这个词可以译成"同辈"，也可以译为"贵族"，当今英国的上院议员也叫 peer。国王不过是 peer 中的首领。为了维持"国王的和平"，防止诸侯间的残杀和外来的入侵，国王可以要求大家为他尽一定的物质和军事义务。但如果国王太贪心，征战无度，对 peer 不停地索求，贵族们就会集体反叛，逼国王就范。1215 年英格兰的《大宪章》就是这一逻辑的演绎。当时的英王约翰贪心无度，连年征战，对贵族们不断加征税赋，最后贵族造反，以武力强入伦敦，逼着国王签署《男爵条款》(Articles of the Barons)：贵族们据此效忠国王，但国王必须尊重贵族们的"传统权利"。最后形成的文献就是《大宪章》。其中规定国王没有贵族的同意不得随意加税；贵族犯法，要由贵族组成的陪审团来审理等等。

这种《大宪章》并非英格兰独有。当时欧洲的其他地区，也出现了类似的文献。这一系列文献的出现，标志着一个历史的转折。在中世纪早期，贵族多是文盲，彼此的权力义务多是通过仪式而非书写文献确立的。同时早期的国王势力较弱，贵族不会感到如此受威胁。《大宪章》则以书面的方式，把中世纪封建的政治关系，特别是所谓"传统权利"确定下来：国王的统治，是建筑在贵族同意的前提下的。下对上的权力有了文献表达的制约。这也是现代宪政制度的起源。

类似的宪章原则，即“传统权利”，也延伸到领主与农奴或者自由佃户的关系中。如上所述，一个重甲骑士，要四百英亩的庄园才能供应。贵族必须依赖大量的农民才能存活。在中世纪早期的乱世，地广人稀，农民跑到荒野有的是地种，为什么要来投靠领主？关键问题是，兵荒马乱，有地的前提是必须有人提供保护。产权基本不存在也不必要。封建纽带所提供的政治保护才是立身之根本。所以，农民跑到领主那里投靠，提供劳力和物资，得到的是人身和财产的安全。这说到底也是一种契约关系。不过，这种契约关系是通过“传统权利”的方式来维持的，主要是一种政治关系。

所谓封建庄园里的农奴或佃农，并不像我们过去想象的那样，一味由领主任意驱使。相反，其权利经过各种宪章的精神获得了相当的保护。比如，租种的土地是他们的“传统权利”，领主不能随意剥夺。农奴犯法，首先要被起诉，然后到领主的法庭受审。主持这个法庭的一般是领主的管家，但是否有罪，要由陪审员来定。这些陪审员常常就是农奴。被审的农奴，如果能找到五个辩护人（compurgator，即宣誓证实被指控者的誓言的人）证明自己无罪，也往往能够从官司中脱身。有时一个农奴频频拒绝履行对领主的义务，甚至在庄园中惹事生非，审了几次也定不了罪。有些历史学家根据领主法庭的记录分析，一些农奴在辩护时竟有着非常复杂的司法技巧。他们如同现代律师一样，很懂得利用程序为自己的利益服务。可见，农奴的“传统权利”很是厉害。要是自由佃农，理论上是国王的属民，其权利超出领主宪章所控制的范围之外，就更不好对付。总之，在这种秩序中，界定你的权利的，是你的邻居（陪审员或宣誓证实被指控者的誓言的人）。这和贵族的权利要由其 peer 来界定是一个道理。

产权也正是在这种制度框架中产生的。如上所述，中世纪早期无所谓产权，保护你财产的是封建秩序中的政治关系。但是，经过长时期的和平，现有耕地无法应付人口的增长，土地不再像空气和水一样属于白来的资源。过去，你占有多少土地，取决于政治权力能够保护多少，也就是你与领主有什么样的政治纽带。现在则出现了土地的有无问题。这为界定产权（即确定某块地是谁的）增加了压力。特别是人口增加引起土地升值、物价上涨、市场繁荣和劳动力价格下跌，领主开始要求农奴以现金替代其劳役服务。这一来是方便领主的市场行为，二来也因为劳动力不值钱了。领主觉得经济控制比政治控制更方便有利。这样，土地的经营开始商业化，对农奴的人身束缚也松了。政治契约开始向经济契约转化。

但是，在 14 世纪中期，黑死病席卷欧洲，人口下降一半。地少人多又变成了地广人稀，于是土地贬值、物价下降、劳动力升值。许多庄园都荒芜了，领主找不到人干活。农民手中,则有了更多讨价还价的筹码。在这种情况下,领主不得不以很少一点现金地租把租种权以终身的,甚至可以继承的方式让渡给农民,先保证有人种地。然而,日后随着经济的恢复,人口再度上升,又出现了地少人多、百物腾贵、劳动力便宜的局面。领主收到的那点现金地租,随着通货膨胀已经只剩下一点象征性的意义。这就逼着领主改变他与农民的经济关系。

在缺乏宪章传统的东欧,领主面对劳动力的锐减,运用强势的政治权力加强对农奴的人身控制,维持了原有的生产关系,使东欧一直成为欧洲的落后地区。在西欧特别是英格兰,因为有着宪章的传统,农奴和佃农利用手中的筹码,最大限度地保持了自己的既得利益。比如在英格兰,领主要改变原来的土地关系已经非常困难。领主法庭不是领主说了就算,讨价还价本来就不容易。另外,除了领主法庭外,还有不断扩大势力范围的国王法庭。比如自由人理应受国王法庭的保护。即使是农奴,在民事纠纷中一般要到领主法庭,刑事案属于“国王的和平”的范畴之内,按理也该归国王法庭。黑死病后地租现金化,农奴的比例减少,人身依附也松动了,领主法庭开庭时找陪审员也不容易(农奴有义务到领主法庭当陪审员,这也是对领主的封建义务和人身依附的一部分),效率大减。有了田土之争,大家跑到国王法庭。而如前所述,国王与贵族长期矛盾重重,需要宪章来划分权力范围。如今国王正好利用领主手中宪章的有限性,扩大自己的法庭的覆盖率,判案偏向农民。结果,许多农民通过国王法庭得以保持手中的永久租佃权,还按黑死病时定下的标准,缴纳非常低的现金地租。这实际上等于拿到了土地的产权。要知道,英国至今还是“普天之下,莫非王土”,一切土地理论上归女王。但在宪章的约束下,王室尊重社会各集团的“传统权利”。土地的产权,实际上归占有者(holder)。

农民通过对土地的实际占有获得产权后,原有地租不过相当于一笔小小的土地税。许多人因此发展成大农场主。他们利用粮食价格高和劳动力便宜的机会,从事商业经营,投资改进技术,提高产量,最终引发了“农业革命”,使英格兰能以较少的农业人口养活大量的非农业人口。这就解决了日后工业革命的产业大军的吃饭问题。以农奴为基础的庄园制度,也就被这种资本主义农业所取代了。其实马克思在《资本论》里就有一短章专门讲大型商业佃户对资本主义农业的贡献。

我们一直以为,经济的发展,最终会引起政治的变革。但从西欧,特别是英格兰中世纪以来封建传统的演绎来看,问题远非这样简单。英格兰以产权为基础的资本主义农业,是在封建的政治框架中发展出来的。领主和农民之间的政治契约,逐渐演化为经济契约。没有政治契约,就没有经济契约。没有政治权利,产权也无从谈起。这也是我们讨论宪章的意义。

综合上面的讨论,宪章最初的意义只能在土地授予中确定,因为 charter 这个词最早在盎格鲁—撒克逊的传统中是指国王授予土地的文件。国王拥有的是绝对的土地所有权,即 allodium,意思与“封地”相对,不必因为所有权而承担赋税、租金、劳役等义务。不过,即使国王能够拥有所有的土地,没有人给他服务,他和能占有一望无际的荒野但无任何安全感的农夫一样贫困。所以,国王必须把土地授予贵族,条件是贵族对国王承担相应的义务,包括赋税、劳役和军事义务。贵族领得大量土地后,再把土地授予下面的农奴或租佃给自由农夫,后者同样承担各种义务。这实质上就是层层承包。不过,宪章保证了承包者的权利:你在完成了规定的义务后,享有在所拥有的土地上的自由。比如领主根据宪章的规定,在自己的庄园中行使着独立的行政、司法、经济和社会权力。同时,农奴在完成了自己的义务后,也通过领主法庭或者国王法庭,维护自己的权利。陪审制度在贵族与国王的关系中保证了贵族的权利,在农民与领主的关系中则保证了农民的利益。由这种政治关系中演化出来的经济关系,就是产权。这种产权的确立,关键还是处于下位的人在与处于上位的人的纵向产权划分中保障了自己的利益。这种产权归根结底,还是要由在承包关系中以宪章规定的政治自由来保障。

从城市国家到“财政革命”:个人面对国家权力如何确立自己的产权

产权确立的另一脉络,则是独立商业城市的发展。在这一脉络中,产权由横向划分走向纵向划分,制约了上位权力对下位个人或集团的产权的侵犯,和《大宪章》代表的中世纪封建传统合流,构成了现代国家政府与社会的关系的基点。要解释这一传统,不妨看一下现在在西方还非常流行的一个儿童故事:“汉姆林(Hamelin)的吹笛人”。

在中世纪有一个叫汉姆林的小镇(坐落在当今德国境内),一度老鼠成灾,无人能治。这时一位吹笛子的穷青年找到镇长,说他能驱除鼠灾,但要求有报酬。绝望中的镇长痛快地许诺了一千金币。于是,青年吹起他的笛子,走向镇边的河。老鼠立即从镇的各个角落跑出来,跟着他美妙的笛声,全部义无反顾地跳进了河里淹死,由此该镇免除了鼠灾。可惜,当这位青年回来要钱时,看到他如此轻而易举完成使命的镇长反悔了,只肯给五十金币。青年愤而离去。但当镇里的人上教堂时,他又回来,再次吹起笛子。这时,镇里所有的孩子,都跟着他的笛声兴高采烈地走向附近的大山。山门立即洞开,在孩子们都走进去后合上。从此该镇再无孩子。

此一故事,据说是描写了发生在13世纪的一个真实悲剧,又被后人添油加醋,形成了如今的形态。人类学家对此有许多研究,比如有的指出孩子的失踪,大概反映的是14世纪黑死病中儿童死绝了的灾难等等。

不过在我看来,这一故事更反映了当时商业制度的演化。生意伙伴经过讨价还价达成契约,确立横向的产权。但是,当这种产权进入纵向关系后,比如一个穷青年和汉姆林的镇长之间的交易,有权的人就可能违约,侵犯弱者的利益。这时无权者必须能够对有权者进行制裁。这也是由中世纪的多元秩序转向有效的现代国家的关键。

中世纪的教皇与皇帝的冲突是众所周知的事情。由地头蛇们结盟而起的封建权力集团也卷入这一争斗。在这种多元的权力角逐中,自然形成许多权力真空和死角,使一些独立城市崛起。这些城市以合纵连横之术,有时效忠皇帝,有时效忠教皇,有时效忠封建国王,在权力夹逢中坐大。其中最大者是几个意大利的城市国家,如威尼斯和热那亚,利用自己的航海贸易网和海军实力为帝国或教廷提供服务,换取贸易优惠,最后发展成有雄厚武力和财政实力的商业帝国(帝国是指其势力覆盖区域广大,而其核心政体往往和共和制度接近)。比如在1295年,热那亚的财政收入超过法国,并能调动四万兵力,这在中世纪就是一个大国的军力。小的城市,则常常结成城市联盟以自保,在如今德国境内的汉撒联盟就是一例。

这些城市能够保持独立并坐大,有几个因素。第一,中世纪秩序多元:教廷、皇帝、国王、诸侯、领主彼此竞争,处于胶着状态,谁也没有实力吃掉对方,都急需政治联盟。

第二,从军事技术上看,由于石头城堡的出现,打起仗来易守难攻,一个城市虽小,却容易存活。特别是城市在封建秩序之外,没有贵族对军事的垄断,发展了使用长矛和弓箭手的平民步兵,后来火药和枪的运用,更加强了这个优势,使其军队在技术上高过了重甲骑士,不惧强权的压力。

第三,城市所掌握的资源和技术,正好补充了其他权力之不足。比如,威尼斯和热那亚的航海技术,是以陆地为基础的帝国、教会,以及封建诸侯所缺乏的。十字军东征,主要靠这两个城市的海军运送。另外,城市从事贸易和手工业,也弥补了农业经济的不足。也正是在这样的局面下,皇帝也好,教皇也好,封建国王也好,纷纷给城市以宪章,保护其独立自治的地方,以换取稳定的税收和服务。至于威尼斯和热那亚这样的城市帝国,竟有能力使许多封建领主臣服于自己。所以,在中世纪,这些城市自成一体,造就了当时的国际贸易网络。

不过,在中世纪的散乱的秩序中建立国际贸易体系,独立城市必须解决两个问题:第一,横向产权关系如何划分;第二,纵向产权关系如何确立。大体而言,城市国家先解决了第一个问题,再解决第二个问题。其解决第二个问题的手法,日后又被移植到最成功的民族国家之中。

横向产权,是由平等的生意伙伴之间的契约所规定的。在现代社会,有国家机器(如法院和警察等)强制履约。在国际贸易中也有各种国际法和各国之间的条约保证履约。但是在中世纪就不同了。一个城市,不过几千或几万人。在城市之内可以由市政府强制履约。但出了城市怎么办?比如,一个威尼斯商人在伦敦和一个布鲁日商人达成了交易,违约后谁来制裁?这两个城市可能是不友好的竞争对手,事情发生的地点又在两个城市的辖区之外。在这样的生意中产权还能保护吗?如果不能,生意就做不成。而国际贸易是中世纪城市的命脉。离开国际贸易,城市又怎么繁荣呢?

事实上,这样的国际贸易在不同城市的商人之间司空见惯。他们保护这种横向产权的方式,就是靠城市自治基础上行会的垄断及其信誉。比如,那个威尼斯商人如果欠了布鲁日商人的钱不还,布鲁日商人可以通过自己的城市和威尼斯交涉,让对方强迫其商人偿还。如果威尼斯拒绝,布鲁日及其联盟就抵制和威尼斯做生意,并冻结其在自己境内的资产。一般而言,没有城市愿意进行这样的贸易战,而会强制自己的商人履约。另外,当时商人出去做生意,都与本地人聚居,身份和籍贯容易确认,况且也都属于行会。行会有严格的准入制度,可以有效控制成员的行为。不服从者,等于被剔出商业网络,再无生路。所以,当时横向产权的确立还是相当有效的,乃至不同城市互不相识的商人之间可以频繁成交。

纵向产权的确定,则艰难得多。威尼斯和热那亚这样的海上帝国,拥有世界一流的舰队,发明了"炮舰外交":你不给有优惠的贸易条件,我就打上门去,直到你屈服为止。但一般城市就无此实力,会经常受欺负。比如位于现在德国境内的一些小城市,因为布鲁日没有如约提供必要的商业保护,使这些商人在其辖区内受到损失,布鲁日又拒绝赔偿。最后这些城市结成汉撒联盟,统一对之制裁,使之就范。"汉姆林的吹笛人"讲的也正是这样的故事:仰仗政治权力不履行商业契约,后果不堪设想。当时波罗的海地区,也曾有些城市对商人违约,结果遭到贸易制裁,粮食供应中断,只好乖乖投降。

到了中世纪后半期,君主专制的地域国家崛起,出现了像西班牙的哈布斯堡王朝这样的帝国,城市相对处于下风。西班牙的哈布斯堡王朝是16世纪欧洲最大的帝国。由于哥伦布发现新大陆,西班牙捷足先登,获得了大量美洲白银,财力雄厚。但是,王朝对这白捡的钱并不珍惜,不断穷兵黩武,耗尽国库,然后向领地内的城市横征暴敛。最后其治下的尼德兰诸商业城市忍无可忍，一起反叛，与这个大帝国展开了旷日持久的战争。

本来，这几个城市在军事和经济实力上根本不是西班牙帝国的对手。但是，西班牙王室迷信绝对权力，金融信誉很差，常常借钱不还，或单方面降低利率。银行家贷款时，因为风险太大，利率甚高，最后王室因为屡屡失信，竟难以借来钱打仗。相反，尼德兰的城市，是在城市联盟的文化中成长，懂得“汉姆林的吹笛人”的故事中的教训，视信誉为生命。商人们愿意对之低息贷款，使这几个城市在危难中可以在开放的金融市场中贷到足够的钱。这种财政经营，被称为“财政革命”。小小的尼德兰城市联盟因此竟把庞大的西班牙帝国给拖垮，最终获得独立，奠定了现代荷兰的基础。

这一“财政革命”的一个核心意义是：政府向民间履行债务人的义务，债权人因此愿意对之继续投资。纵向的产权关系由此确定，使有效的商业交易在纵向的权力构架中也能够进行。这一精神，日后又被英国借鉴过去。如上所述，英国有《大宪章》所代表的强大的宪政传统，这在1688年光荣革命后就更加明确：国王不经过议会同意不得加税。为了应付战争等危机，国王从议会拿不到钱，只好从金融市场借贷。也正是因为英王室遵从尼德兰“财政革命”的准则，保持金融信誉，大量获得了贷款，能够承受长期的军事竞争，最后成为“日不落”的世界帝国。而现代股票市场等一系列金融制度，也在这种政府的借贷中建立。

由此可见，现代民族国家的成功，根本在于确定了纵向的产权关系。民族国家是个前所未有的权力利维坦，把其所治理的地域内的多元秩序整合为一，把自己变成整合后的秩序中的最高权力。西班牙的哈布斯堡王朝，法国的波旁王朝，都利用的这种无上权力，侵夺无度，使其治下无从保护纵向的产权关系，最终竭泽而渔，走向覆灭。英国比起这两大对手来实力本来小得多。它的崛起，在于它成为中世纪以来欧洲城市所奠定的金融秩序的集大成者，保障了纵向的产权关系，进而能够获得无尽的财政资源。

当今中国确立私有产权的困难，和缺乏欧洲上述的历史过程密切相关。许多学者指出，自宋以后，中国的经济高度市场化，非常接近亚当·斯密式的自由经济。这包括土地事实上的私有，甚至永佃权也得以保护。在某种意义上，产权的确立甚至还走在同期的欧洲的前面。但是，这些人没有看到，这种产权，是横向的产权关系。李小二和王老五两家的土地界线一清二楚。但是，纵向产权关系则没有规范。国家的徭役和苛捐杂税无休无止，用不着老百姓同意。个人与国家有纠纷，老百姓也无法组成陪审团来评判。小民百姓没有宪章的保护。李小二的产权固然不会被王老五给剥夺，但随时可以被国家给剥夺。

另外，传统中国的政治秩序笼罩在皇帝的绝对权力架构之中，缺乏欧洲那种多元国家体系。朝廷没有钱就向老百姓要，不会向自己权力覆盖范围之外的金融机构贷款。没有借的概念，就更不用说还了。政府从来都是债权人，老百姓从来都是债务人，商人也不例外。欧洲那种以政府借贷引发的"财政革命"也就无从发生。

如今中国进入了世界经济体系，特别是加入 WTO 后，政府至少要对外商负责，从外面借的债必须还。全球化实际上使中国处在一个类似当年欧洲的多元国家体系的国际秩序之中。如果利用这样的历史机缘，以对待外商的负责态度对待国内的企业家，纵向的产权关系就有确定的可能。

不过要做到这一点，首先必须充分保证老百姓的政治权利。而个人的政治权利无法在真空中存在，必须放在一个基层自治的制度框架中才能完成。一般老百姓对抽象的意识形态并不感兴趣。但是，他们对涉及自己切身利益的社区事物是非常关注的。在传统中国的官僚政治框架中，这种社区自治则又是最薄弱的。比如许多地区，村子和村子之间没有明确的界线，村一级无所谓行政组织，更没有行政文件和公共账目。这说明村子很难作为一个自治体发挥基层组织的功能。要改变这一局面，就必须推行基层的选举，以及民事诉讼中的陪审制度。使老百姓在地方事务中尝到行使政治权利的滋味，因而发展出对公共事务的责任。如今村民选举已经展开。今后选举应该升级。比如，地方的人大要实行差额选举。地方政府的财政预算，必须经过人大的批准，并且不经过人大批准不许加税。总之，当社会对国家承担了某种义务后，国家应该以类似宪章的方式，保证社会享受的自由和权利。毕竟，产权是从政治权利中生成的。没有政治权利，产权也是句空话。

城市准入与共同体精神

——从大历史看城市化进程中的社会治安

最近,中国几大城市都在讨论准入制度,以把“低素质”的人排除在城市之外,维持基本的社会秩序。根据一系列调查,大城市的居民,特别是白领,普遍支持设立这样的制度。

这样的局面,说明了中国社会精神的破产和城市中产阶级的思想萎缩,乃至他们不知道怎样对付一个变迁中的社会。最近四分之一世纪中国的经济起飞,很大程度上就是建立在逐渐打破户籍制度的高速城市化的基础上的。未来几十年,几亿农民还将继续进入城市。这一过程如果中断,经济发展的势头就无法维持。准入制度,无非是一种变相的户籍制度。在市场经济的社会设立准入制度,比在计划经济的社会设立户籍制度更要荒唐。毕竟户籍制度和计划经济的原则还是相合的,而准入制度和自由竞争的市场逻辑则有着根本的冲突。靠官僚干预建立一套准入制度,无法有效地把优秀人才选入城市,更难把“低素质”的人排拒在外。

我们当然不能否认,准入制度的提出,有其现实的背景。这个背景,就是城市治安的恶化。所以,讨论准入制度,首先要分析一下治安恶化的原因,然后再看看准入制度是否能够有效地解决这个问题。

准入制度的提倡者们无不指出,如今的大城市治安已经恶化到了令人无法忍受的程度,几乎每个城市居民都有被偷被抢的经历。城市的外来闲杂人员,是造成人们缺乏基本安全感的罪魁祸首,必须限制。

这种说法,不仅有现实依据,而且有理论基础。经济学家们早就发现,在一场经济博弈当中,当那些追求最大利益的博弈者们知道这场博弈是不断重复的交易或游戏时,当他们对其他博弈者过去的表现都相当了解时,当博弈人数有限时,他们之间就更喜欢合作。用我们通俗的话说,当我们生活在一个面对面的世界,对周围的人不仅知根知底,而且一辈子要不停地和这些人打交道,想躲也躲不开时,当这些老死都不得不往来的人的数量也非常有限时,我们接人待物,立身处世,就会更老实厚道一些。

也正是这个原因,我们过去说农民老实厚道,特别那些越是住在偏远地区的农民，就越是老实厚道。想想看，一个农民，一辈子没有进过几回城，走到看不见自己家烟囱的地方心里就发慌，村里一共就几百人，祖祖辈辈聚居，大家彼此知根知底。在这种环境中，一个人要是不老实，就很难生存。如今呢，我们突然把这些农民称为“低素质”的闲杂人员，是犯罪的根源。原因之一，是他们离开了过去那个面对面的生活圈子，来到了谁也不认识的大城市。来无踪去无影，老实厚道已经不符合他们生存的利益。大家要做的都是一锤子买卖。一锤子买卖当然就没有必要信守不断重复的交易的游戏规则，偷偷抢抢也就不是什么奇怪的事情了。

由此可以看出，一个社会的长治久安，就需要社会成员都意识到彼此打交道不是一锤子买卖，意识到他们之间的交易或者游戏要不断重复，彼此要不断增进了解，共处于低头不见抬头见的“圈子”之中。这样，大家即使为了自己的利益，也必须时时顾及对他人的责任。简单地说，构成社会基础的是一个共同体，或者社区。用韦伯的语言界定，在这种共同体中，人们在情感上或者传统上都有共同的归属感。

现代社会对这种共同体的纽带提出了严峻的挑战。人们走出传统的村庄的面对面的生活圈，来到充满陌生人的大都市。人们不觉得和陌生人之间的交易或游戏会重复，不了解打交道的对手的背景和人品。在几百万人口的大都市，一个人可以来无影去无踪，有什么对他人负责的必要？这种现代社会的变动，给每个人都带来了不安全感。这种不安，也是现代民族主义崛起的一个重要基础。大家通过民族主义，创造了一种 Benedict Anderson 所谓的“想象共同体”，建立理念和感情上的共同纽带和责任。超越相识的人之间的感情甚至种族国家之间的界限的宗教也起了类似的作用，有助于人类在信赖中整合。更重要的是，现代国家的诞生，成了维持陌生人之间的游戏规则并确保这种游戏不断重复的权威。比如你到美国一个大都市，可以把自己的信用卡交给一个素不相识以后也不可能再见到的营业员，用不着担心自己受欺诈。现代国家的管理已经如此周密，保证了这种不相干的人之间的交易也是要重复的。你欺诈了别人，马上会受到惩罚。

不过，所有这些，都不能取代基层的制度建设：在人们从村庄那样的面对面社区走进现代大都市所代表的陌生人社会时，怎么在最大限度上维护传统的共同体纽带？城市化进程恰恰是这方面的一块试金石。

英国率先进入工业革命，是在城市化中第一个吃桃子的，经验和准备都非常不足，在这方面给后来者留下了许多教训。英国工业革命初期，由于圈地运动，大量农村剩余人口涌入城市，成为现代工厂的劳工。这一过程，马克思在《资本论》中有绘声绘色的描述。马克思受到当时学术成果的限制，没有意识到圈地运动并非突然发生，而是延续几个世纪的漫长过程。他也没有把人口增长的因素考虑在其分析之中。不过，这些局限，都不影响他基本的洞见：在农村，特别是在圈地前的封建领地，传统共同体的纽带很强，领主和农民彼此之间有许多非经济的义务。圈地打破了这种义务，让领主把不需要的农民驱除出土地，流浪到城市，成为工业化的基本劳动大军。这些农村来的新工人，来到陌生的大城市，举目无亲，丧失了传统共同体的伦理约束，也根本适应不了现代工厂的纪律(比如按时上下班等等，都是他们传统生活中所没有的)，许多人流落街头，甚至成了罪犯。当时伦敦的景象，在狄更斯的小说中描述得很生动：夜间行走，不小心会绊在一具死尸上。现代人口学的研究也表明，工业化虽然带来人口的高速增长，但城市人口死亡率远远高出农村，乃至不能自我维持。没有农村人口的不断涌入，城市人口就会下降。当时城市生活之残酷，可见一斑。

英国的对应措施，很类似我们现在讨论的准入制度，《资本论》对此也有记述。警察把“低素质”的游手好闲之徒或者哪怕是犯了小罪的人逮捕，在前额上烙印，标明其身份，或者干脆解送海外，一个澳大利亚就是这么由英国工业革命制造的罪犯创造出来的。

这也只有在工业化初期，海外不断有新殖民地扩张的余地时，才有可能。不过即使如此，也解决不了城市的危机。托马斯·杰佛逊(后来美国《独立宣言》的起草人)周游欧洲工业化国家，看到广大城市劳工被自己所看不到的金融权力所控制，生活悲惨不堪，就不断感谢上帝北美殖民地能免于此难，保持着面对面的乡村社会的朴素美德，一般民众的生活水平也得以高出发达的欧洲。

英国都市问题的根本解决，还有待于19世纪维多利亚时代的一系列立法，逐渐承认工会的权利，保证工人阶级的基本福利，把劳工阶层接纳为城市共同体中体面的一分子。其实，劳工阶层并非故意闹事的阶层，而是千方百计希望被城市的主流阶层所接纳。比如，看当时的工潮就知道，劳工阶层示威游行，和警察冲突，但大家身穿的是整齐的绅士装，好像是参加上流社会的聚会。只要中产阶级接纳他们，他们会既来之则安之，成为社会稳定的力量，而非颠覆性的力量。

美国后来的城市化发展，在对待外来“闲杂人员”上就比英国好得多。这在某种程度上是因为美国是个移民国家，大家都是外来“闲杂人员”，连工业家卡耐基也不例外。具体而言，美国在这方面的成功，取决于三个因素：经济机会，政治权利，和小社区的纽带。

当时的北美殖民地地广人稀，急需劳动力。虽然经济落后，但由于资源充沛，普通劳动者的收入高于欧洲。比如在托马斯·杰佛逊的老家弗吉尼亚，一个欧洲白人登陆后，基本就可以获得五十英亩的土地，相当于几十个足球场那么大。有这样的经济机会，大家就不会忙着犯罪。当时从英国来的许多白人契约奴隶是罪犯。他们不来这里，英国本土的犯罪率就会上升。可是，在北美殖民地，作为契约奴隶服役期满，就有经济资源自立。那时两三个人（包括妇女）夜晚在乡村旅行，并没有什么安全上的威胁，可见社会治安之好。建国之后，老百姓普遍拥有政治权利，投票权创造了一种共同体的归属感。另外，工业化并没有破坏小社区那种乡村式的共同体意识。勤奋，可靠，正直，成了在这种社区中立足的根本品性。

举个简单的例子。上个世纪二三十年代的大萧条，本应对社会具有毁灭性的打击。罗斯福上台时，国民经济总产值几乎跌了一半，三分之一的非农业劳工失业。研究大萧条的历史学家 David M. Kennedy 描述道：当时每个周末，城市的工人就被请到橄榄球场看橄榄球比赛。大家热闹一场之后，款待的人出来说："对不起，从现在开始，大家全被解雇。"David M. Kennedy 说道：当时一个橄榄球场差不多容纳十万人，而且一个家庭主要是丈夫一个人工作。一场球下来，就意味着砸了十万个家庭的饭碗。每周如此。可是，当时的社会，以现在的标准看，却平静得出奇。为什么主流社会没有人出来造反？

David M. Kennedy 本身没有经历过那段可怕的历史，于是就问在大萧条中饿过肚子的父亲。令他惊异的是，父亲不愿意谈这些事情。最后他总算搞明白，他父亲那代人，对在大萧条中失业挨饿感到耻辱，觉得是自己没有本事，不能怪社会。这样自责的人，怎么会出来造反呢？

我们分析一下美国社会的构成，就不难理解小民百姓的这种感受。他们手里有选票，这种基本的政治权利，保证了他们的社会责任。另外，他们有强烈的共同体的归属感。一直到上个世纪六十年代为止，美国的工人大多是不离乡土。他们高中一毕业就和同学结婚，进入本地的工厂并干一辈子。在高中时结下的人际纽带，也是一生人脉的基础。前克林顿政府的劳工部长 Robert B. Reich 充满怀旧情怀地说，传统美国企业有个不成文的规矩，工厂只要还在赚钱，就不解雇工人。共同体的纽带与责任和市场经济原则一样重要。在这种情况下，大萧条时解雇工人，人们的共识是：我们都倒霉了，不要彼此埋怨。这也是为什么要通过看橄榄球比赛来解雇工人。美国的橄榄球队，根植于地方社区，能创造一种社区共同体的亲和力。一起去看橄榄球，等于向大家重申：我们都是一个队的粉丝，都是一个共同体的成员，都在一条船上。当橄榄球最后一次确认了这种纽带之后，再解雇人，大家回家后背叛共同体而从事烧杀抢掠的机会，就会被减小到最低限度。

不过，在城市化中吸收外来人员方面最成功的，还是战后的日本。日本城市人口占总人口的比例,从1945年的28%上升到1970年的72.1%,用25年的时间走完了美国用了一个世纪才完成的城市化道路。在这个过程中,日本经济高速增长,大量农村人口涌入城市。但城市治安情况怎么样呢?东京作为世界最大的都市,八岁的孩子能在晚上自己乘公共交通回家,不用成人看管,社会秩序井然有序。

为什么日本能如此?一位日本官员在十年前说了一句话:日本是一个村庄!高度的工业化和城市化,也没有打破村庄里面对面的社会那种人际纽带。战后日本给农民的福利非常丰厚,农村的基础教育是世界一流的。在工业化进程中,东京的大公司跑到一个乡村,一下子把村子里一年毕业班的学生全雇下来。这样,村子里一代人集体进城,到了一个公司,有了终身的工作和优厚的福利。他们自然以公司为家,在大都市还和在村子里那样,维持着对小共同体的忠诚。

从世界工业化的大历史中我们可以清楚地看出,准入制度不仅无助于解决城市化过程中的治安问题,从长期看可能会把治安搞得更坏。城市治安恶化的根本原因,在于外来"闲杂人员"失去了传统的共同体和面对面的人际网络,同时又不能进入新的共同体,并建立新的人际网络。这样的环境自然鼓励他们在和周围的人打交道时进行一次性的交易。上述各国国情虽然不同,但解决城市化过程中治安问题的根本,都是城市的社区接纳外来人员,使他们把城市看作自己的家,建立新的共同体的归依感和责任,自觉约束自己的行为。所谓兔子不吃窝边草,也就是这个道理。

我们的城市化需要外来人员。但是,我们会想出各种办法歧视他们,给他们一种不合法的感觉,无法以城市为自己的窝。当你给了人家不合法的感觉后,又怎么能期待人家守法呢?举个例子,学校是一个社区的核心。在美国,你住进一个社区,拿着水电煤气公司寄来的信封上印有你名字的地址,就可以送孩子到当地公立学校上学。每天送孩子进了学校后,家长聚在门口不散,讨论孩子教育的各种问题,并一同到学校当志愿者。很快,你就和这个镇上的人相熟,建立了面对面的人际纽带,成为社区的一员,有了对自己生活环境的责任。我们则是反其道而行之。外来人员的子女,连正常就学也做不到,他们凭什么对所居住的社区有责任?

中国未来的经济发展,必然加速城市化进程。市场会把许多外来人员吸引到城市中来。城市居民不构想一套制度,为这些人创造一个家园感,反而要用准入制度将这些人排除在社区之外,将他们打入地下,拒绝他们在城市中和其他人进行重复交易的权利和机会,这就会人为地创造一个法外阶层,鼓励和刺激他们进行掠夺性的一次性交易,最终使城市居民人人自危。从这个意义上说,城市治安的恶化,也是缺乏公共道德、自私自利的城市中产阶层自讨苦吃的结果。

我们必须拒绝一个隔离的社会

最近有报道说，广州白领大部分希望建立城市准入制度，限制那些“素质不高”的人进入城市。北京也有人提出类似的建议。在上海，据说有关的制度已经到位：市政府规定一些单位不得雇用外来人员。

这让我想起二十年前一位朋友说的话：“了解中国社会的规则，看看挤公共汽车就明白了。没挤上的，扒着车门死活不让关，可是自己刚刚挤进门，就扯着嗓子对司机喊关门。”如今也许公交改善了，这种要死要活的挤车的事情不那么常见了。但是，这套规矩，却应用在了其他的地方。看媒体的报道，几位要求建立准入制度的白领，自己就是外来人员，刚刚有了身份，现在则马上喊着要关门了。

不错，外来人员确实带来许多治安的问题。但是，把他们隔离在城市之外是解决的办法吗？这种准入制度，又将如何执行呢？难道还要用收容制度吗？

其实，现在的外来人员之所以带来问题，就是因为我们的社会过去把他们隔离了。改革以前，城市户口、农村户口泾渭分明，城乡之间无法流动。农民必须低价出售自己的农产品让城里人少花钱吃饱饭，却没有城里人所享受的福利和基本权利。改革以后，经济起飞，中国进入了高度城市化的过程，农村人被经济机会吸引到城里，但是受到种种歧视，甚至死亡赔偿也是城里人和农村人两个价。

从宏观的经济角度来分析，这些外来人员，实际上就是中国经济的主动力。看看中国经济成长的成分就知道，中国是一个世界工厂，是个蓝领社会。没有蓝领的制造业繁荣，许多白领的工作也将不复存在。中国经济要往前走，就得继续城市化，大城市就得继续迎接外来人员。准入制度实际上就是隔离制度。这样的制度，不仅是经济自杀，而且是社会自杀，道德自杀。

我们不防回顾一下世界工业化过程，看看准入制度是否能解决我们的问题。

英国是工业革命的领袖，伦敦也最先要应付大量从农村涌入的剩余人口。当时，许多刚刚来到工厂的农民，根本无法适应工业化的节奏，有的则找不到工作。这些人最后流落街头，乞讨、酗酒、偷盗，甚至凶杀。在伦敦深夜出行，有时不小心会绊到死尸上。对此，英国政府采取高压政策。警察把游手好闲之徒逮捕，甚至在前额上烙一个印,标明是问题人物。但是,这解决不了治安问题。最后,犯人被集体输出到澳洲,创造了澳大利亚。当然,还有一些人作为契约奴隶运往北美殖民地。甚至北美殖民地进口的契约奴隶一减少,英国的犯罪率就上升。

按说,充斥了不法分子的澳大利亚和美洲殖民地,应该治安很坏了。其实并不然。我读殖民地时代的美国史,常常看到一两个旅客深夜在乡村野地出行,甚至妇女也不介意这样的旅行,可见安全还是相当有保证的。为什么?因为人们到这里有经济机会。契约奴隶服务期满,成了自由人,在新大陆开创自己的事业。反而是英国,社会矛盾依然尖锐。

不过,美国却在种族问题上作了孽。从奴隶制度到种族隔离,把黑人塑造成一个没有尊严的弱势阶层。结果,如今美国仍然不得不面对黑人的贫困、犯罪等一系列问题。大城市的黑人区,是最大的社会病。

二战后日本也经历了城市化进程,而且速度比欧美迅猛得多。但是,农民涌进城市,却没有带来任何治安问题。在日本最大的城市,七八岁的孩子晚上自己乘地铁回家是家常便饭,没有人会为他们担心。为什么?首先,日本战后注意保护农民的利益,农民不受歧视,反而享受补助。第二,农村的基础教育非常好。农民的孩子高中毕业,已经是素质良好的劳工。第三,大企业急剧扩张,常常到一个村子,把一年的高中毕业生连锅端进城里。这些人马上就有了终身的工作和福利,以公司为家。农民不仅没有把城市搞乱,还把乡里乡亲的淳朴人际关系带进城市,真正创造了一个“和谐社会”。

面对这些历史经验,我们应该学什么呢?如今没有澳大利亚和北美殖民地那样的边疆,残酷的英国模式已经不适用了。我们是像美国那样,图一时之便在社会内部进行隔离,日后再为之付出高昂的代价?还是像日本那样尊重农民,主动把他们吸收到城市化的进程中来?

外来人员造成的问题,大多数是我们制度缺陷的反映。比如,农民工被企业雇佣时,不仅谈不上日本那种终身的工作和高福利,而且有时工资都拿不到。他们进了城,自然没有当年日本的农民进城时那种找到了家的感觉。另外,我们面临这么急剧的城市化,对无家可归者的救济设施却严重不足,人家除了自己上街要饭,还有什么办法?

解决城市治安问题,不能靠新的隔离制度。相反,城市居民,应该拥抱这些外来人员,让他们觉得宾至如归,让他们觉得城里就是他们自己的社区。当一个人有了社区感时,他就会考虑自己在社区内的尊严和责任。相反,把一个人驱除出社区,则是制造犯罪的最快的办法。

普通法传统中的私有产权

道格拉斯·诺斯曾指出，私有产权的确立，是现代西方崛起的基础。这一点，在学术界已经基本成为共识。中国未来的强盛，也自然有赖于对私有产权的保护。但是，从西方历史上看，私有产权不是一夜之间形成的，而是上千年政治经济变动的结果。在这期间，关于私有产权的法学理论也越来越成熟。其中，对土地的拥有权和使用权的界定，一直是私有产权的核心内容。道理很简单，在现代社会以前，土地一直是主要的财产形式。

未来中国将迅速从计划经济转型为市场经济，同时面临着急剧的城市化进程。由拆迁所引起的土地纠纷，必将对中国的司法体系和法学理论提出严峻的挑战。重庆最牛钉子户事件仅仅是个开始。如今，此事件早已平息。但是，对这一事件的法律解释并不应该停止。要知道，西方私有产权的确立，在很大程度上就是依赖像柯克(Edward Coke)这样杰出的法学家和律师对具体案例的解释。中国没有这种由大量案例累积而成的司法传统。在解释新的土地纠纷时，援引有稳定的私有产权的国家的案例作为借鉴和参照是非常必要的。遗憾的是，中国的法学界，对西方这方面的法律传统表现得相当无知，乃至在引用国外的案例时，张冠李戴，任意曲解，甚至不惜破坏了法学的学统而为既得利益服务。比如，物权法草案专家起草组负责人、中国政法大学原校长江平在重庆钉子户事件中，引用美国的新伦敦拆迁案来证明私有产权并不是绝对的，政府有权把产权从一个私人手中夺去交给另一个私人。他在西南政法大学作《中国物权法立法思维冲突的分析》演讲时还表示，对没有合法来源的私有财产，物权法也照样应该予以保护。“物权法只确定物的归属和利用问题，而不确定物的来源问题。即使是抢来的财产，也不能被随便抢走。”

像江平这样的法学权威，如此“旁引博证”地鼓吹对老百姓私有产权的任意侵夺，以及对掠夺来的财产的保护，法学界竟鲜有人出来指出其基本的知识谬误，此乃中国法学界的失职和耻辱。我虽然没有受过法学训练，但是，西方法律上对私有产权的一些理论，早已成为历史上的常识。我不妨根据这些常识，将涉及土地权利的一些基本的法律观念加以厘清，为中国私有产权在法律上的确立提供若干理论依据。

在地权中,法律所碰到的最大挑战,是如何协调公权力与私权利。比如,政府是否有权在特定情况下收夺私人财产?如果有,在什么情况下才能行使这样的权力?收夺之后,应该给被收夺者什么补偿?还有一点,就是江平口口声声的所谓"私有产权不是绝对的"问题。房地产大鳄任志强也经常说,中国和美国的一大不同就是中国不是土地私有,美国则是土地私有。因此两国情况无法简单类比。

其实,他们提出的这些问题,在西方(特别是普通法国家)的传统中,经过上千年的演绎已经有了很清晰的界定。私有产权当然不是绝对的。甚至从纯理论的角度上说,美国、英国这些普通法系国家,土地也不是绝对私有,私有的基本还是属于使用权范畴,和中国的土地国有制并无天壤之别。但是,在这些国家,事实上私有的土地产权还是受到了严格的保护。这就为我们在土地国有的框架中保护私有产权提供了借鉴西方法律的可能。

用我们最容易理解的简单语言来表述,在普通法系中,国家掌握着对土地的绝对所有权,个人则掌握着土地的永久使用权。这一权利划分来自中世纪的封建传统。比如在英格兰,王室拥有土地的绝对所有权。用法律的语言说,这种绝对所有权叫 radical title(根本所有权)或 allodium(绝对所有权)。当你拥有这样的绝对权利时,土地就完全是你自己的。你不必为拥有这样的土地承担任何义务,比如纳税等等。但在现实中,英王虽然理论上享受"普天之下,莫非王土"这样的绝对权利,王室本身并无力经营和保护这些土地,而必须依赖其他人的服务。所以,王室要把土地分封出去。得到这种封地的人,实际上是以对国王的赋税等义务为代价,换取土地的永久使用权。这种使用权在法律上叫 fee simple(不限定继承的不动产)。也就是说,这种使用权不仅保证你终生使用这块土地,而且可以由你决定把这一使用权传给谁。这就保证了不仅是个人,而且是家族对土地的永久使用权。如果把这些繁复的法律用简单的中文来概述,我们不妨把国王对土地的绝对权利叫"所有权",把受封人对土地的权利叫"拥有权"。

这一对土地权利的安排,不仅界定了国王和其封臣的关系,而且贯彻到基层的土地权利之中。比如,领主从国王那里封到大量土地,同样无法自己经营,要交给手下的农奴或者佃户。后者得到的土地使用权,实际上也是一种"拥有权",大部分是终身的,可以继承的。我曾撰文指出,英格兰之所以能领先于世发生农业革命,和这种产权安排密切相关。

另外还必须指出,这种"所有"和"拥有"的概念,其实是把现实已经存在的土地关系在法理上正当化。"产权"先在习俗中形成,然后再对之进行法律规范。比如,国王显然不是先获得了对所有土地的“所有权”，然后再分封给大家。相反，土地本来就在大家手里。只不过没有一套法律和政治秩序，大家抢来抢去，自相残杀。为了终结这样的乱局，大家最终达成共识，承认“国王的和平”，即把土地全归国王“所有”，彼此不再抢夺残杀，然后国王运用自己的权威，以“拥有权”的形式，承认大家事实上占有的土地的合法性。这样，“产权”就以法律的形式而不是武力掠夺的形式确定下来。国王看上去好像有无限的“所有权”，其实其“所有权”是建筑在对下面人的“拥有权”的承认的基础之上。王室必须尊重在习俗中形成的“传统权利”。

在基层，领主与农奴的关系上也是如此。比如，一个农奴在领主的庄园中耕种一块地，就是享有对这块地的“拥有权”，领主不能随意收夺。如果农奴之间对这种“拥有权”有纠纷，最惯常的裁决方式是由陪审员根据当地的证人，确定这块地在历史上是谁耕种的。要知道，中世纪基本还是个文盲社会，没有什么土地的法律文献。如果邻居证明，这块地在人们的记忆中一直是张三家种的，那么“拥有权”就属于张三的。换句话说，谁“占有”，谁就“拥有”。这种“拥有”又通过王权的“所有”得到肯定。可见，所谓私有产权，最初就是通过这种习俗中的“拥有权”获得确认。

这样的产权确立之所以有正当性，就是因为它在习俗中合情合理，获得了普遍的认同。

在中世纪早期，人口稀少，土地几乎如同水和空气一样，应有尽有。对土地的产权并无实际意义：不是随便一块地就能长庄稼，农民必须对之开发，使之变成财产。土地在成为财产后，也无法免于被人抢夺。于是农民依附于以领主为代表的武力集团保护这些财产，并为了获得保护而上贡。领主为了自己的安全，再向上投靠，最后大家共举一国国王，天下基本太平。这其实是一种契约链关系，基础是契约所涉及的各方互相承认彼此在“财产”成立过程（即对“财产”的开发和保护）中的贡献，由此发展出一套权利和义务关系。

后来这套制度安排，随着殖民者来到美洲大陆。当时的英国殖民地，大多是在国王的charter（宪章）授权下开拓的，“所有权”还是国王的，殖民者有的是“拥有权”。

等美国独立后，国王的权利不存在了，原来国王所掌握的绝对所有权，也就归了政府。所以，在当今的英美，土地理论上的绝对所有者并非个人，个人有的是使用权，即我所谓的“拥有权”。美国法律上对于一些土地纠纷的裁决，每每引用英国的案例，甚至演绎国王的权利，也是出于这一历史因缘。

搞清楚这段历史，就可以讨论本文所涉及的最关键问题：私有产权是在什么条件下获得保证？公权和私权的关系是什么？

在 fee simple 之下的土地“拥有权”,实际上是私人对土地的一种绝对拥有,别人无法侵夺。不过,这种绝对拥有,是在国家(或者国王)的绝对“所有”之下存在,因此受到以下几个条件的限制:第一,政府对这块土地拥有者的税收权力(绝对所有则是没有任何纳税义务的);第二,国家对土地的征用权,这在法律上叫 eminent domain;第三,在土地上行使的警察权力;第四,在土地无人继承的情况下将之转归国家的权力,即 escheat。当然,在某些地方,还有一些其他限制。

这里最引起争议的,就是国家对私人拥有土地的征用权,即国家在一定条件下可以不经过土地拥有权持有者的同意而将土地的使用权转移。这一权力,似乎证明了江平所谓的“私有财产不是绝对的”。但实际上,征地权的使用,在历史和现实中受着非常严格的限制。

几乎从一开始,这一征地权就属于公权力。比如,国王在某一时刻需要收回自己“所有”的土地,在法律上似乎理所当然。但是,在欧洲特别是英格兰的政治传统中,有着强烈的“王者二体论”的信念:国王的一个身体是世俗的肉身,会得病,会犯错误,也会死;但国王还有一个身体,是不死的,不会犯错误的。这后一个身体的神圣性,在于她是由王室和臣民共同组成的,代表的是公共的利益。这一来自基督教并深受教会法塑造的理念,在中世纪后期就已经非常深入人心。所以,国王行使自己的征地权时很难随心所欲。具体而言,当一个国王把土地从自己不喜欢的一个贵族手中收回而交给一个宠臣时,律师们就必须裁定:国王的这一行为,到底代表着他的哪一“体”? 如果代表的是世俗的肉身,即国王个人,这种权力就是无效的。因为国王作为个人,不过是封建诸侯领主中的一位,他随心所欲地剥夺人家的土地,等于剥夺了王室“所有”,臣民“拥有”的土地,从理论上说就是剥夺了王室自己的土地。国王不能用其个人行为侵犯王室的权利。国王要行使征地权,就必须代表公权力。这种权力的行使,要代表全民利益,并且在程序上常常受议会制约。1625 年,荷兰法学家格劳秀斯(Hugo Grotius)对国家的征地权曾有精辟的总结:

臣民的财产处于国家的征用权之下。所以,国家和代行国家权力的人,可以使用甚至转移和摧毁这样的财产。不过,[这一权力的行使]不仅仅是出于极端的需求(这种需求甚至使私人对他人的财产形成了某种权利),而是出于公用的目标(这种目标使公民社会的创建者们认为私人的目标应该[为公共目标]让路)。不过,我们必须补充:当这样做了以后,国家必须对那些因此丧失了财产的人进行正当的补偿。

后来，在美国宪法的"第五修正案"中又加了一条："任何私有财产不得在没有正当补偿的条件下公用。"

显然，征地权从国王的特权，发展到受限制的政府权力。政府征用私人土地，必须满足两个条件：一是公用，一是正当补偿。后来的纠纷，也正是围绕着对这两点的不同解释上。

一般而言，对公用的解释严格限制在政府设施的建设上，比如修建火车站、公路。不过，在 1954 年美国最高法院对 Berman V. Parker 一案的裁决中，这个概念有所扩大。当时哥伦比亚特区决定推倒一片半破败社区用于超级市场等建设，涉及私人房产。最高法院的裁决认为，清理破败社区也是公益之一，支持了政府的行为。

1984 年，在夏威夷住房署(Hawaii Housing Authority)V. Midkiff 一案中，最高法院做出了另一裁决。当时，夏威夷的地产被几个大业主垄断，无法进行自由市场竞争。夏威夷政府为了增加业主人数，决定给一些长期租用这些地产的人地产权，这等于强行让大业主移交产权。最高法院裁定：保持自由市场的运行属于公益，因此也支持了政府的行为。

最高法院最近的一次对政府征地的裁决，则是著名的新伦敦案。此案的过程，我已经另文详述，在此仅举其要。新伦敦位于康涅迪格州，自 1970 年代以来日益破落。市政府启动了"新伦敦发展组织"(New London Development Corporation)，制定复兴计划，并于 1998 年吸引了著名的制药公司 Pfizer 在当地建设研究设施。不过，这个"新伦敦发展组织"，并不是私人企业，而是一个私人非赢利机构，其成员在种族、性别、经济背景等方面有充分的代表性和多元性，以公益为目的。政府正是通过这个非赢利机构推进新伦敦的开发计划，并执行必要的拆迁。但是，几家拆迁户不服，一直告到最高法院。最高法院以一票的优势支持了当地政府。

最高法院的这一裁决，自然受 1954 年以来最高法院留下的种种判例的影响，不过大法官的意见明显具有党派性。支持政府的，全是民主党总统任命的法官；支持被拆迁人权利的，则都是共和党总统任命的法官。这明显体现了两党在政府权限问题上的政治哲学的分野。

抛开这一层不说，仅看支持拆迁的主流派的意见，其司法推论也远不像江平描述的那样简单。公益的界定确实放宽了，一些私人企业的发展，也包括在公益之中。但是，即使在这样的推论中，把私有企业的发展镶嵌在公益的框架也遵守严格的程序。首先，"新伦敦发展组织"是个受政府委托的非赢利机构，是追求公益的目标，不是赢利性的私人企业。第二，开发和拆迁，是由这个非赢利机构进行，在确定拆迁时，制药公司 Pfizer 并未决定卷入。也就是说，开发和拆迁，是政府授权的非赢利机构搭台在前，然后吸引 Pfizer 前来投资。这一时序的确立，排除了私营大公司为了发展而收夺小民百姓房产的可能。事实上，当确定吸引 Pfizer 来投资时，“新伦敦发展组织”中一位重要成员因和该公司有瓜葛而辞职避嫌。第三，最高法院认为城市对被拆迁户的补偿是合理的。

从以上三个案例可以看出，在最近半个多世纪以来，最高法院的判决，把“公用”的概念放宽到了“公益”，加大了政府拆迁的权限。不过，这一倾向在社会上引起强烈的反动。最高法院在就新伦敦案进行判决后，一些州和镇一级的立法机构和政府通过了一系列法律，严格限定政府的征地权仅适用于“公用”，冠以“公益”的私人开发不具有拆迁的正当性。可见，政府征地权限有多大，还远没有定论。

除了“公用”和“公益”之争外，“正当补偿”则是另一个争议点。一般而言，正当补偿的标准，是由陪审团听取双方的估价后确定。但在康涅迪格、纽约和罗得岛等州，不用陪审团裁决，因而也被批评为损害了私有产权。

当然我们还必须注意到，这种对政府征地权限的界定，并不仅仅限于司法程序，因为这一司法程序是在选举政治的框架中展开的。最高法院的大法官固然是总统任命而非民选，而且是终身制，按说不受制于公共意见，但是，总统却是民选的。最近的总统选举中，两党候选人不得不回答的一个关键问题是：你如果当了总统，将任命什么样的人当大法官？所以，总统任命大法官时，绝非无所顾忌。另外，当大法官的裁决明显违反民意时，老百姓可以通过自己的政治参与，通过各级议会中的代理人推动有关法案，限制法官对法律的解释权限。这也是新伦敦案判决后发生的事情。更何况，新伦敦案虽然表面上是政府赢了，实际上则是政府事后在民意的压力下，基本按被拆迁人提出的但已经被政府拒绝的要求作了妥协。应该说，美国的保守主义崛起后，其意识形态对最高法院的影响会进一步加强。最高法院对政府征用土地权力的界定，已经达到了最宽泛的地步。日后进行回摆，恐怕也是大势所趋。

我已经在另文中讲过，江平教授知道用新伦敦案来解读重庆拆迁案，应该说是个进步。可惜，他对美国的司法传统和政治文化过于无知，乃至严重歪曲事实。即使按最自由派法官的意见，重庆的拆迁也不能从新伦敦案的判决中获得法理基础。不错，重庆市政府指出拆迁地段建筑很乱，妨碍交通，影响公益。这可以为清除破败社区制造借口。但是，所谓破败社区，在美国有明确的界定，主要是指非常穷困的地区，那里许多房产被遗弃，政府的房地产税源枯竭不说，犯罪分子还常常占据无主房产作为黑窝，带来严重的治安问题。这自然也构成了政府强行征用土地进行开发的理由。而重庆被拆迁的地区，是繁华街区。政府完全可以对街区的条件提出基本的安全要求，命令当地居民改进环境，无效后才可以考虑拆迁计划。另外，开发本身，也应该符合正当程序，比如像新伦敦市那样委托具有广泛民意代表性的非赢利组织操办，并对被拆迁户给予正当的补偿。在这些事情都没有做的情况下，就对被拆迁户断水断电，明显侵犯了公民的权益。

西方普通法系的案例和传统，则为我们提供了重要的参照。“所有权”和“拥有权”的分离，可以有效地保护私有财产，和中国土地国有的“国情”也完全可以接轨。以土地国有为由而无视私有产权，是站不住脚的。因此，我们应该从这种“所有权”和“拥有权”分离的普通法传统中归纳出若干原则，作为在中国确立私有产权的依据。

首先，我们不妨把“所有权”和“拥有权”分离的司法精神进行一个总结。用形象的话说，在英国的普通法传统中，国王是真正具有“所有权”的“地主”，其他人都是他的“佃户”，对土地具有“拥有权”。美国独立后，国王被换成了国家，但基本的精神还是没有变，老百姓实际上是国家的“佃户”。那么，产权从哪里产生呢？应该说，主要是从“拥有权”中产生的。

这一辨析的意义非常巨大。目前主流经济学家们讨论的产权，基本上都是讲对资本和生产资料的所有。似乎劳动本身并不构成产权。从普通法的产权安排中可以看出，国王的“所有权”，不管多么绝对，本身并不产生多少财产的价值。其财产价值的实现，必须通过“拥有权”来获得。也就是说，有人在他“所有”的土地上劳作，有人保卫这些劳作中的人民和土地。财产的价值，也是从这种劳作(包括以武力保护土地的军事劳作)中产生的。对土地的“拥有权”，实际上是对这种不同层级上的劳作的价值的承认。国王的“所有权”，不过是提供一种稳定的政治秩序，使这些劳作所创造的产权得以实现。这也难怪，在美国，人们提到土地的私有产权，都是指这种“拥有权”。而国家在理论上的绝对“所有权”，则体现在赋税、征地、警察，以及对无主土地处置等维护政治秩序的权力中。我们只有懂得不仅是资本创造产权，不仅是生产资料创造产权，劳动或者生产力更能创造产权的道理，才能真正尊重普通劳动者的权利。

这一套理论，和中国本身的历史经验也能够衔接。自宋代以后，中国虽然还维持“普天之下，莫非王土”的意识形态，但土地的产权基本上在基层确立。比如在江南一带，佃户耕种一段时间后，地主想收回土地就不那么容易，要收回往往也必须支付给佃户“工本钱”。也就是说，人家在租佃期间，改良了耕种条件，投了资，也创造了价值，田主必须承认。到了明末以后，“永佃权”逐渐确立。佃户拥有土地使用权，即“田面”；地主拥有土地“所有权”，即“田底”。“田面”可以转租，可以出售，也可以传给后代，甚至可以修建坟墓，就和自己的私产一样。“田底”的转卖易手，则不影响佃户对“田面”的拥有。你无法仗着财大气粗，买下一家地主的土地，然后要着当今开发商的威风对佃户们说：“我是新主人，要在这里盖大楼，你们都走人，我不出租了。”对不起，在那个时代你没有这样的权力。要有这个权力，你还必须向佃户购买人家的“田面”，而且“田面”的价钱也常常比“田底”还高。明清江南经济之所以那么发达，就和这种在习俗中确立的稳定的产权关系有关。而这种产权关系的建立，正是以承认劳动的价值为前提。

第二，知道了劳动者创造产权，那么对一些模糊的产权进行确认时就有了原则。比如，在城市拆迁中常常有这样的情况：地方政府可以把居住在市中心几十年的老住户轻易打发走。理由是房子是你的，但地是国家的，拆迁我赔你房价，但不管地价，在地皮便宜得多的远郊给你一套同样面积的房子就算是合理补偿了。江平也为这样的行为辩护，地价上涨是整个社会经济发展的结果，不能进这几个原住户的腰包。但是，以普通法的精神，这完全说不通。普通法尊重习俗：既然你在这里住了几代，没有人比你使用这块土地的时间更久，那么在土地的使用上你就有绝对的优先权。这里地价高，和你对这块地的使用密切相关。江平所谓土地升值是全社会的功劳而不能归个人的说法，其实就是全民所有制中的计划经济的思路。从这种逻辑中找不到产权的线索，只能找到剥夺产权的尚方宝剑。

第三，物权法在名字上保护的是“物”，实质上保护的是创造“物”的劳动。所以，要保护“物”，就必须确定“物”的生产者是谁，即谁对此“物”拥有“权”。江平所谓“对没有合法来源的私有财产，物权法也照样应该予以保护”的说法，等于鼓励公开抢劫。试问，如果你杀了人抢了银行，获得的百万赃款，是否也受物权法的保护呢？是否这些钱也像江平说的那样“也不能被随便抢走”呢？事实上，普通法中确立的国王的绝对土地所有权的制度安排，就是创造一种制止这种抢劫的公权力。普通法的传统中有一句名言：Time runneth not against the King，来源于拉丁文中的Nullum tempus currit contra regem，大意是“时间不制约国王”。这也就是说，国王所代表的公权力，具有超越时间的神圣性。一般私人之间的交易，如果违约后在一定时间内对方不纠，你不正当的所得就被正当化了。对方等于自动放弃权利。但是，当你侵犯了公众利益时，公权力对你的清算可以不受时间的制约。美国对烟草公司的诉讼，就是这方面的一个例子。烟草公司出售致癌的产品，消费者使用几十年后才起诉，按法律上的“消灭实效法规”（statute of limitations），早已超过了正常的起诉期限，是没有起诉的根据的。但是，公权力可以超越时间限制代你起诉。所谓抢了白抢，或者指望抢了一段时间后非法所得就可以正当化的说法，是站不住脚的。法律永远无法背离正义的原则。离开价值观念空谈法律，无异于为虎作伥。

一个和谐社会，是一个劳动所创造的产权能够得到保障的社会。为此，我们必须形成一种良性的制度安排，尊重各个阶层的人所创造的产权。这样的制度安排，不可能一夜之间产生，更不能寄希望于几位高人的设计，而要在法律和现实的互动中逐渐积累而成。这就需要中国有许多有良知的法学家，需要一批柯克那样的人，不懈地追踪现实中的冲突，并为每一个冲突的解决寻求法律上的解释，并为每一个法律解释提供道德基础。只有经过这样长年的积累，我们的法律才能维护大多数中国人的价值观念，才能成为一个稳定社会的基础。

有自由才能有秩序

著名法学家江平在重庆“钉子户”拆迁事件中，自始至终支持强制拆迁。即使在这场火药味十足的对峙和解后，他还特别接受《经济观察报》的采访，为自己的观点辩护，并引用美国的一个拆迁案例支持自己的立场：

“美国最近有一个案例。康涅迪格州有个小镇，美国最大的制药厂辉瑞药厂要在那儿设一个药厂，当地居民反对。这样究竟是社会公共利益需要，还是商业利益需要？当地居民认为，这是商业需要。盖药厂肯定是商业利益需要，可是镇政府认为，这不仅是商业利益需要。在这种问题上发生争议，有时候最高法院就会说话了。美国有九个大法官，其中一个叫奥康纳的大法官说，这个镇失业现象比较严重，财政困难，设立药厂可以使很多人就业，增加镇财政收入，这也是为了当地居民的利益，所以也可以说是社会公共利益需要。”

江教授知道引用美国的案例，应该说是个进步。毕竟，西方发达国家的成功是建筑在其法治的基础上。这一法治传统，至少从中世纪就开始，由难以计算的案例累积而成。中国的法治传统薄弱，需要利用人家这种累积的智慧。但是，从这一案例的引用我们也可以看出，中国法学界还处于法治的扫盲阶段，乃至连江教授这样的权威人物，也犯了一系列常识性的错误；再加上媒体对他的一味袒护，使他对美国这个案例的误解竟成了一种权威的声音。不对此加以澄清，是法学界的失职，也是媒体的失职。

江教授引述这个案例首先犯了事实错误。对此我将有另文详细澄清，这里仅略述要点。他说的那个小镇，叫新伦敦，确实有拆迁纠纷和最高法院的判决。但是，负责拆迁的，并不是辉瑞药厂，而是一个政府支持成立的非赢利民间机构“新伦敦发展组织”。这个组织在当地有广泛的代表性，并在策划开发规划时，吸引了辉瑞药厂前来投资。这一时间顺序非常重要，是最高法院最后判决的关键依据。更重要的是，拆迁并没有像江平所说的那样遭到“当地居民反对”。相反，因为“新伦敦发展组织”在推出其计划的全过程中鼓励当地市民的参与，市民对拆迁相当支持。江平所谓的“一个叫奥康纳的大法官”说“设立药厂可以使很多人就业，增加镇财政收入，这也是为了当地居民的利益"，因而支持拆迁等等，更是道听途说。稍微有点法律训练的人就会知道，这根本不是美国司法的语言。看看最高法院对此案的意见就知道，大法官们法律上的推论重在考量程序的正当性，比如非赢利组织的开发，是先有了含公益性的开发计划，还是先由企业来投资。

而江教授一学舌，就成了设立药厂是发展经济，解决就业，使大家受益。这种GDP是硬道理的语言，活像我们过去国家计划经济委员会的官僚语言，放在美国大法官嘴里，简直是笑话。事实上，那个奥康纳大法官正是最高法院反对拆迁的主要人物。

江教授引用一个案例，几乎每个细节都说错了。这些细节的错误加起来，就使新伦敦案和重庆的拆迁案有了可比性。其实仔细一分析就可以看出，两案毫无共同之处。如果新伦敦政府把一片民产交给一个药厂，让药厂执行拆迁，这肯定是不合法的，根本没有实施的机会，也不可能打到最高法院上去。

更有甚者，江教授试图从这一案例中得出结论："一个国家既要有自由，又要有秩序。给你的自由如果保障了，那你要尊重秩序；给你的自由没有保障，你也要依照法律的程序来要求保护。"但他没有问下一个问题：如果法律既没有保障你的自由，又没有给你提供寻求这种保障的正当程序时应该怎么办？这时法律就破产了，法律只有维持基本的公信度才能有效。维持公信度的办法，就是为所有人制造一个参与性的程度。在某种意义上说，每个人都是立法者，每个人都是执法者，他们只不过通过自己的代理人来完成立法和执法的过程。新伦敦案的整个过程也正好说明了这一点。

美国最高法院以五比四的一票优势支持了拆迁，本身就体现了这一判决的争议性，并不是这一事件的完结。判决的主流意见的依据，是美国的法律容许政府因公征用私人土地。但是，这一般出现在公共设施的建设上。新伦敦拆迁则有一部分交给了私人。最高法院主流意见对此仍加以支持，是立足于"公共目的"，并考虑了政府授权的非赢利组织先草拟了发展计划，草拟之时，哪家私人企业将从中获利没有人知道，杜绝了利益冲突，并且有大量公共资金的投入。

最高法院的反对意见主要是由奥康纳大法官起草。她在司法界有凭常识而非法律哲学断案之誉。她的结论是：由一个非选举的（也就是"无法向选民直接负责"的）非赢利组织征用民地，结果常常使强势抢了弱势的财产。黑人大法官托马斯起草的反对意见则更抽象一些。他认为主流意见用"公共目的"代替了宪法第五修正案所认可的"公用"的概念。此例一开，穷人的产权就很难得到保护。

按江教授的意思，最高法院判了，司法程序就走到了尽头，就该"站到法律一边"。这是典型的法盲解法。最高法院对新伦敦案的判决，引起了民意压倒性的反对,并立即反映到了立法的程序上。众所周知,美国是三权分立,大法官有权解释法律,但无权制定法律。这次最高法院主流意见对法律解释过度,从“公用”引申到“公共目的”,等于自立新法,有僭越权限之嫌,属于司法能动主义(judicial activism),自然受到社会的抵触。于是,一些地方,特别是州一级的议会,针对这一判决提出新的立法,限制法官解释法律的权利。比如麻省一个镇通过决议,规定在本镇之内,政府征地只能“公用”,“公共目的”则不具备合法性。美国国会的共和党议员,也提出了保护私有产权的法案。事实上,即使有了最高法院的尚方宝剑,新伦敦市也没有简单地“站在法律一边”。相反,政府向钉子户屈服,同意了她当年提出并被政府拒绝的保存自己住房的要求。最高法院判新伦敦市赢。最后的结果,却是钉子户赢。

从这一过程可以看出,法律是死的,现实是活的。当新现实使过去的法律不够用时,法官对成法微言大义的解释,就可能产生违反人们价值观念的判决。这时怎么办?一个有责任的公民,就应该通过立法行动限制法官的解释权。这才是参与型的司法秩序。

中国还没有这样的参与型司法秩序,需要制度创新加以建立。也正是在这个意义上,重庆拆迁事件体现了中国法治史上的一个伟大进步:政府做了决定,法院也判决了。但是,这些决定和判决,明显违反了老百姓的基本价值。钉子户的奋力抗争,民意汹汹,使政府和法院退让妥协,也开了一个法律先例。在这个意义上,小民百姓参与了司法过程。中国的政治与法律,朝着参与型的秩序迈进了一大步。而这一秩序才是中国长治久安的基础。

我一年多前就曾指出,法律是个公共物品。中国公众在这方面过度迷信专家,一切都由他们解释,就容易产生专制主义倾向。这次钉子户事件,恰恰证明了迷信专家是多么可怕。像江教授这样的专家,对基本的法律知识和自己引用的案例茫然无知。连地方政府、法院,乃至开发商也比他开明得多。有常识的人都知道,这次如果真按江教授的建议强制拆迁,就会引发恶性冲突,立下可怕的先例,日后群体突发事件就会层出不穷,国无宁日,还谈什么秩序?!同时,高擎国旗、手持宪法的钉子户,则体现了自由公民高贵的勇气和政治智慧,成为一个制度创新者。这再次证明老百姓在法律智慧上常常能够压倒专家,他们应该当之无愧地享受一个参与型的政治秩序带给自己的种种权利。2006 年主流经济学家受到网络民意的抨击后,就出来说网络民意不是民意。如今江教授在重庆拆迁事件中被钉子户击败,就说人家是“民粹主义”。这无非说明了受上千年陈腐的士大夫传统熏陶的中国知识精英,在市场经济所引导的民主化时代是多么不合时宜。

新伦敦案能证明拆迁合理吗?

江平教授在重庆钉子户事件中,一味偏袒开发商;受到舆论炮轰后,又在接受《经济观察报》的采访中"全面谈'重庆钉子户'问题",并举出美国最高法院对新伦敦市与拆迁户纠纷的裁决,证明不能将"私人产权绝对化",强制拆迁合理。似乎引了个美国的例子,自己的底气就足了。

新伦敦案是怎么回事?真是政府可以随意让开发商拆迁民房吗?遗憾的是,江教授引用此例,要么道听途说,要么刻意曲解,只讲对自己有利的东西,不讲不方便的事实。我在网上收集有关资料,在此将新伦敦的故事补全,让读者自己判断。

新伦敦位于康涅迪格州,人口 26000,本来相当繁荣,但 1970 年代开始破落。特别是 1996 年当地的海军基地关闭,地方经济更是严重失血,失业率猛升,市井萧条,房地产贬值,政府税收锐减,闹不好可能破产。为应付这一危机,市政府重新启动了"新伦敦发展组织"(New London Development Corporation),制定复兴计划,包括开发当地的 Fort Trumbull 地区,试图由此激活地方经济,并于 1998 年吸引了著名的制药公司 Pfizer 在当地建设价值 3 亿美元、包括 1900 个工作的研究设施。

不过,这个"新伦敦发展组织",并不是我们所理解的私人企业,所谓 Corporation 可以翻译成"公司",也可以翻译成政府组织或社团法人。该组织是通过经营州政府的资金,对破落社区进行救助的私人非赢利机构。从 1985 年到 1997 年,州政府曾进行了多方咨询,寻求拯救新伦敦的计划。1996 年又公开征集方案。最后委托由一位当地居民领导的咨询公司设计方案。也正是这家咨询公司,推选了康州大学的校长 Claire Gaudiani 领导由政府和民间携手的发展计划。理由是这位校长有道德、经验,又不是来自私人企业,没有利益冲突。确定了领导后,Claire Gaudiani 亲自面试各界人士,保证"新伦敦发展组织"的成员在种族、性别、经济背景等方面有充分的代表性和多元性,由此能够以公益的目的,通过这个非赢利机构推进新伦敦的开发计划。

这个开发计划包括饭店、会议中心、州级公园、公寓,以及一系列研究和零售设施。为此,115 块居住和商业用地要拆迁,其中 15 户不愿意拆迁,并以一位老年居民 Suette Kelo 为首，起诉市政府，一路告到了联邦最高法院。2005 年 6 月 23 日，最高法院以五比四的投票，肯定了新伦敦市拆迁的合理性。

这一票之差的判决，显示了此案的争议性。即使是肯定拆迁的多数意见，也写得非常谨慎。多数派法官在肯定市政府拆迁的权力时，严格考虑了以下几个主要因素：第一，开发在先，私人获利在后，私人获利是开发的附带结果，而不是开发的主要目的；第二，开发项目确实有许多公共资金的投入；第三，政府事先不知道哪个私人企业能从这个开发计划中获利，不可能在这方面有偏心；或者说，政府只是用这个开发计划创造一个发展环境，至于谁能充分利用这一环境获利，要看大家的竞争了；第四，政府意识到城市经济的萧条，有足够的理由和证据进行这样振兴式的开发；第五，政府充分考虑了多种开发方案，进行了审慎的选择，同时从许多投标者中选择了一个私人（非赢利型）机构承担开发，并非事先选中一家。

这些条件的满足，是最高法院肯定拆迁权力的理由。认真分析一下就明白，这和重庆的钉子户事件非常不同。新伦敦的市政府是民选的，公共权威本来就大，有相当的民意作为后盾。计划是由当地人领导的咨询公司建议的，也不是像江平所说的那样是"当地居民反对"。试想，在开发之前，新伦敦日见破落，房地产日跌，居民资产缩水。如今该市房地产看涨，就业率大增，当地居民怎么可能反对？当地居民真要那么反对，罢免市长就可以了，何必到最高法院去闹？

江平硬说"当地居民反对"，其用意不过是想编造一个法治国家也可以无视民意而拆迁的先例，为中国的野蛮拆迁寻找根据。可是，法治国家的事实并不配合他为开发商谋划的这番苦心。"新伦敦发展组织"推出自己的计划后，主动地邀请当地居民介入，听取老百姓的意见。到 1999 年 3 月为止（也就是 Pfizer 决定在当地投资后的一年的时间），该组织就邀请居民参加了二十个面对公众开放的会议，十五个社区活动，包括开放展示会，让大家讨论这一发展计划。居民还被邀请参加两周一次的"新伦敦发展组织"董事会、执行委员会，和市议会的联席会议。通过这样的方式，开发计划赢得了相当广泛的支持，在很大范围内形成了对"公益"的共识。要知道，在美国建个稍微大一点的建筑，就得考虑周围邻居的反映。我家住的街上，最近建了一个小型急救中心，不过是一栋超市大小的楼而已，是十足的公共设施，而且根本不涉及拆迁等问题。但是，急救中心的人士还是找居民开会，听取意见。有一位居民提出救护车进进出出，居住环境会变得太吵，于是急救中心表示救护车一般在开出后几分钟才响警笛。试问：重庆的拆迁有这样的协商过程吗？你要是协商还没有结束就把人家的水电给断了，怎么可能不会闹得火药味十足？难道江平要站到这样的法律一边吗？

没有和居民的沟通以及居民的支持，新伦敦的开发计划早就死亡了。这些有民意支持的“公益”，是最高法院考量此案的重要基础。另外，最高法院还必须认定，这一开发是政府优化发展环境的努力，并不是给事先已知的私人企业提供优惠，不是把私有产权从一个私人手里夺过来，交给另一个私人。更不用说，开发有大量公共资金的投入，也有公共设施在开发工程之内，主持开发的组织，是个促进社会福利、并有社会各界参与和代表的非赢利机构，其形成过程受公共的政治程序的制约，与其说是个公司，倒不如说和我们的政协等组织更接近。重庆的开发，则是私人投资，私人获利；是把产权从不那么有钱的私人手里夺来，交给一个特别有钱的私人；以老百姓的财产，为赢利型的私人企业开道。身为法学家的江教授，竟对这么重要的法律细节视而不见！

江平教授更不愿意面对的，是四位反对派大法官（包括首席大法官 William Rehnquist）的意见。大法官 Clarence Thomas 从宪法的角度否定这一判决。他称判决简单地以“公共目的”代替了“公用”，违反了基本的常识，仅凭这几个“增加就业”，“增加税收”的含糊的许诺，把符合 Pfizer 制药公司利益的事情说成是符合“公共目的”。他进一步指出，以“公共目的”为理由收夺个人财产权已经非常糟糕了。而把这一概念延伸，就会使富人得利，穷人受损失。大法官 O’Connor 也尖锐指出，一个未经选举的非赢利私人机构成了拆迁的主要获益者，而这个机构无法直接对选民负责。这等于颠倒了劫富济贫的“罗宾汉原则”，把穷人的财产拿过来交给了富人。此例一开，任何私人财产都可能被剥夺而交给另一个私人。结果，那些受益者绝大多数是有影响力的富人，包括大企业和开发商。

在美国生活过的人，很容易体会这两位大法官的担心。虽然美国保护私人产权的法律很严格，但穷人的产权远不如富人的产权那么容易保护。比如我所在的萨福克大学，招收的主要是平民子弟，却坐落在一个非常富的区。2004 年民主党候选人克里，有“世纪经理”之誉的前通用电气总裁韦尔奇，都是我们的邻居。可是，我们学校在当地买下一栋楼，想推倒建个宿舍，没有钉子户挡道，市政府也很支持，认为这是缓解了城市的住房危机，有利于公益。但是，富裕的居民当然不希望看到许多学生在他们“闹中取静”的家附近走动，联手一闹，花钱设计好的计划就得放弃。在波士顿的麻省大学也是如此，至今校园没有学生宿舍，据说一大原因是周围海滨的居民有钱有势，不让发展学生宿舍。相比之下，新伦敦那几户居民都是小民百姓，在当地没有影响，被夺走就容易多了。

新伦敦判决下来时，我曾很认真地追踪，但在国内媒体上对此未置一辞。理由倒不是我个人反对这个判决，而是觉得这一判决非常复杂，国内有关人士恐缺乏资料对之进行深入分析;相反,在这个官商学相互勾结的时代,此案容易被一些"专家"进行简单化的曲解,为地方政府和开发商强行拆迁和侵犯私人产权提供依据。江平教授最近的表现,证明我的担心并非多余。

江教授所忽略的的另一个重要的事实,是这一判决在美国社会引起了什么反响。大概他永远也无法懂得:法律是活的,是参与性的社会秩序的形式化。不能把法律条文和社会分隔开来理解。这个判决后的民调显示,60%多到90%以上的老百姓反对这一判决,有的民调竟显示出97%的反对率。许多民间团体都调动起来反对此项判决。甚至私人企业BB&T Corporation的总裁John Alison宣布,他的公司将不向那些在强制征用的私人土地上搞开发的企业提供贷款。参议院的共和党议员也针对这一判决提交了"保护住房,小企业,和私有财产"的议案,限制政府征用民间土地的权力,并获得民主党人的支持。Suette Kelo本人作为受害者,被请到国会作证,在立法者面前申诉自己的理由。遗憾的是,美国因为陷入伊战不能自拔,国民视线转移,国会一时顾不得这些"小事"。不过,民意以压倒的优势反对这个判决。等目前的危机缓解,大家把视线转到内政上来后,国会议员很可能通过立法,限制政府圈地的权力。毕竟国会是立法机关,最高法院虽有解释法律的权威,但如果你这么偏心为政府解释法律,老百姓就会通过他们选上来的议员,制定一些让你无法这样解释的法律来限制政府。目前这个过程还远没有走完。所以,如果把此案的判决当作一个最终的原则,恐怕是出于对法律的无知。江教授似乎无法理解,一个法治社会,并不要求大家无条件地"站在法律一边"。相反,当有关法律导致了社会不公正时,老百姓有合法的程序修改法律,这才能维持一个"和谐社会"。

其实,在联邦的有关法律还没有出来前,47个州的议会已经针对新伦敦拆迁案的判决提文、考虑,或者通过了法案,加强对私有产权的保护,限制政府征用土地的权力。有些镇也通过法律,限制本镇政府的圈地权力。这些立法细节虽然有不同,但主要精神还是合乎大法官Clarence Thomas对宪法的界定:政府征地,只有在严格意义上的"公有"、"公用"的基础上才正当,不能仅以"公共目的"这一含糊的理由为借口,听任开发商征用私人土地。要知道,美国是个州权国家。在民事诉讼上,本州的立法常常比联邦立法重要。在这个意义上,最高法院的这个判决,理论上似乎是支持了政府圈地的权力,而在现实中则提高了全民对政府权力过大的警觉,乃至有了一系列的州议会的立法。在许多州,这一判决实际上使地方政府圈地变得更加困难。

更令人回味的是,新伦敦钉子户Kelo那栋粉红色的小房,并没有像重庆那栋房子那样被推倒。相反,Kelo在判决后提出她可以搬,但要就近保留她的房子。其实这也是她当初提出的并被市政府拒绝的方案。现在市政府有了最高法院的支持，却触怒民意，只好妥协，将她的房子原封不动地移到尽可能接近原址的地点。这样，这栋小房成了抵制不义拆迁的象征和博物馆。另外，2006 年康州州长 Jodi Rell 也出来干预，提出为拆迁户在开发地域内确立产权，使他们可以留下来。其中另一个钉子户，已经和市政府达成协议：政府许诺在开发计划中多建民房；这家钉子户（有补偿金）有绝对的优先权，在原址以限定价格购买新建的住房。另外，由于这家钉子户的女主人在案子没有了结前去世，市政府必须在开发区内为她立一个小型纪念碑，同时负责移植这家人在三十年前移植到自己地产上的树木。这和重庆拆迁户提出的要在原地要一套同楼层同朝向的房屋的条件也差不多。所以我认为，重庆钉子户事件中老百姓虽然没有“完胜”，但地方政府和开发商毕竟作了让步，最后的结果证明了中国社会向前迈了一小步，根本不是什么法律的失败，而是参与型的法治秩序在中国的发足。再看看江平教授，事后还不认账，以为法律就是一纸触犯不得的行政命令。

他的话白纸黑字写在这里：“拆迁补偿当然是补偿费用，绝对不是实物的，过去我们拆迁还有实物。我把这儿的房子拆了，我给你那儿的房子。现在都没有了，现在是货币补偿了。法律并没有规定把房子拆了以后，一定在原地给你同样的房子，现在重庆的拆迁户说了，你把我拆走了可以，你要在原来的地方给我同样平米的房子，这就不合理了，因为并没有说必须在原地给你，而是说给你拆迁补偿。”请问：新伦敦案能支持这样的观点吗？事实恰恰相反，新伦敦案最后的结果，是政府让步，Kelo 按她原来的要求，就近保留了自己的住房。

最后要声明，我没有什么法学上的训练，只是上网收集了有关信息，包括最高法院的判辞。美国司法文件的语言十分艰涩抽象，以我这样的法学知识和英语素养，很难充分消化，需要法学家们出来指点。然而，令我惊异的是，像江平这样的法学权威，引述这个案例竟连判辞也不看，乃至把起草反对意见的 O’Connor 大法官说成是拆迁的支持者。他甚至还说，“公共利益需要还是商业利益需要，很难以非常条文化的形式区分”。难道“难”就成了不做区分的借口？新伦敦案正好展示了这个区分的过程是如何在复杂的、参与型的法律框架中进行的。请问，如果公私界线无法进行法律上的形式区分，法律还成法律吗？想想这些，实在让人寝食不安。

拆迁纠纷应试行陪审制度

重庆钉子户的抗争,终于妥协解决,没有演化成一场人们不希望看到的暴力冲突。有人欢呼这是"双赢",有人说法律成了输家,因为公众无视法院的判决,最后法律无法执行。这两种说法,都未免太天真。

首先"双赢"是不存在的。现在媒体和有关专家似乎认为,产权是通过法律来形成的。其实这只是一种很肤浅的看法。产权是历史形成的。法律只是把历史中形成的秩序形式化(codification)而已。中国有了《物权法》,并不意味着就有了产权。我们能否有产权,能有什么样的产权,需要在未来的博弈中完成。重庆钉子户事件,是《物权法》颁布后第一次关于私有产权的重大博弈。双方是否都赢了,目前我们并不知道。但是,我们作为一个社会,却还没有赢。在我看来,输赢的标准,是要看这次博弈是否为以后的类似事件建立了一个令人信服的"游戏规则"。现在看看,我们建立了这样的游戏规则吗?我看没有。

说法律是输家也不准确。我们不能把法律和行政混淆起来。当法院只是地方政府的一枝时,法院的命令就不过是行政命令。这不过是一场行政失败而已。这种所谓"法律是输家"的意见,恐怕很能代表起草《物权法》的江平教授的立场。当他听到钉子户以拆迁不涉及公益为理由拒绝撤出后,发出了那句著名的质问:"他说不是公共利益就不是了?!"他认为,如果补偿合理,就应该拆迁。如果当事人认为补偿不合理,应该到法院进行诉讼。可惜,虽然法院判了必须拆迁,网上的民意调查,竟有85%以上支持拆迁户;支持执行法律的人,还不到10%。一个没有十分之一的人支持的法律,还能成为法律吗?

这里我特别强调的是陪审制度。陪审制度,自古希腊就有。不过,现代意义的陪审制度,直接的源头还是在中世纪。许多人都知道英格兰的《大宪章》中就规定了陪审制度,防止国王专断,以保护贵族的权利。其实,即使在草根阶层,也有陪审制度。比如英格兰的农村,就有所谓领主法庭,审理领主庄园中的案件。这一法庭,主要是对领主的利益负责,审判后收上来的罚金等,也是领主的收入。审判的地点,一般有三处:教堂中,领主拥有的房子里,或者村子里最老的大树下。其简陋程度可想而知。更何况，被审判者，许多是领主的农奴。不过，即使是领主这样“私设公堂”审自己的农奴，也要有陪审员。因为领主知道所谓“和谐社会”的道理。只有通过这种参与型的司法程序，才能长久有效地维持秩序。

在这方面，我们比西方落后一千年，乃至有“民法教父”之称的前中国政法大学校长江平，也觉得别管谁颁布一条法律，哪怕不到 10% 的人支持，也非执行不可。他似乎不懂得，法律之所以成了输家，是因为这种法律不是在界定和规范一个参与型的秩序。钉子户只能靠媒体和自己的拼命精神对抗“法律”。在这一过程中，竟没有任何一个层级的人大代表或政协委员亲临现场了解情况，为钉子户的利益代言。当堵住了人们的参与之路后，剩下的当然就是对抗。

我们的产权要真正得到维护，就必须引进参与型的司法程序。现在，民告官可以异地审理。像拆迁这样的民事纠纷，为什么不能让 12 个普通陪审员来决定呢？过去在北京大杂院里住过的人都知道，有时夫妻吵架，打出家门，闹不好要离婚。于是张家的大嫂、李家的大哥纷纷介入，大家评理，最后事情摆平了。这其实就是一种民间自发的“陪审文化”，维持着基层的社会秩序。我们需要把这种潜在的“陪审文化”提升为一个形式化的法律程序。比如，重庆这次拆迁纠纷，是否应该移到西安或其他城市，由 12 个市民来评说是非呢？

要建立一个“和谐社会”，有两点是最基本的。第一，公民积极参与公共事物，形成自发性的、参与型的社会秩序。这样，公民就更尊重法律，也更懂得对自己的行为负责。第二，政府不要代人受过。俗话说“清官难断家务事”。草根阶层的民事纠纷，甚至官民纠纷，要由老百姓通过陪审程序自行解决。这样，大家就会渐渐对什么是公益、什么是公平形成共识。政府把这种麻烦事情揽过来，只加重了自己的责任，并可能削弱了自己的权力。比如重庆这一事件，政府一味为开发商说话的结果，是把自己放在了民意的对立面，最后政令不行，权威下降。所以，这样的事情要交给民间在法律的框架下自己处理。政府只有限制自己的权力范围，才能成为一个更有效的政府。

江平教授,请你公开道歉!

“最牛钉子户”事件已经告息。但是,一些所谓“专家”在此事件前后的丑陋表现无法让人们忘记。毕竟,这是《物权法》颁布后的私有产权第一案。但令人奇怪的是,几乎所有那些口口声声“产权”的“主流经济学家”都不肯出来为钉子户说话。吴敬琏身为政协委员,事先说了一句拆迁户不应该按市场价格得到补偿,然后就装聋作哑。而《物权法》的起草人江平教授的表现,更是令人不解。他对记者表示,吴苹一家以拆迁不涉及公共利益而拒绝拆迁的理由不能成立,并义愤填膺地质问:“他说不是公共利益就不是了?!”所以,他支持强制拆迁:“法院已经下达了裁定,就要按照(法院的裁定)执行。”由于当地政府在舆论的压力下保持克制,使这一爆炸性的事件获得和解。

江教授对此耿耿于怀,在《经济观察报》的一篇一唱一和的采访中,上纲上线,说三峡百万人要搬迁,要全国人大来讨论,一旦决定就只好搬。他是站在法律一边。他事先造谣说,这个事件已经让全世界看我们的笑话;事后又刻意曲解美国新伦敦市的拆迁案,编造了一个在法治国家,政府也可以任意拆迁的先例。

首先,江教授作为《物权法》的起草人,前中国政法大学的校长,在这一敏感时刻,说话必须有基本的职业敏感和判断力。另外,在解释法律时,也应该遵守基本的逻辑,对得起“法学家”这个头衔。当然,无中生有,以近乎造谣的方式搬出“友邦惊诧论”来,就更显得低劣了。江教授在中国生活,即使没有亲临现场调查,也应该知道在现实中最可能出现的是什么事情。房子是人家的祖产,要把人赶走的是开发商。地方法院实际上几乎是地方政府的一个部门。这一点最高人民法院也很清楚,所以容许民告官时异地审理。更何况,许多地方政府大搞政绩工程,官商勾结的腐败事件已经成了家常便饭。

为此中央政府最近还采取措施打击房地产中“官商勾结”的不法行为。这也怪不得网民们85%支持钉子户,支持强制拆迁的还不足10%。大家根据自己的生活经验对是非还是有个判断。此次事件的内幕虽然还没有弄清楚,但现在至少有关各方已经承认:开发商在还没有和拆迁户达成协议的情况下,就给人家断水断电,等于砸了人家的生意，现在也同意赔偿了。其实，开发商称已经投了多少亿，每天支付银行多少利息的说法，就已经是不打自招：你和拆迁户还没有谈判成功怎么就贷款了？可见，他们长期以来，根本没有尊重老百姓私有产权的概念和习惯。看准哪块地就是哪块，让谁走谁就得走。难道这样公开侵犯老百姓私有财产的行为，也是江教授支持的吗？

江教授把三峡工程和这次拆迁相提并论，更是荒唐到了极点。三峡工程是国家的公共基础工程，是国家投资、国家施工、国家组织拆迁。重庆这次拆迁，是一个什么“百老汇”的商业开发，动手拆迁的也是开发商，和钉子户一样，都属于私人企业，只不过一个钱多，一个钱少而已。法学家如果连这个概念也分不清，岂不是贻笑大方。

另外，不知道江教授根据什么说在这件事情上全世界都在看我们的笑话？我一直在追踪国际舆论对此事的报道。从《纽约时报》、《华尔街日报》，到英国的《经济学人》、《金融时报》，乃至德国等欧洲国家的报纸，都对此事件有跟踪，而且都站在钉子户一边。最后有的欢呼钉子户的胜利，有的分析在中国保护私有产权是多么困难。《纽约时报》则采访当地的拆迁户。这些人说：“要是过去，让你走你不走，有人就会把你来打一顿。谁敢不走?”这样的事情，在江教授眼里是否像是在看笑话呢？

江教授对美国新伦敦案的解说，更是充满了谎言。不错，美国最高法院确实以五比四的票数支持了新伦敦政府的拆迁计划。但是，第一，这个计划是由非赢利组织执行，并不是我们的开发商。第二，新伦敦的开发计划，有当地市民广泛参与和支持，绝不是像江教授所说的那样受到“当地居民反对”。第三，尽管有最高法院的判决，事后拆迁户的产权基本受到了保护。第四，最高法院判决后，美国许多地方议会通过法案，进一步限制了政府拆迁的权力，保护了老百姓的产权。整个过程，没有一处可以支持重庆式的拆迁。

从江教授的言论，我们看不到“民法教祖”的影子，我倒是想起刘涌案时因为拿了人家的钱为刘家说话的那些专家。我希望我的怀疑是错的。但是，江教授的这些言论，一无生活在中国社会里的基本常识，二无法学家的基本学识和逻辑，三则伪造“国际舆论”，曲解国外的案例。为开发商这样荒唐的辩解，对江教授来说，我不相信是脑的问题，而认为是心的问题。我们如果是一个健康的社会，如果想要在未来保护我们的私有产权，能说出如此不负责任的话的“专家”，就必须受到谴责。我希望江教授不要再为不可辩解的事情辩解，而应出来为自己的失职公开道歉。

知识界需要“清理门户”

重庆“最牛钉子户”抗拆迁事件,已经被舆论称为《物权法》颁布后的维权第一案。如今事情已经基本平息。可是,事后反省,我们发现了一个很奇怪的现象:学者比衙门更凶。不错,在房地产业中的官商勾结的现象已经被老百姓深恶痛绝。中央政府也公开表示要采取措施解决这些问题。这次拆迁案,开发商和地方政府都有侵犯老百姓的私有产权之嫌。但迫于舆论的压力,也都从原来的立场上后退,给拆迁户更多的赔偿。从这个意义上说,这是一个重大的社会进步。地方政府与开发商的行为,也应该获得有保留的肯定。

但是,一些口口声声产权的学者,则表现最为拙劣。那些主流经济学家,碰到这种事情没有一个肯出来为老百姓说话。最丑陋的,当然还是《物权法》起草专家组组长、中国政法大学原校长江平教授。他曾表示:吴苹一家以拆迁不涉及公共利益而拒绝拆迁的理由不能成立,并杀气腾腾地质问:“他说不是公共利益就不是了?!”他在支持强制拆迁上可谓旗帜鲜明,而且事后也不出来认错。

江教授作为《物权法》的起草人,掌握着巨大的话语权力。在这么一个已经成了世界新闻(《纽约时报》头版刊登了大幅图片)的火爆案件中,表述自己的意见应该周全细致,尽可能以中立的态度把所涉及的法律问题梳理清楚,供公众考量。这样既显示出法学家的专业素养,又体现了法律不偏不倚的性格。遗憾的是,江教授的意见,粗糙潦草,如同北京街头吵架时的对骂,极度情绪化,而且明显倾向开发商。不查他的身份,人们觉得他好像是开发商雇佣的打手。

“他说不是公共利益就不是了?!”这话问得气势汹汹。但是,江教授是否研究过吴苹一家这句话背后的理由呢?是否能定义一下什么是公益呢?即使在我们这些外行人来看,这里涉及的法律问题至少有两个层级:第一,政府(即公权力)在什么情况下才应该介入私人之间的交易行为?第二,如果政府(公权力)不得不侵犯私人财产,应该以什么标准给予补偿?

第一个问题,涉及到什么是公益。市场经济的一个基本原则,是政府有责任为经济运行提供基本的法律框架,保护私有产权,保护契约的执行。用体育的术语来说，政府的角色是裁判，不是运动员。这在西方的市场经济中已经是公认的原则。在中国儒家传统中，也有政府不能“与民争利”的道德原则。所以，如果一块地是两个私人之间的交易，一个要买，一个要卖，政府就应听任其达成协议，并保证双方履行协议，断无介入进行强买强卖之理。

政府亲自介入拆迁，必须在涉及公益的情况下才合法。那么，什么是公益，就必须有一个为公众所认同的标准，不能开发商说了算，也不能哪个当官的说了算。否则就变成“私益”或者“官益”了。我想中国的老百姓，对公益的概念并非难以接受。比如，重庆市政府如果想盖一所公立学校，而且除了吴苹一家的这块地盘外找不到更理想的场所，老百姓就会要求他们把地方让出来。他们再像现在这样固守，就成了无理取闹。可惜，情况看来并不是如此。大家都知道，地是给了开发商。开发商是要利用这块地赚钱的。这是“私益”，并不是“公益”。在市场经济中，追求“私益”是正当的，但必须在尊重他人的“私益”和产权的法律框架中才能进行，不能凭着自己有钱就强买强卖。

而江教授事后狡辩说，公益的定义要宽泛，一些商业设施也应该叫公益。好像只要有钱人抢了不那么有钱的人的东西，就成了公益了。如果照这样界定，官商勾结的腐败现象就更难以避免了。这也是为什么新浪网的民调中，85%以上的人支持拆迁户，支持强制拆迁的则不足10%的原因。老百姓凭自己的生活经验看得很清楚这里面是什么名堂。请问江教授：谁比“公众”更有资格界定什么是“公益”呢？

第二，即使政府证明了拆迁是为了公益，对拆迁户的补偿，也应该通过正当的程序确立标准。江教授应该清楚，现在《物权法》还没有生效，许多地方政府对私有产权的概念还很模糊，公众也没有机会参与界定公益的过程。拆迁时侵犯拆迁户利益的事情如同家常便饭，而法院也没有完全从行政部门独立。在这种情况下，去法院上诉拆迁人只能吃亏。再退一万步说，即使要到法院上诉，双方都应该等法律程序走完才能采取合法的行动，至少要给吴苹一家一级一级上诉的机会和时间。在这个程序没有走完之前，开发商凭什么把人家祖产四周挖成十几米的深坑呢？

江教授作为这么重要的专家，面对这样一个举世瞩目的案例，一没有界定什么是公益，二没有分析拆迁用地到底作何用处，仅一句“他说不是公共利益就不是了?!”就结了案，以指鹿为马的气概抹杀了拆迁户的基本权利。

江教授作为法学家应该懂得，法律的最基本目标是保护公民的权利，而不是把公民管束得“不得乱说乱动”。法律更要保护弱者。在许多情况下，法律对强者是多余，对弱者才是必须。强者没有法律也能保护自己。强者和弱者冲突时，弱者更需要法律的保护。

这次拆迁，确实其他二百多户都迁走了，仅有吴苹一家在坚持。可是，这些被迫拆迁的邻居在谈起这件事情时，大多还是同情吴苹一家。甚至有人说，人家让我们走我们只能走。在许多情况下，你不走就有人会来把你打一顿，不走也得走。这样的事情，难道江教授没有听说过吗？

在四分之一世纪以前，中国的知识分子不管有多少问题，至少还试图扮演为民请命的“社会良心”角色。这也是他们赢得了社会尊重，获得了如今所拥有的“象征性权力资源”的原因。如今，像江教授这样的人物，已经沦为既得利益的打手。而知识界和媒体对这种行为所表现的沉默实在令人惊异。应该说，知识界作为一个群体，正步入既得利益集团。如果再不“清理门户”，恐怕以后就无以取信于民了。

21 世纪的中国应是法学家时代

从知识分子的社会角色来说，20 世纪末中国的改革，是一个经济学家的时代。因为当时中国需要从死气沉沉的计划经济中找到一线生机，要"让一部分人先富起来"，要介绍陌生的市场经济的基本概念。一批年轻的经济学家应运而生。进入本世纪后，市场经济已经获得了意识形态上的决定性胜利，中国享受了四分之一世纪的经济奇迹，市场经济的"初级课程"已经完成。同时，经济发展，特别是被政治权力所扭曲的市场经济，造成了巨大的社会不公平。许多当年推介市场经济"初级班"的经济学家，已经成为依附于新财富的既得利益集团，并且没有足够的专业知识解决市场经济中的技术性问题。更重要的是，随着市场经济社会的形成，经济问题已经演化成一个"游戏规则"的政治问题，演化成如何界定每个公民的合法权利的问题。确定这样的规则，靠经济学家是远远不够的，还需要法学家们的专业知识和远见。

看看世界上第一个现代化国家英国的历史就知道。市场经济，当然是英国率先工业化的基础。市场经济的理论，在 18 世纪后半期由亚当・斯密的《国富论》而"集大成"。然而，正如许多学者已经指出的，亚当・斯密并没有创造了市场经济。他不过是把英国的现实和许多人已经有的论述加以总结。英国的经济，也并非在 18 世纪末突然领先于世，而是在 17 世纪就显示了其无可匹敌的制度优势，这包括复杂的产权观念，对君主权力和国家经济行为的限制等等。这些打造了一个"日不落"世界帝国的制度框架，是靠着法律所确定的。16 世纪末 17 世纪初的伊利莎白女王时代，是这一套制度成熟的关键时期。而这个时代对普通英国人影响最大的文字，第一是《圣经》，第二是法学家和大法官柯克（Edward Coke 1552 – 1643）的著作和判辞。他的这个地位，怕是当时红透英伦的莎士比亚也难以挑战。为什么会是这样？因为社会飞速发展的时代，也是极端惶惑，极端不稳定的时代。只有在法律上确定了个人的权利，保证了私有产权，创造一个合理、合情、合法的解决冲突的机制，一个社会才能经受转型期所带来的种种冲击。英国对这些权利的界定，虽然源远流长，但最后的确立，基本是在柯克手里完成。结果，欧陆国家，要么像西班牙帝国那样衰落,要么像波旁王朝那样崩解,英国则在一片混乱中,奠定了那个时代的世界秩序。中国也正好处于这样的时代。比如,重庆最牛钉子户的事件就表明,发展不仅是经济问题,更是法律问题,是权利的问题,是政府和人民的关系问题。这一事件最终获得和平解决,就是中国在秩序问题上的一个进步。最近,北京酒仙桥地区危房拆迁,要采取由居民投票的方式来决定。虽然这一程序的设计还有许多不足之处,比如居民在投票时的选择太少,对补偿标准没有发言权等等,但是,投票本身,就是一个伟大的进步。遗憾的是,在这些实际生活中的具体事件和进步中,人们很难看到法学家的身影。人们看到的是住在豪宅里的"法学权威"矢口否认拆迁户的权利,人们看到的是这样的权威似懂非懂地引用国外的案例为开发商说话。

其实,正如我已经指出的,英美普通法系国家的司法制度和原则,有许多切合中国国情的地方。法学家应该利用自己的专业知识,使中国在这方面和普通法系接轨,利用世界上最优越的司法传统,为21世纪中国的发展创造一个稳定和谐的社会秩序。

具体而言,就是在城市发展中的土地权利问题。有人说,这方面的产权无法界定,是因为中国土地国有,人家是私有。这一说法本身就似是而非。在普通法系的国家,如英国和美国,国家拥有土地的最终所有权,个人拥有土地的永久使用权。在这方面,中国和英美在制度框架上的差距并不大,应该比较容易向人家学习如何在土地国有的基础上保护私有产权。英美在土地权利中的一个基本原则是,所谓私有土地所有者,理论上不过是国家的永久佃户。你租佃的土地,可以转卖,可以继承,可以根据自己的利益使用。但是,因为"地主"是国家,你就必须支付租金(比如房地产税),你对土地的使用,要受"地主"法规的一系列限制。比如,在许多人口密集地区,自家的院子里不得随意盖房,甚至扩建现有房屋都受区域规划法的限制。另外,当"地主"需要土地时,可以经过合法程序收回你的"租佃权",这就是征地。表面看上去,这样的制度安排给了国家极大的权力。其实不然。因为"地主"的权力是个公权力,公众经过合法程序对之约束,因而不能随意使用。比如政府征用土地,必须以公益为目的。美国有些地方,把公益界定得很死,那就是公用。房地产税(也就是"租金")的标准,最终也要选民来确定。对征用土地的"合理补偿",有严格的法律保证。在美国,补偿标准常常要由老百姓组成的陪审团来决定。这一套对中国本来并不陌生。比如明清时代,中国农村的"永佃权"非常普及。佃户永久地拥有了土地的使用权,可以继承也可以转卖。甚至同一块土地使用权的市场售价比所有权还高。田主易手,佃户也不得更换。因为租佃权已经和所有权分离。这样，农民愿意在土地上进行长远规划，不必担心哪天土地被收回。这也是当年中国经济繁荣的制度基础。

在重庆钉子户事件时我曾经提出，以后对是否拆迁和拆迁的补偿标准等问题的法律裁决，光易地审理是不够的，应该逐渐交给由百姓组成的陪审团来决定。酒仙桥拆迁的模式，是向这个方向迈出了重大的一步，需要在法律上将其正当化。当年包产到户，就是农民自己的创造。但经济学家将其理论化后，就成为一个有普遍意义的模式，成为中国经济起飞的基础。重庆“最牛钉子户”问题的解决，也是老百姓自己拼出来的制度创新。酒仙桥的拆迁，则是地方政府面对钉子户式的挑战所进行的制度性回应。所有这些基层的创意，都需要有法学家来抽象成法学理论，将这些具体案例结合到普通法的传统中，最终确立和谐社会的基本制度原则。

橄榄球社会

不久前,吴敬琏先生说橄榄型社会是最理想的,两头小中间大,有庞大的中产阶级作为稳定的力量。我则提出,橄榄球社会是最理想的。橄榄型社会仅仅描述了一个结果,没有描述形成这种结果的原因和动力。橄榄球社会,则是原因结果都照顾到了。

为什么要说橄榄球社会?当然要从橄榄球说起。体育这玩意儿,在中国是大老粗们的事情。在美国,精英集团则浸入体育文化甚深。甚至可以说,在社会科学里,体育算是个顶尖的学问了。比如博弈论中讲游戏规则,就是体育的语言。看看近二十多年诺贝尔经济学奖的得主,有几个能和博弈论无关?

体育的好处,是把生活中的竞争规则在有限的时间内演示得一清二楚,谁都能懂。于是,学者们也就用体育来分析社会。如今中国正在进入一个竞争型的市场经济社会。体会体育中的规则就特别重要。

橄榄球也许是世界上最成功的竞技体育。不仅《福布斯》把"超级碗"评为世界第一赛事,超过了世界杯;去年世界杯前后,英国的《经济学人》也发表文章,说美国橄榄球联盟(NFL)是世界上最成功的职业联盟,超过任何欧洲的足球联盟。因此,说橄榄球代表着竞争社会中的成功模式完全不为过,值得很好地研讨一下其中的规则。

来美国前,就在国内看橄榄球。当时最大的印象,就是放开手脚的竞争。至少表面看上去,橄榄球队员自由得多,手脚并用,远不像足球运动员那么受限制。这大概是所谓自由放任的市场经济的一个写照吧。另外,橄榄球的进攻,有四次机会,摔倒了可以在原地再起步。据说这是鼓励冒险,给敢冒险的人以机会。这,大概也体现了竞争社会的规则吧。

到了美国后,橄榄球看多了,才有了另外两点心得。第一,橄榄球比足球似乎更讲究组织,队员的自由其实很少。每次进攻前,大家都要听四分位进行战术部署,依计而行。队员位置也比足球严明,不得乱跑。比如传球,全要给四分位来传,其他人接应掩护,比足球运动员自由发挥的余地小多了。另外,教练不是仅仅一个总教练,下面还有进攻教练、防守教练、射门教练、身体素质教练等等。这也正合韦伯所分析的资本主义社会:高度科层化,官僚化,就像一个大公司,有总经理、部门经理等等层级。美国的教育,其实从小到大都强调橄榄球队中这种团队精神,把个人融入集体,远不像许多人想象的那样:自由社会就是想干什么就干什么,没大没小,无法无天。相反,自由社会非常讲组织。只不过,最好最严格的组织,是自发的组织。橄榄球队中强调的配合与服从,也是建立在大家的共识基础上的。

第二,橄榄球场上野蛮异常,但规则还是很严,并有录像监控,不时地供裁判参考。你一举一动都被人盯着、被人录像。另外,队员的"粗野",是建立在一身"铠甲"保护的基础上的。保护越严,竞争越凶。这体现了美国社会的两个特点:一是有严格公正的法律,一是对竞争中的种种风险有防护。比如美国有所谓社安等社会保障制度,就是给你足够的防护,这样你才更敢冒险创新。举个例子,如果你得了病看不起,孩子上学缴不起学费,老了没有退休金,那么你有几个钱,大概还是会存起来,以备不时之需。如果在这些方面你有基本保障,有了钱就敢开创些风险企业。许多人会输,但他们有基本的社会防护,不至于流离失所。有些人会赢,比如比尔·盖茨等等。这些赢的,会使社会大大受益。整体而言,这种"全身盔甲"保护下的竞争,使社会更有效率。一句话,你要让队员上场玩儿命,创造奇迹,就得给人家穿盔戴甲。盔甲越好,队员就越肯玩儿命。

如果队员一点防护没有,你对他说:"上去拼吧。赢了是你的,输了伤了自己负责。"你想他还会去拼吗?所以,创新社会也好,竞争社会也好,或者风险社会也好,和基本的社会保障并不矛盾。相反,两者常常可以相得益彰。日本二十世纪七八十年代在工业竞争上占了美国的上风。美国人一研究,发现人家有终身雇用、全民医疗保险等等福利。这样舒舒服服也叫竞争吗?其实,这不过说明人家穿着安全性最好的铠甲上场,竞争起来比谁都玩儿命。那时美国媒体报道日本的"过劳死",发现日本人竟拼死在公司的办公室里。你们一家的生活都被公司保护得好好的,职工当然为公司玩儿命了。

不过,橄榄球给我最大的教诲,还是为什么均富社会更有竞争力的道理。

关于美国橄榄球联盟的体制,我会另文详细介绍,这里只提其基本原则,那就是所有队的均富。欧美经济体制比较,似乎欧洲更加"社会主义"一些,政府通过高税收不停地重新分配财富,形成了高福利的资本主义。美国则是自由放任,弱肉强食,赢者通吃,贫富分化日益严重。但在体育方面则正好反过来。看看欧洲的足球俱乐部,富者愈富,贫者愈贫。特别是近十几年来意大利发起的足球商业革命席卷欧洲。皇马、米兰、曼联等几个巨无霸垄断了市场。特别是电视转播收入,大多进了几个“王朝”的腰包。小俱乐部则纷纷面临破产。美国的体育，则素有扶弱的传统。比如几大球类的职业联盟，在选秀时，基本是让弱队首挑，保证最优秀的队员分布均匀，使巨无霸很难产生。橄榄球则做得更极端。选秀让弱队优先，不过是让大家尽可能站到同一个起跑点上，强调的是机会均等。橄榄球联盟甚至强调结果均等。其中一个措施，就是 32 个队均分整个联盟的全国电视转播收入。

这种平均主义，在许多人看来，几乎和大锅饭无异。试想，你经营一个队，找最好的教练，出最高的价购买明星，一路打进“超级碗”，大部分比赛被全国转播。另一个队，排名最后，根本进不了季后赛，除了地方台外几乎没有电视转播。这两个队要均分转播收入！有人竟无功受禄！你能想象皇马和西甲的最后一名（你肯定名字也不知道）平分电视转播收入吗？这种平均主义，几乎到了“打土豪分田地”的份上。可是，这是自 1960 年代就实施的制度，行之有效。最近 32 个联盟成员又以 30 比 2 的绝对优势通过决议，其基本精神是大家均分收入。大城市的队上座率高，门票收容丰厚，要补助小地方的名不见经传的俱乐部。

如此的大锅饭，怎么可能创造效率呢？可是，如果仅从财政表现上看，美国橄榄球联盟是世界效益最高的联盟，不仅胜过欧洲任何一个足球联盟，也胜过美国其他球类的联盟。于是，人们就不得不解释：这种分享利润的模式，为什么比“产权”界定更清楚的模式有效率？

简单地说，欧洲足球俱乐部的模式，是保证赢者赢。这代表了传统理念上的自由放任的市场经济。皇马、米兰、尤文图斯、曼联等等“王朝”，就是这么通过“赢”而被创造出来的。他们的成功所获得的报偿是不受限制的。这种优胜劣汰的规则，毫无疑问有着超级效率。但是，从长远看，这一模式的成功却带来了重重危机。最大的问题，是几个大俱乐部过多地垄断了足球利润，小俱乐部越来越没有出路：你没钱就雇不起大牌球星，雇不起大牌球星就没钱……这样恶性循环下去，小俱乐部就破产了。另外，足球是需要对手的。这样贫富分化，就有两种出路：一是俱乐部越来越少；一是大俱乐部和小俱乐部力量越来越悬殊，无法创造黑马，比赛缺乏悬念，最后只有几个大俱乐部之间的比赛可看。长此下去，足球的整体经济规模很难维持持续增长，虽然几个大俱乐部钱越赚越多。

美国橄榄球的模式，则是要保证输者不输。要是听任输者一路输下去，32 个队可能变成了 16 个队，或者最多有几个队有全国的感召力，值得转播的比赛就少了。所以，强队不断给弱队输血。结果是，大家都势均力敌。赛季没有开始，你看不出哪个队能夺冠或进季后赛，场场提心吊胆。观察二三十年的比赛结果，也是冠军轮流坐。这样，可看的、值得转播的比赛非常多，整个联盟保证了其市场份额。看美国职业球类联赛一个最大的印象，是一些不怎么样的队比赛，居然也是爆满！

我现在可以简单归纳一下：欧洲的足球模式，保证了短时段的充分竞争，让胜者获得充分的果实，但伤害了长时段的竞争。美国橄榄球则在短时段内进行有限的竞争，限制赢家获利，但保证了长时段的充分竞争。

这样的橄榄球模式，不仅给职业体育特别是中国足球提供了典范，也给市场经济的社会提供了典范。它说明一个以富济贫的均富社会比贫富分化的自由放任社会更有竞争力。

以狭隘的"产权"理论所定义的竞争社会，是保证赢者的权利：人家挣了一亿就是一亿，要给人家的回报，这样才能刺激更多的人去创造财富。其实，这是对竞争的肤浅理解。竞争社会所要解决的更基本的问题，借用博弈论的语言，就是保证竞争这一游戏的重复性，这样竞争才能不断进行下去。欧洲的足球模式确实刺激了赢者去赢，但这样一路赢下去，以后皇马、曼联找谁踢呢？他们还有足够的对手吗？这就伤害了游戏的重复性。社会的运行也是如此。自由放任，赢者通吃，最后几家大公司垄断了一切，没有竞争对手，它们说什么价就是什么价，甚至它们经营失误也受不了太大惩罚，因为没有对手可以挑战他们。久而久之，社会就丧失了竞争性，也丧失了效益。相反，一个均富社会，大家势均力敌。无论干什么，对手很多。你稍一失误，就让别人赢了。如果没有效率，很快就会被淘汰。这样竞争就是永无休止的。久而久之，整个社会的效率就会提高。

许多中国人，虽然拥护市场经济，但对这种橄榄球社会的规则还一知半解。中国的足球喜欢搞大俱乐部，大学喜欢搞超级规模，企业喜欢大型企业。我们不惜政府投资，给予优厚的政策优惠。在高等教育、企业界创造几个皇马、曼联式的"王朝"，以为这样就有竞争力了。其实，这等于把这些"王朝"摆在了不需要竞争的地位上，给它们更大的犯错误、维持更长时期的无效率的空间，使它们表现怎么差也不可能被淘汰。而兢兢业业靠高效率来竞争的企业，因为小而没有机会。这也怪不得我们折腾到今天，既没有一流足球俱乐部，也没有一流企业，更没有一流大学。

所以，我劝像吴敬琏先生这样的主流经济学家，辞掉大型国营企业的独董，把精力花在给小商小贩们代言上。一句话：你要建设一个橄榄型社会，就必须有一套橄榄球社会的规则。

重植被切断的草根

我最近出版的《草根才是主流》一书，提出以小民百姓为基础建立未来中国的主流社会。此说引起了许多人的不安。比如，吴敬琏先生就对把社会分为“精英”和“草根”的说法表示担心。甚至有人主张慎用乃至禁用“草根”一词，觉得这个词太有煽动性。

分析这一问题的是非，必须有一个历史眼光。“精英”与“草根”之分，是以皇权为核心的王朝政治传统和中国近代政治传统给我们的改革留下的双重负担。不对此进行历史的分析，寻求一个解脱之道，当前的改革就难以获得最后的成功。

所谓王朝政治，实际上是以皇权为中心的精英治国。这充分体现在科举制度之中。科举所要实现的是“野无遗贤”的政治理想，即有政府而无社会：所有地方的精英都通过考试被选拔到王朝的官僚架构中，确保他们在政治忠诚与文化认同永远把中央政府摆在地方社会之上。他们是被中央派到地方进行统治的基层干部，而不是地方利益的代言人。

清末民初的改革和革命，彻底终结了王朝政治。“共和”时代为中国历史提供了崭新的机会。但后来的发展表明，这一机会并没有被充分把握。民国政府坐失良机的原因之一，就是虽然抛弃了王朝政治，却没有抛弃精英治国的理念，最后被农民革命所取代。

众所周知，中国的宪政改革，从清末就开始。1909 年省议会成立，地方自治的运动风起云涌。不过，即使在科举被废除后，这一表面上立足于地方自制的宪政运动还是不脱科举所代表的精英治国的框架。领导省议会的，往往是清朝的进士。在过去，有功名的乡绅们没有正式的政府职位，要靠着政府给他们的文化权威以及在官场上的关系垄断地方社会的权力。晚清的地方自制，则等于给他们在自治机构中正式的职位，更加强化了乡绅的政治权力，和草根社会严重脱节。中央政府甚至可以依靠这样的新机构把权力扩张到过去的王朝官僚体制所鞭长莫及的基层社会。

这种新瓶装旧酒的改革或者革命，从 1912 年新的选举法规中就可以看得很清楚：只有家产在五百元以上，交税超过两元，有小学文凭的二十一岁以上的男性才有选举权。以这个标准，全国只有四千万人（也就是大约人口的10%）有投票资格。妇女、文盲、穷人，乃至“愚昧”的人没有资格参加这一新的政治过程。显然，这还是一种精英政治。

应该说，这种地方自治运动，在推动联省自治，推翻清朝统治的过程中，起了至关重要的作用。但是，其精英主义的框架，却没有化解王朝政治所留下的社会结构。当北伐成功，民国政府形式上统一了全国后，一度创造了颇为可观的经济起飞，即所谓“中国资产阶级的黄金时代”。但是，国民党的权力基础还是清末地方自治运动以来的政治过程所塑造的精英，或者说是国民革命的既得利益集团。这些人更关心如何利用“共和”体制捍卫乃至增加自己的既得利益，无视占人口绝大多数的农民的利益。即使是他们中比较开明的人也觉得，反正农民已经苦了几千年，再等几年有什么不可以？他们幻想着经济起飞达到一定程度，饼被做大后，农民即使在不公平的利益分配中也会自动获益。可惜，历史并没有给他们机会。这一精英理念的破产，给农民革命提供了机会。当时毛泽东深入乡下，采访农民，准确地把握了草根社会的力量，奠定了中国革命的基础。但是，在这场革命成功后，计划经济体制背叛了草根社会。合作化、城乡隔离等等政策破坏了农民的利益。今天，我们社会中以民工为代表的缺乏政治和社会权利的弱势阶层，就是这一体制的遗产，也是社会不稳定的重要因素。

最近四分之一世纪的经济起飞，给中国的现代化提供了前所未有的历史机会，也提高了全社会对改革的预期。这就把中国推到了一个十字路口：我们究竟要什么样的市场经济？市场经济的基础，是从保障什么人的权利开始？这也是我和主流经济学家的主要分歧。主流经济学家乃至被他们所代表的既得利益集团们，其心态和民国时代的精英多少有些类似。他们认为，是企业家改变了中国，市场精英的利益和回报必须首先得到保障。一般老百姓的声音是“非理性”的。有些人甚至公开表示对穷人的蔑视。在他们看来，这些小民百姓在计划经济体制中受了几十年的苦，大饥荒都过来了，怎么一个月六百块还不满足？为什么不能再等几年让我们把饼做大？为什么还是没完没了地提要求？而我则认为，改革的最后成功，是建立草根社会的主流。产权不分大小，都要有效地保护。这种保护，首先要从保证小民百姓的基本权利开始，让他们从经济起飞中获得合理的回报。精英只有为这样的主流社会代言，才能确保自己的地位。清末改革的失败和民国政府的破产都证明：一个缺乏草根声音的精英主义政治架构，无法保证现代化的成功。改革要赶早不赶晚。经济起飞之初，是建立小民百姓的权利、重植草根的最佳时机。等精英们彻底垄断了既得利益，并把规矩按他们的利益定下来后，改革就变得几乎不可能了。

谁把社会分成了精英与草根?

最近经济学家吴敬琏先生发言:"哑铃型社会通常是不稳定的,是充满动乱的,而橄榄型的社会则容易实现稳定增长与和谐。所以从别的国家经验看,对于最近流行的分析,我是感觉到非常的怀疑,就是说现在我们社会有两种,一种叫精英,一种叫草根,或者叫大众,我对这种分析表示担忧。"

读了这段话,我不免对号入座了。因为近两年我连写了两本书:《美国是如何培养精英的》和《精英的阶梯》。就在吴先生发言的前一个月,我又出版了《草根才是主流》,而且马上加印。这本书汇集了我对所谓"主流经济学家"的猛烈的批评。对于吴先生所谓"最近流行的分析",我是很难撇干净的,所以不妨大大方方地站出来作一个回应。

我非常同意吴先生的说法,一个以中产阶级为主流的两头小中间大的"橄榄型"社会,最容易实行稳定和谐的增长。一个精英与草根分化的两头大中间小的"哑铃型"社会,则往往充满动乱。不过,接下来的问题则需要吴先生好好想一想:您究竟担心的是用精英和草根的概念对社会的分析,还是这些概念所分析的社会现实?吴先生似乎在暗示,我们只要用精英和草根的概念分析社会,社会就会顺着我们运用的概念形成一种两极分化的危险现实。在我看来恰恰相反:这种分析之所以"流行",就是因为它触及了深刻的社会现实,引起了广泛的共鸣。反之,一厢情愿地回避现实,说中国没有贫富分化,说老百姓应该挣六百块钱的月薪,那才是真正令人担心的东西。

其实,精英与草根几乎在任何社会都是普遍存在的。这样的社会分层天经地义。核心的问题是两者之间应该建立什么样的关系。我在书里解释得很清楚,说美国是个草根民主的社会,因此没有精英阶层,那是句谎言。美国有根深蒂固的精英传统,有一套培养精英的办法。但是,美国的精英,归根结底是草根的领袖,靠给草根社会提供服务来维持自己的地位,并时时要寻求草根的授权。所以,他们往往是伟大的沟通者、交流家,善于把精英的理念传播给草根。里根就是生动的一例。

在我们的社会,所谓精英,则更多的是一种身份,一种特权,不需要老百姓授权。吴先生的许多主流经济学家的同事，难道不正是抱有这样的精英心态吗？是他们说“正确的观点不用投票”，仿佛公共政策的制定不需要公共讨论；是他们说民意是“非理性”的，对网络应该控制，鼓吹媒体应该有垄断，要言论自律，甚至对民选政治家和未成年人之间的非法性行为都应该为朋友进行遮掩等等。难道不正是这些人把自己划在一般的老百姓之外，要求享受不受挑战的特权吗？更有和这些主流经济学家关系密切的企业家，公开声称有钱也不给穷人，照顾穷人是政府的事，自己只为富人服务。难道不正是这样的人在分裂我们的社会吗？

我在《草根才是主流》一书中，划清了我和主流经济学家的界线。在对过去四分之一世纪的改革的评价上，主流经济学家认为是企业家改变了中国，所以社会应该尊重企业家。我则认为，企业家虽然贡献卓著，但中国经济起飞的首要功臣是成千上万拿着低薪苦干的普通劳工。看看中国 GDP 的含量就清楚，劳动力的含量最大，技术和创意甚少，甚至至今中国还没有世界一流企业。这一方面说明中国企业家们的局限性，一方面说明劳工的血汗弥补了企业精英的不足，维持了中国的经济增长。但是，这些为中国的经济发展立下首功的人，不仅没有得到应有的奖赏，反而有许多被锁在社会的边缘，甚至子女上学都受歧视。在这方面，有几个主流经济学家为他们说过话？

在建立未来的市场经济秩序方面，我和主流经济学家都注重产权。但是，主流经济学家关心的是企业家的经济权利。我则一向主张，产权必须建立在公民权利的基础之上，市场经济必须在民主的框架中才能成功。所以，维护产权，必须从保护普通老百姓的基本权利开始。

我很欣慰吴先生反复强调民主的重要。我希望他能用这个道理说服他的朋友和同事们，少点精英心态，把自己放在平民百姓的位置上想问题；不要总忙着给大型国营企业当“独董”；多帮着老百姓维权，多对小摊小贩提供咨询，为这些小人物到政府里去游说。

我这么说并非没有原因。几年前，我和一位主流经济学家吃过一顿饭。他被公认是主流经济学家里人品最好，最同情下层老百姓的人之一。他当时称美国的经济根本没有竞争性，工资、福利太好，早晚会被中国打败，甚至说美国的大学也会被中国的给比下去。我戏称他“喝醉了”，他至今不认账。当时，我提出中国的许多企业欠薪的问题。他手一摆：“那是极少数的事情。”我又说企业给工人的工资太低，工作时间太长，工人没有权利组织工会进行讨价还价。他则马上说：“那都是两厢情愿。”如今呢？当工人不愿意接受六百块的月薪时，这位主流经济学家素所崇敬的张五常就跳出来破口大骂：说中国有贫富分化是胡说八道。那些人失业是自己放着六百元月薪不愿意挣。他们没有工作根本不叫失业。

如果主流经济学家们都如同“何不食肉糜”的晋惠帝一样关心百姓的话,当他们听说我们的社会被分化为精英和草根后,当然也就会感到大惑不解了:难道大家不都是肉食者吗?而这也只能加深他们和草根的对立。其实,化解吴先生的“担忧”很简单:精英们走出晋惠帝的宫廷,把自己融入草根社会。当草根成为主流后,我们才真正会拥有一个橄榄型的社会。

“吴市场”为什么反市场?

最近在全国政协经济组的小组讨论上,主流经济学家吴敬琏表示,城市化过程并不是房主自己创造的价值,因此城市拆迁补偿不应按市场价进行。这位有“吴市场”之誉的“主流”,许多观点不为老百姓接受。这是可以理解的。只要他坚持他的哲学,能够自圆其说,我们宁愿相信他固守自己的学术信仰和良知,大家只是意见不同而已。但是,当他一旦抛弃自己一贯的哲学,突然反起市场来,我们就不免要问个究竟。

“吴市场”表面的理由冠冕堂皇:一家居民住的地方在城市发展的过程中突然变得值钱了,官家、商家看中这块地,要这家走人。但是,给补偿时,按这个地盘的市场价值给是不对的。因为这地方的价钱,是城市发展给抬起来的,不是这家居民之功。他们凭什么独占利润?言下之意,还是由政府或者开发商定价吧。

我们不妨把这个道理按“吴市场”的逻辑归纳一下:对拆迁户所占地皮的购买力,是全民创造的,利润不能算在拆迁户头上。那么,什么东西的购买力不是全民创造的呢?照这个说法,你造汽车、做彩电,价格都不能自己定了,利润不能算自己的,也没有什么产权可言了。我们不妨顺着这个逻辑再往下推:房地产的价格,不应该由市场定,应该由国家定。为什么?因为经济的发展,使越来越多的老百姓买得起房子。换三十年前,两万块的独居也没有人买得起。可见,房地产价格上涨,是全民的贡献,怎么能让房地产商把利润独吞?再有,如今民工纷纷出去打工,维持着中国的经济奇迹。他们的流动给铁路运输造成了巨大的涨价压力。可是,如果他们全不外出,铁路就没有那么多人运了。可见,铁路票价的水平也是全民经济发展的果实,怎么能让铁路公司把利润独吞?所以春运的票价要国家定,不应该涨价。然而,几天前,怎么“吴市场”自己出来说春运不让涨价是违反市场规律呢?他怎么不照一个逻辑说话呢?

主流经济学家们的主张其实并不复杂,不妨归纳一下:第一,尊重市场规律。第二,保护产权。第三,政府尽量从经济领域退出。对这些我都支持。我所不支持的,是他们不能把自己的逻辑坚持始终,只为有权有势的说话,并不时给老百姓下套。

众所周知,从计划经济到市场经济过渡,大家的起跑线不一样,绝对公平不可能。我们不能等到大家都站在一条起跑线以后再改革。或者说,改革赶早不赶晚,社会公平要逐渐实现。我想主流经济学家都同意这一点吧。举例来说,改革开始时,有人恰巧有关系,靠着关系赚了不少钱;有的脑筋特别聪明,钻了制度的空子发了大财,但没有犯法。当然,也有些小民百姓,无权无势,也没有超常的大脑,但是,自己住的房子,突然被高级商业区和金融中心包围,变得值钱了。为什么不能在拆迁时按市场价进行补偿呢?

在以"吴市场"为代表的主流经济学家们看来,你要是个什么部长的儿子,靠关系在商品经济中发了,你要是钻制度的漏洞,成了企业家了,你们的产权都应该受到保护。社会要容忍一些人赶上了运气。可是,你要是住在棚户区的小民百姓,却不容许你有任何运气:你也配!让你走你就走。别看着市场为自己的房子讨价还价。那市场根本就不属于你的!

我在北京住时,就见过"吴市场"的拆迁逻辑是怎么运作的。我家边上,在上世纪八十年代中期突然变成个闹市区。几个大杂院正好临街。于是,居民打开临街的墙开店,生意极火。其中街角一个洗相铺,天天门口排队。其实那个铺子只是个门脸儿,临街开个窗口,设个柜台,柜台后仅有站一个人的空间。再后面是个帘子,帘子后门的空间只能放一张双人床。一对年轻夫妻就这么创业,这么生活。看看这些,你不能不佩服中国的小老百姓的聪明才智和吃苦耐劳的精神。也不难理解中国这四分之一世纪经济为什么起飞。

我当时是个大学毕业的记者,对彩色洗相的市场潜力一无所知。人家则一下子捕捉到了商机。要是这些小老百姓的产权能够保护,他们的生意就会做大,日后说不定发展成连锁店,成为一个销售王国。结果呢,一纸拆迁令,一条街的居民都得走人。地段的商业价值不算,那几个棚户式的房子能值几个钱?我听居民在那里骂:刚刚做起来生意,全把我们装到郊外的筒子楼里,让人家还有什么生路?

这种不按市场价值补偿的拆迁,不仅毁了许多小民百姓的生意,毁了中国经济发展的真正引擎,也破坏了城市的有机性。因为拆迁的成本被非市场的行政手段压得太低,一些地方政府就拆迁上瘾。市中心大量居住用地被拆迁来盖高级写字楼、豪华公寓,原来在那里世代居住了几十年的居民被赶到远郊。他们不仅上班远了,而且通勤造成的交通压力使公路不断扩张,侵占了居住用地。这样,地皮推着房价不停地涨。

更糟的是,政府一旦有了不按市场价格补偿拆迁的权力,政府的权力就变得更大,更不受监督。政府可以轻易把一片地一圈,转手就批给关系好的开发商,根本不必计算成本。这样官商一体,造就了一大批一夜暴富的房地产大亨。这就是“吴市场”的“市场”。这其实是对平民百姓的掠夺。

吴敬琏先生,请公布你的收入来源

湖北省人大代表洪可柱指责一些主流经济学家“圈钱”,成为本次两会的一个火爆新闻。主流经济学家的信誉,再次受到挑战。我呼吁,为了维护市场经济的信誉,这些主流经济学家们公开自己的收入来源。我特别请在主流经济学家里最有人格和清誉的吴敬琏先生带头。

第一,作为人大代表、政协委员,在国家政治中扮演着重要的角色,公布自己的收入来源,属于法治与民主的国家的惯例。以吴敬琏先生为例,他除了在大学当教授外,还身兼全国政协委员、全国政协经济委员会副主任、国务院发展研究中心研究员、国家信息化专家咨询委员会副主任等众多要职,参与公共政策的设计与制定。公众当然有权知道,他在这个过程中是否有利益冲突。

第二,吴敬琏先生自己曾经说他在几大国有企业里当独立董事,并且还气哼哼地问记者:“你说我属于哪个利益集团?”记者要回答这个问题,当然就要知道吴先生是否从企业中拿钱了。要知道,在以法治和民主为框架的市场经济的社会,一个人一旦担任公职,必须从企业中脱身,甚至连手里的股票都要卖掉,否则就是我们所谓的“跳进黄河也洗不清”了。吴先生在政协、国务院担任这么多要职,居然还在企业当独立董事,这很难让人相信他到底在为谁服务。按说,我们国家应该有严格的法律,禁止在政府部门担任职务的人在企业兼职,禁止他们持有股票。否则腐败等于公开化,合法化了。既然我们还没有相关法律,当然无法起诉谁。但是,吴先生至少应该把自己的收入来源晒一晒,让公众对他某些奇怪的言论有更充分的理解。

第三,我说吴先生言论奇怪,并不是因为他的观点不为我接受。观点不同是正常的事情。但是,当一个经济学家在基本的经济主张上出现简单的自相矛盾时,就让人心里犯嘀咕:他到底是真信他所说的,还是被人收买了?有位大名鼎鼎主流经济学家,2006年说话相当奇怪,和自己所信奉的市场经济逻辑不符。后来他本校的一位很崇拜他的学生告诉我,此公确实在某企业当独立董事。这一家一年就给他十万。听了这话,我对他的自相矛盾也就不奇怪了。

吴先生两会时突然说不应该按市场价格给拆迁户补偿。这就是我所谓的“奇怪言论”。这种言论，如果是出于一个主张计划经济，要求强化政府干预的人之口，我当然相信这确实是人家真实的观点和信仰。但从吴先生这样一个一贯主张市场经济，要求政府从经济领域退出的人嘴中说出，我们从学理和逻辑上就无法解释。我本能的反应：这是钱在说话，是在为开发商说话，是在为官商一体大肆圈地的腐败行为说话。这次两会，一个香港记者在走廊里想就物权法采访吴先生，但仅因为她提问时说了一句“听说有许多反对意见”，吴先生身边一位靠房地产起家的巨富委员立即大吼：“谁说的？谁说有不少反对的？你胡说八道！”然后向女记者动粗。吴先生也顺着说不接受采访了。此举不仅惊动了大会堂的保安，也引来香港记者协会的抗议。看房产大亨如此为吴先生当保镖，很难让人相信吴先生和这些人没有利益关系。一个主张市场经济的人，怎么总和大款坐在一起？怎么从来不和那些因为拆迁而丢了生意的小商小贩坐在一起？难道做小买卖的老百姓搞的就不是市场经济？难道只有大型国有企业才搞市场经济？才值得你吴先生去当独立董事？

在大学当教授，特别是经济学教授，和企业界有些关系，并因此有额外收入，这并不值得大惊小怪。不过，一般而言，那些能从企业和公司拿钱的，更多的是研究具体经济操作的教授，如金融、会计、管理等等。这些领域技术性强，实用性强，企业有实际需要。至于搞纯理论的经济学家，比如研究市场经济或产权理论的，对企业并没有实际用处。为什么企业会送钱来请你当独立董事？

我曾经介绍过，哈佛大学著名经济学教授 Andrei Shleifer，受美国国际发展局的支持，帮助俄罗斯发展金融市场。但是，当他被发现在俄罗斯投资后，立即被联邦政府起诉，最后同意支付 200 万美元的赔偿，雇用他的哈佛，也跟着赔了 2650 美元。这才叫健康的市场经济。按这个标准，我们有几个主流经济学家能保持清白？

我希望我是以小人之心度君子之腹。我希望这一切都是无中生有。不过，吴先生一方面在国家重要机关兼职，一方面在企业当独立董事，这在正常的市场经济国家，恐怕就要当被告受审查了。所以，我希望吴先生自己主动站出来澄清事实，以自己的人格，捍卫市场经济的纯洁性。

吴敬琏该不该公布收入来源？

我在《南方都市报》发表文章要求吴敬琏先生公布收入来源，立即引起阿多拉先生的反击。在他看来，吴敬琏先生虽然在国务院、政协等机构担任重要职务，参与政策的设计和制定，但仍然能够理直气壮地在企业当独立董事并获得收入。这里不存在利益冲突，也不需要公共监督。这种指鹿为马式的逻辑，实在让人大开眼界。

第一，阿先生称，“对普通上市公司来说，独立董事要维护整个公司的利益，尤其是中小股东的利益，为了不妨碍作出客观判断，因此独立董事与公司及其大股东之间不能存在利害关系。所以做独立董事，不仅不是与资本结盟，还在很多时候扮演着监督大股东、经理人，维护中小股东利益以及企业社会责任的角色。对国有大型企业来说，独立董事扮演的角色就更加复杂。吴敬琏以为任何人都能明白上述常识。”

请问，这难道是“任何人都能明白”的“常识”？“常识”告诉我们的是：“吃了人家的嘴软，拿了人家的手短”。你到大企业当独立董事，收入不薄，怎么就不是和资本结盟？难道主流经济学家就是特别动物，不受基本人性的制约？吴先生在大企业当独董，拿不拿钱，拿多少钱，根据什么标准拿钱，这些基本情况公众都不知道。大家怎么判断他“与公司及其大股东之间不能存在利害关系”？怎么知道他是在那里“维护整个公司的利益，尤其是中小股东的利益”？

第二，作为董事，你维护公司的利益，甚至维护大股东的利益，也无可厚非。但是，既然你在为公司的利益服务，就不能参与公共政策的制定。好比一个人给一个足球队当教练，这一不犯法，二不违反道德。但是，如果你执教的队参加世界杯比赛，你还要上场兼当裁判，那就可笑了。这才是“任何人都能明白的常识”。再举个例子，一个经济学家在一大型房地产公司里当独立董事，而且确实在那里“维护企业的整体利益和小股东的利益”。但难道这家公司的整体利益与社会的整体利益永远不冲突吗？难道这家公司和其小股东们不希望低价买进地皮（使拆迁容易并且不给拆迁户市场价值的补偿）高价卖出房产（造成房价飞涨）吗？如果这样的企业里的独董也到政府重要的机构任职，老百姓信得过他会为全社会“居者有其屋”的目标奋斗吗？

第三，阿先生说，“国企要在海外上市，聘请独立董事是必须的”。“聘请名誉好、有公信力的知名人士做独立董事，对公司的形象有好处；聘请有专业知识的人做独立董事，对公司的决策和发展有好处。显然国企有充足理由聘请吴敬琏做独立董事”。从国企的角度来说，当然是“有充分理由”聘请一位像吴先生这样能影响政府决策的人当独立董事了。但这不构成吴先生应该当的理由。我要是个电讯业的老板，当然想请吴先生来当董事了。因为我想收费高点，想维持手机双向收费，不希望政府出台什么新政策限制我的赢利。请吴先生这样在政府里的人背后疏通疏通，既不犯法，又赚了钱，给独董的工资不会白扔。可是，看看哪个市场经济的国家是这样做的？如果布什的几个经济顾问都在波音、通用汽车、微软、谷歌里当独董，美国还是个市场经济的国家吗？

老实说，我看不出吴先生除了市场经济的常识外，在现代经济学上有什么专业素养。在这方面，在美国大学经济系里博士毕业的中国学生恐怕大部分都比他强。阿先生不妨教育大家一下：究竟吴先生的什么“专业知识”还有市场价值？包括他在内的主流经济学家，还有什么“公信力”？当独董可以。但以我个人之见，他不过是在政府里有关系，有“官信力”，在权钱交易中有着某种垄断地位。

第四，阿先生无意透露，吴先生是给上市公司当董事。那么，按规矩，上市公司的开支，包括请独董的费用，都应该向投资者公开。怎么吴先生这方面的资料反而公布不得？如果这也成了企业机密和个人隐私，还搞什么市场经济？更可笑的是，一个口口声声市场经济的人，不去帮助那些拿不到贷款的民营企业，不去为那些刚刚起步，到处受敲诈的小生意代言，却要到不愁贷款并享受着种种政策优惠的大型国有企业当独董。这是在追求理想呢，还是在追求金钱？

阿先生最后归纳说：薛涌的文章“有一个谁都能读懂的潜台词”，即“独立董事如吴敬琏者，必定是借助了自己的其他身份，为公司以不正当的方式谋取了不正当的利益，而‘独立董事’不过是个掩盖贿赂的名头。应该承认，如果不了解详细情况，单听媒体只言片语，很容易得出类似结论。中国人太了解潜规则了，几乎不需要思考，条件反射就以为看明白了，只是有时候，事情又偏偏没有那么简单。”

哈哈，事情若真没有这么简单，就出来解释清楚。否则，事情就是这么简单。中国老百姓的“条件反射”，是几十年的生活经验反复印证出来的。我劝阿先生乃至他背后的主流经济学家们，对中国老百姓的“本能”或“条件反射”还是放尊重些。他们并不是“几乎不需要思考”的草民，而是拒绝按你们规定的方式思考的“草根”，是我们社会的根基。他们确实喜欢相信小道消息。这不是因为他们爱捕风捉影,而是因为小道消息最后常常被证明是对的。这一点,在中国有了七十几年人生经验的吴先生心里一定清清楚楚。

吴敬琏：什么叫极少数人挑拨煽动？

最近，“博客中国”转发了吴敬琏先生为《中国改革》杂志撰写的文章《中国发展新阶段面临的若干重大问题》中关于“如何对待现代社会中等阶层及如何处理收入差别扩大问题”的内容，劈头一句就是“少数人挑拨阶层关系煽动‘仇智仇富’”。文中有两段话，更是格外刺眼：

虽然改革开放以来党政领导一再重申尊重知识、尊重人才的方针和发挥专业人员积极性的政策，2002年的中共十六大已经确定了“扩大中等收入者比重”的正确方针，但在几次“左”倾思想回潮中，传统路线的支持者仍然利用一些人的民粹主义情绪蒙蔽“弱势群体”，挑拨他们与中等阶层之间的关系，煽动“反精英”和“仇智”。这种宣传鼓动，已经造成部分社会关系（例如医患关系）的紧张状态，严重损害了专业人员发挥聪明才智、服务社会和企业家群体艰苦创业、发展经济的积极性，对构建和谐社会形成威胁。对于这种社会动向，必须郑重对待。

……在最近几年的争论中，少数人极力散布他们对贫富差别过大的原因所做的歪曲解释，把大众对于腐败的义愤引向错误的方向。他们说，目前贫富差别悬殊的根本原因，不在于腐败和垄断，而在于市场化改革和“效率优先，兼顾公平”的方针，他们以此蒙蔽和煽动不明真相的群众，转移视线，把大众“仇腐”的正当感情引向不分青红皂白地“仇富”的歧路。在政策取向上，也不是针对贪官污吏和“红顶商人”的非法收入，而是针对专业人员的合理报酬和企业家的合法利润；鼓吹对高层经理、教授、医生、高工等的工薪收入进行限制或课以重税。

读了这段话，不禁心惊肉跳。

第一，我批评茅于轼的稿件被《南方都市报》封杀，编辑给出的理由就是“我们认为你的批评文章文革文风太重，扣帽子和打棍子的做法有点严重”，虽然我文中能说成是扣帽子、打棍子的地方就是对茅于轼自称他没有拿富人好处的话表示怀疑。这激怒了和茅于轼有私交的编辑。于是，任志强大量给茅于轼的基金会捐款，茅于轼则把任志强捧为富人的典范,说他“最关心群众”。这样的关系在编辑看来,公众就没有任何权利提出疑问了。而且编辑明确告诉我,我这样的稿件,不仅他们不登,任何媒体都不应该登,否则就是媒体的失职。

第二,所谓“极少数人煽动挑拨”之类的话也如出一辙,像吴敬琏这代人是最熟悉的。他们当年就是这样遭受迫害。只不过比起那些送了命的人来,他算是幸运多了的。我们这代人,对这样的语言也非常熟悉,只不过受的切肤之痛没有吴敬琏这代人深而已。作为那个时代过来的人,吴敬琏听到这样的话不做恶梦的话,就已经超出我的理解力了。他本应该有基本的社会责任,不要抡这种打过自己、杀过人的左派大棒。他怎么能够一方面口口声声地反对“左”倾思想,一方面又自己拿起左派的撒手锏来对付不同意见呢?

第三,如今中国社会心理有强烈的“仇腐”情绪,有对不正当财富的仇恨。这是任何社会都该有的东西,和“仇富”是两回事情。这一点,网民们已经讨论得相当清楚。怎么能把这种情绪偷换为对中产阶层的仇恨?中国社会有“仇中产”这么一说吗?“弱势群体”与中等阶层之间难道真那样对立,乃至成了对当今社会稳定的主要威胁了吗?这难道不是睁眼说瞎话吗?

从七十年代末改革开放过来的人恐怕都能回忆得很清楚,在整个改革开放的过程中,当有人像吴敬琏这样借用“党政领导”的名义,或者干脆指责别人用文革手法时,这些人所充当的正是言论警察的角色。而一旦“极少数人挑拨煽动”这样的话出现时,那就已经不是言论警察的问题,真正的警察恐怕就要出来抓人了。这种词汇,在当今的中国社会,纯属于野蛮言论,就像希特勒的一些法西斯词汇根本无法在当今的德国或者欧洲正面使用一样,早应该从我们的政治话语中剔除。使用这种言论的主流经济学家,以这样的口实封杀不同意见的媒体,怎么还能被称为“自由派”?

当张维迎说“正确的观点不需要投票”时,他虽然否认了公共辩论的意义,但至少还承认公共意见的存在。吴敬琏则连这一点也做不到,觉得公众全是白痴,是“不明真相的群众”,很容易被几个别有用心的人所误导、煽动。那么,你为什么不把真相告诉公众呢?中国正当致富的富人,可以列出一大堆。比如姚明、吴冠中、超女们、俞敏洪、易中天、于丹等等,等等。有几个中国人恨这些人的财富?又有谁煽动中国人分这些人的家产?

中国的自由主义要前行,就必须清理门户,把一些假自由主义者踢出自己的阵营。像吴敬琏这样的人,在政治上已经开始抡起极左派的大棒。这条血淋淋的大棒究竟杀了多少人,相信吴敬琏心里比我更有数。当权力和财富与老百姓的基本权利发生冲突时,他都毫不犹豫地站在前者一方,要用非市场的方式压制后者。所谓拆迁时不应该按市场价格给拆迁户补偿就是生动的一例。在他看来,便宜只能让和政府权力有千丝万缕联系的开发商赚,怎么能给普通老百姓?把这样的人称为“市场派”或者“自由派”,实在是对市场和自由的侮辱。

仇富：对茅于轼的批判

薛　涌 XUEYONG

中国歧视富人吗?

茅于轼先生最近写了一篇文章，题为《建经济适用房是错的》，题目是住房问题，内容则是为富人说话。诚如茅先生所说，为富人说话并没有错，为穷人说话也没有错。关键看说得是否在理。那么，我们就看看茅先生说的在不在理。

下面就是茅先生的话：

比较改革之前和改革之后，还是这块土地，还是这些百姓，为什么财富的生产增长了十倍以上？财富的生产靠工人农民、知识分子，还有党的领导。改革以前这些成分都具备着，而改革以后就多了一个企业家，财富就成十倍地冒出来了。这主要是企业家的作用。他们把生产要素用最有效的方法组合起来，以最低的成本生产出社会最需要的产品。这个作用是不可替代的。工人、农民或知识分子都起不了这样的作用。党也起不了这样的作用。只有企业家才有这样的能耐。当然，改革以前没有企业家，社会不允许企业家的存在。改革以后政策变了，才有企业家，才有今天的发展。怎么能说企业家没有创造财富呢。

这话的意思很明白：改革这四分之一个世纪，中国的财富翻了几十倍。是谁创造的？“工人、农民或知识分子都起不了这样的作用。”“只有企业家才有这样的能耐。”账如果真这么算，中国目前的所谓贫富分化不是太大了，而是太小了。因为财富是企业家创造的，就该归企业家。工人、农民在这个过程中并不起作用，怎么能无功受禄？他们都应该回到三十年前的生活水平。他们之所以没有像过去饥荒时那样饿死，还是要感谢企业家把赚到的钱施舍给他们一些。这是不是茅先生的道理呢？

我最近出版了《草根才是主流》，重申了我一贯的观点：中国经济起飞的首要功臣，是那些老老实实的工人农民。看看中国的经济成分就知道，技术含量很低，管理含量也不高。中国经济总量居世界前列，但还没有世界一流企业。这多少反映了精英阶层创造力的低下。精英阶层创造力低下，怎么有这样辉煌的经济发展？

怎么有那么多赢利?答案很简单:普通老百姓干出来的。他们愿意牺牲,拿更少的钱更努力地工作,保持了中国的竞争力。现在到了给他们应有的回报的时候了。

我提醒茅先生两个他不应该忘的故事。第一,改革的起步,是一些穷困农村快饿死的农民,冒死签了协议书,把村里的地包产到户,并商定为首的如果被判了死罪,其他人负责养活他们的子女。世界上的投资,没有比这更有风险的了。结果呢?中国的改革由此开始,经济迅速起飞。真说回报,这些农民全应该是亿万富翁了吧?茅先生怎么转眼就不认账,说工人农民不起作用呢?

第二,不承认这些农民的创造性,当然会反映在对农民的态度上。不久前,京郊来了对农民夫妇,办了一个养鸡场,几年规模就达六十多万的价值。但一纸拆迁令,鸡场被捣毁,资产被抢光。农妇伤心痛哭的镜头,登在报纸上。人家一夜之间变得一无所有。拆迁完了,地被征了,有"能耐"的企业家赚钱了。可是,这对夫妇哪里去呢?大概还得回家种地吧?茅先生可以说:看看,这对农民,还和过去一样是农民。他们起不了作用。一切都是企业家的功劳。殊不知,中国的农民穷成那个样子,资源甚少,几年就干出几十万的企业来,这才叫本事。可惜,当他们几十万家产被毁了时,你听不到主流经济学家出来说话。如果你运气好,发到上亿,他们大概才会来到你的公司里当独董。

连茅先生甚至自己也承认,房地产要用的大量土地和资金,"大多数是靠拉关系来的",房地产商"大多都有一些不好公开的秘密"。一句话,这是官商勾结的结果。但是,茅先生却说这不能怪房地产商,当然也不能叫腐败了。请茅先生自己到真正的市场经济国家看看:哪个拥有来路不明的财富的人,会被社会承认为是真正创造财富的企业家?

茅先生这么讲,在我看来无非是因为任志强不久前说房地产商不应该公布成本。甚至有大学教授出来说强迫房地产商公布成本是"国耻"。我在几篇文章中指出,在美国这种最自由放任的经济中,房地产商的成本大多相当透明,甚至小小的一块地毯铺在哪里,也遭政府的调查。在中国,既然房地产商的财富要靠在官场上拉关系得来,财政透明是杜绝这种腐败的最有力措施之一。茅先生如果觉得靠拉关系得来的财富正当,应该保密,算不上腐败,那么他等于修改法律了。

茅先生口口声声:"如果我们又要歧视富人,就会回到穷人国去。"请问:中国是歧视富人的社会吗?不久前刚刚有调查表明,即使缴同样的学费,上同一大学竟是收入越高的家庭的孩子的分数线越低。你到哪个发达的市场经济国家看得到这样的事情?请茅先生具体讲讲,我们的社会怎么歧视富人了?老百姓网上骂声不断,并非歧视富人,而是他们没有其他渠道表达自己的利益和意志。如果中国的老百姓能够像美国的老百姓那样，自己投票决定是否在自己的社区内建经济适用房，如果他们能够成为陪审团的一员，有权决定一个房产大亨是该无罪释放还是该进监狱，那么茅先生和他所代表的富人们，对穷人说话就会客气多了。

从民工被打看“首先保护富人的权利”

在广东省河源市东源县,300 名重庆民工因 4 个多月工资近 500 万元被项目业主拖欠,罢工抗议,结果被项目业主派出的全副武装的人员残酷殴打,致使十余名民工受伤,其中 1 人死亡,2 人失踪,6 人伤势严重。这一恶性事件,引起了全国的震怒,有关方面不得不有所行动,据说领头打人的两名凶手已经被捕。

其实,在中国生活过的人都知道,这样恶性事件只是冰山的一角。殴打讨薪民工,是企业经营的日常手段,也许中国大学的企业管理专业应该开一门怎么殴打讨薪民工的课程,也算是在企业管理学里填补国际空白了。光天化日之下这样大打出手,把国法和警察视为无物,难道是两个凶手可以负责的吗?有常识的人都知道,这不可能。更大的可能是,这两个凶手有双重身分:既是凶手,也是某些更有势力的人的替罪羊。

最后究竟是哪些人为此负责,我们需要等待警方的调查。不过,前一段媒体上,纵容这种罪恶的声音甚嚣尘上。比如,主流经济学家茅于轼就说,先保护了富人的利益,才能保护穷人的利益。企业家赚的第一桶金有点黑也没有关系,反正中国的事情说不清楚,他们还是英雄,还是应该得到保护。那么,当第一桶金黑一点没有关系时,为什么第二桶金不能接着黑呢?开始是偷,为什么实力大了后不能抢呢?当时我写文章反驳这种无耻的观点,寄给长期开专栏合作的报纸,居然被退回来。编辑简单交代:对不起,上版后被主编撤下来,主编说他非常喜欢茅于轼,本报不能批。于是,这件事情成了禁忌。我相信许多专栏撰稿人都有类似的经验:有些主流经济学家是碰不得的。这不是言论尺度的问题,而是在知识分子圈子里已经形成了一股势力,盘根错节,门生故旧渗透在各个领域。不同意见说不得,你要揭人家老底,就更不可能。你写文章可以骂官员,但江平不能骂,茅于轼不能骂,张维迎不能骂,吴敬琏不能骂。谁说中国知识分子的地位还不够高?

如今这一恶性事件爆发,组织打人的人可能还觉得有理:茅老讲了,首先要保护富人的利益,才能保护穷人的利益。我们的所作所为,正是在保护富人利益,何错之有呢?警察似乎对此也很心领神会,听任这么大规模的暴力事件在自己的地盘上发生。张五常本身就是个被全球通缉的经济犯罪分子，但现在在国内仍然享受着明星待遇，不久前还在那里骂：六百月薪的工作在广东有的是，为什么没有人去做？在某些“主流们”看来，人穷就应该指望富人快富起来，多缴税，政府有钱给你发救济，讨什么薪?！这本身就该打。

现在的问题不仅仅是惩罚几个凶手的问题，而是反省一下，从山西黑窑到广东殴打讨薪民工，这套光天化日之下的奴隶制度是哪里来的？这套野蛮的经济发展的文化是谁创造的？反过来想一下，如果是那些民工愤怒之下动粗，那还了得吗？那还不成了一个群体事件，必须镇压？从张维迎的领导干部在改革中受损害最大，最应该得到补偿，到茅于轼的先保护富人利益才能保护穷人利益，主流经济学家们为虎作伥，助长了歧视穷人的文化，难辞其咎。

民工死了，但是，富人们日子照过，照样欠薪，照样打人，为他们四处奔波的主流经济学家们，照样当独董，照样到处演讲，而且收费不低。等这些事情冷下去，保护富人的声音还会出来，侮辱穷人的语言还会有新花样，“仇富”还会成为强加在中国老百姓头上的一大罪状。这，才是中国的悲哀。

为富人说话能为穷人办事吗?

茅于轼先生最近频频出来为富人说话。前一段说先保护了富人的利益才能保护穷人的利益,富人赚的第一桶金,也许不干不净,那是没有办法的事。不久前又在《南方都市报》撰文声称:“我愿意为这样的富人说话,并不是和富人有什么特殊感情,或者我个人得到他们什么好处,而是考虑全社会的利益。中国穷了几千年,其中原因之一就是仇富。社会上有了一些富人就变成众矢之的,就被剥夺,被侵犯。这一传统几千年没变,而集中反映在解放之后到文革结束这段时期。其结果大家知道,就是把中国变成了一个彻底的穷人国。”

可惜,读了上面这段话,很难让人相信他“并不是和富人有什么特殊感情”,或者没有得到富人的好处。学者讲话,观点自然可以有不同。但是,如果刻意歪曲一些显而易见的事实,人们就要问其动机为何了。

比如,“中国穷了几千年,其中原因之一就是仇富。社会上有了一些富人就变成众矢之的,就被剥夺,被侵犯。这一传统几千年没变。”这一论段的证据在哪里呢?我仅仅举著名的世界经济学家 Angus Maddison 的估算:以人均 GDP 论,在公元 50 年,中国和欧洲(除去俄罗斯和土耳其)都是 450 美元(以 1990 年的美元价值衡量),反映了东汉和罗马帝国的繁荣不相上下。到了 960 年,中国保持在原来的水平上,欧洲则跌到了 400 美元。到 1280 年,中国达到 600 美元,欧洲是 500 美元。直到 1700 年,中国停滞不前,欧洲才以 870 美元超出。而以经济总量算,中国一直到十九世纪中期,还是世界第一大经济体。这些估算,因为基于非常不完整的史料,当然不足尽信,但也能反映大概的情况。近世中国(指宋以后)之富是世界闻名的。马可·波罗描写的中国之富,超出了当时欧洲人的想象,激发了哥伦布的航海冒险,意外地发现了新大陆,改变了人类历史的进程。茅先生读了一辈子的书,哪里得出“中国穷了几千年”的结论?

说“中国穷了几千年”是子虚乌有,说这种穷困是“仇富”所致更是荒唐。看看明清时代的江南,那里几乎有着世界最自由的经济。问题是,这么富庶的地方,至少不应该比日本发展得差,怎么突然穷了呢?茅先生是经济学家,张口市场,闭口企业家，想必会以亚当·斯密为自己的祖师爷吧？难道忘了亚当·斯密在十八世纪对中国的观察和预言了吗？亚当·斯密当时并没有说中国穷，而是承认中国富。不过他预言，中国已经走到头了。理由有两点：一是贸易不开放，只有广州这么一个对外贸易口岸。一是贫富分化太大。他还特别指出：中国有钱有势的人几乎享有一切保护，穷人则毫无保护。这样的社会，不可能维持繁荣。后来的历史，证实了亚当·斯密的预言。怎么能说中国的穷困是仇富所致？

至于解放之后到文革结束这段时期造成的贫困，难道也是因为老百姓仇富吗？那个时代，老百姓恨谁爱谁并无关紧要，因为他们一点权利没有。富人倒霉，老百姓也没少倒霉。怎么能把政府犯的错误，往老百姓的身上推呢？茅先生是从那个时代过来的人，总应该还记得自己的生活经历吧？

茅先生所谓“替富人说话，为穷人办事”，透露了当今中国新贵的一种极度傲慢的心态。这种理念其实早被任志强表达了：开发商就不该为穷人盖房，穷人应该指望富人多赚钱，然后多缴税，那样政府才能更有资源解决穷人的问题。茅先生自己不久前也说：中国现在的财富都是富人创造的，工人农民都不算数。这种话，在美国、欧洲谁敢公开说？你要说这话，就算你是亿万富翁、诺贝尔奖得主，几十年的朋友也要和你保持距离。你会被公众所唾弃。如果以茅先生的标准，欧美日本怕都是仇富的国家，中国才是最不仇富的国家。不然这种话怎么会在中国的媒体上大行其道？

任志强也好，茅于轼也好，他们从骨子里瞧不起穷人，认为穷人没有创造财富的能力，只能等富人赚了钱，才能“为穷人办事”。我相信这是他们真实的信仰，是他们从自己的生活中得出来的结论。这其实不过说明：中国当今的社会，实在是给穷人提供了太少的机会。你能想象比尔·盖茨会说这些话吗？在美国有个基本常识：如果你说穷人创造不了财富，这一观念一旦被接受，穷困就会世代化，贫富就会遗传。这是美国社会最忌讳的。所以，美国媒体上的主流观念是：要给穷人足够的机会。只要有机会，任何人都可以致富。

我也许在国外生活得太久，每看到茅于轼这样的言论在媒体上大行其道，都非常震惊。我实在无法想象，这样的言论在任何一个文明国家的主流媒体会有市场。我希望中国的媒体对社会负责一些。我反对政治正确的话语格式。但是，茅于轼在不提供证据的条件下表述这么骇人听闻的观念，换个别人的名字能发表吗？普通老百姓要想发言，详细论证也未必上得了我们的言论版。对茅于轼这样的人可以网开一面，等于纵容了一些社会名流发表不负责任的言论，不仅降低了媒体的公信度，也降低了我们社会的道德标准。

茅老是好人,但难道不能批评吗?
——我为什么终止和《南方都市报》的合作

我最近终止了和《南方都市报》的合作。这一决定不能说不痛苦。多年来,我和该报合作甚为融洽,一直将之视为在中国最为敢言的报纸。该报评论版的编辑,个人素质在中国报业中也可谓鹤立鸡群,我一直十分珍视和他们的关系。我最终决定终止合作,乃是在于他们违反了合作的诺言和言论自由的基本原则,封杀了我批评茅于轼的稿件。从这件事情上可以看出,中国目前最开明的媒体,对言论自由也未免是叶公好龙。由此也为我们提出了一个问题:媒体是否有既得利益?媒体监督社会,那么谁来监督媒体?媒体应该有什么样的自律?为了帮助公众和媒体思考这一问题,我不妨将此事的前前后后做一个交代。

不久前,我给《南方都市报》写了一篇文章,题为《为富人说话能为穷人办事吗?》矛头指向茅于轼不久前在该报发表的一篇文章《为富人说话,为穷人办事》。众所周知,茅于轼先生最近频频出来为富人说话。前一段说先保护了富人的利益才能保护穷人的利益,富人赚的第一桶金,也许不干不净,那是没有办法的事。在这篇文章中则又声称:"我愿意为这样的富人说话,并不是和富人有什么特殊感情,或者我个人得到他们什么好处,而是考虑全社会的利益。中国穷了几千年,其中原因之一就是仇富。社会上有了一些富人就变成众矢之的,就被剥夺,被侵犯。这一传统几千年没变,而集中反映在解放之后到文革结束这段时期。其结果大家知道,就是把中国变成了一个彻底的穷人国。"

我在文章中,主要指出了茅文的几个事实错误。第一,中国并没有"穷了几千年"。相反,中国在工业革命前的大部分时间,是世界第一大经济体,在宋代时,人均 GDP 也比欧洲高出许多。第二,中国后来的穷困也并非是因为仇富。亚当·斯密十八世纪末就观察指出:中国已经富到头了,不可能再往前走。理由之一,就是贫富分化太大,有钱有势的人得到了十足的保护,穷人则一点保护也没有。而且历史也证明了亚当·斯密的预言。

当然,茅于轼编造出"中国穷了几千年,其中原因之一就是仇富"的话来,也并非出人意料。第一,他的一切知识,都是从我们二三十年前的教科书上抄来的,自己已经被洗脑。第二，则是出于他“为富人说话”的需要，要把屎盆子扣在老百姓的头上。所谓“仇富”导致贫困之说，任志强早就说过。我也早做了反驳。你看看有几个中国人恨姚明？他不过就是能把一个球装到筐子里，怎么能富成这个样子？事实上，对此中国的老百姓并不在意。相反，大家都是他的粉丝，以他为荣耀。中国的老百姓对于正当得来的财富从来不仇恨，仇恨的是不义之财。有些正当致富的人权利得不到保障，其实和一般小民百姓的权利也得不到保障一样，是我们国家法治不健全之过，怎么能让同为受害者的老百姓担当责任？“先保护富人”和“让一部分人先富起来”并不是一回事。市场经济如同体育比赛，在同样的规则下，总有胜有负，有金牌银牌，有刘翔、姚明，也有生活无着落的末流运动员。在这个意义上，“让一部分人先富起来”当然合情合理。但是，如果你说规则应该先保护那些跑得快、个子高的人，那还有公正的竞争吗？如果法律将富人优先保护起来，穷人则等而下之，难道穷人不该仇富吗？

这就是我的道理。我还告诫《南方都市报》，请名人写文章应该负责。茅文通篇没有证据，信口开河，“先保护富人”、“为富人说话”这类刺激性的语言，在当今社会公平问题严重的时代，对穷人有侮辱性，降低了我们社会的道德准则。比如，在美国的媒体上，你很难想象有知名人士会这样说话。如果有时有人不小心这样说漏了嘴，也会招致全国的抗议，要不停地澄清、道歉，有的甚至为此丢了工作。我们的报纸有保护弱势的责任，不应该纵容这样的言论。

编辑部当然对这样的观点不认同。编辑部主任特别给我来了封信解释说：“茅是一个值得尊敬的学人与长者，是一个有良心的知识分子，他所创办的天则经济研究所，坚持以民间的立场对国内政策发言，对政策之下弱势群体的利益有积极的代言与争取。尤可贵的，是茅还能做到知行合一，最为国人所知的，是他在国家并无政策支持的前提下，拿出自己的资金来积极试验中国的扶贫项目，他先是在山西吕梁地区试验‘小额贷款扶贫项目’，因而被称为中国的尤努斯，这项投入持续至今。此外，他也同样拿出资金来开办保姆学校，收费低廉但却坚持亏本经营……”因此，他认为我在道德上对茅于轼提出严厉的道德批判，让他们无法接受。另一位编辑也回信说：“茅于轼不是不能批评，但不能在没有证据的情况下，就给人家扣上一顶既得利益代言人的帽子，我认为是非常不妥的。薛兄如果偏要这样行文的话，恐怕不仅是我们不发，如果有媒体就这样发了，那是编辑的失职。我去过茅于轼家，他就住在北京那种破旧的老房子中，茅于轼所举办的小额贷款，帮助了很多穷人。人家是在脚踏实地地为穷人做事，如果没有证据就攻击他，我认为有失厚道。”

这番解释不能说不诚恳,但很难让我接受。茅老是好人,这我愿意相信。但是,难道好人不会说错话吗?难道好人就有说不负责任的话的特权吗?好人说错话,报纸就有为贤者讳的道理吗?我接受的基本学术训练是:只认文字不认人,看见错误观点就批。我不会查三代后再决定是否批判。另外,那位编辑说我"在没有证据的情况下,就给人家扣上一顶既得利益代言人的帽子。"言下之意,我是个红卫兵了。这其实才是一顶不小的帽子。可是我一查我的原文,清清楚楚写着我读了茅的文字后"很难让人相信他'并不是和富人有什么特殊感情'或者没有得到富人的好处。学者讲话,观点自然可以有不同。但是,如果刻意歪曲一些显而易见的事实,人们就要问其动机为何了。"一句话,我因为他错得太离谱,觉得他的话不能令人深思,而怀疑他是否有些什么动机。可见,《南方都市报》连让人家表示怀疑的权利也不能容忍。其实,茅于轼最近接受记者的谈话,已经为我的怀疑提供了证据。他先说许多富人是靠经营个体经济奋斗上来的,是创造财富的英雄,不像国有企业,有各种背景和优惠。这我当然同意。但是,他马上举出一个例子,把声言不给穷人盖房的任志强描绘成这样创造财富的英雄。难道任志强不是既得利益吗?茅于轼把富人说成英雄可以。我确实相信有许多致富的英雄。但是,放着那么多个体户他不提,单提一个国企的老板,难道不是在为既得利益说话吗?人们不能对此"怀疑"吗?

这是我和编辑部以及这些主流经济学家的一个根本不同。不久前我批判吴敬琏,编辑部就很不高兴,闹得大家的关系很紧张。其实,在意识形态上,我和吴敬琏一样是市场派。我所不理解的是,这么一个拥护市场经济的人,为什么不为街头巷尾的个体摊贩说话,而跑到国有企业当独立董事?茅于轼也是一样,要说富人是英雄,怎么不拿一个贫穷中起家、忍辱负重致富的小生意人做例子,而非要举出一个高干出身并在国有企业当总裁的任志强?

其实,说了这么多,编辑部完全有理由认为这两位经济学家不代表既得利益。不过,编辑部至少应该尊重别人不同的想法。你在网上做个民调就明白:如果你为任志强说话,多少人会说你不代表既得利益呢?再举个例子,你看美国的选举,政敌之间,永远会攻击对方代表既得利益。你找不出一个政治家不被贴上既得利益的标签的。难道你能以一句"缺乏证据"为由,不让大家说这样的话吗?

也许是因为在国外住久了,我和国内的编辑打交道,常常有些不适应。有时觉得他们简直不知道自己是老几。比如,一次一个编辑退我的稿件,理由是对美国的描述不对。我问她:"你在美国生活过一天吗?""没有。"我并不是说我一定比她高明、正确。我只是想说,她对美国有自己的看法,我有我的看法。她没有道理说她一定正确，我的观点连上版的权利也没有（这是约稿）。毕竟我不傻不笨，在美国生活了十几年。我的观察和她的印象不同，总还有点参考价值吧？茅于轼的问题也是一样，我不坚持我一定正确，我也不强迫别人接受我的观点，但是，不同意、不接受并不是封杀的理由。

我在批评吴敬琏时，因为和编辑部闹得很紧张，就对他们提出一个合作方案，以《纽约时报》的专栏制度为基本模式。众所周知，《纽约时报》是左翼报纸，但多年来一直有右翼的专栏作家。专栏作家的观点当然会不断和编辑部发生冲突。但是，编辑部只能根据专栏作家的总体水平决定是否开这个专栏。一旦开了专栏，就不能毙稿子，以保证发出不同声音的权利。这也是美国报纸的普遍规矩。据我所知，这个规矩仅在前几年破过一次，闹得满城风雨，形同丑闻。我据此和《南都》交涉：你们觉得我的稿件质量总体上可采，就用我的专栏，但不能在我的文章中只挑你们喜欢的东西。我当然知道中国的国情。季羡林先生活了快一百岁，也悟出个道理："假话全不讲，真话不全讲。"如果我有些话不合上面的尺度而被枪毙，我无话可说。但是，如果因为我说的话编辑部不高兴，编辑部无权退稿。编辑部也接受了这样的合作模式。这就是我们之间的君子协定。

老实说，我对其他报刊，从来没有提出过这样的要求。和《南都》提，是因为我一直把他们看成是中国第一块言论版。如果他们也不能坚持这种言论自由的原则，那我就不要再做这个言论自由的梦了。我一直把《南都》的编辑，当作和我一起追求言论自由、推动中国进步的同道。可惜，这样一个简单的原则，居然几个月也坚持不住。导致了今天合作的破裂。

讲到这里，我不得不再次引用那位编辑的话："茅于轼不是不能批评，但不能在没有证据的情况下，就给人家扣上一顶既得利益代言人的帽子，我认为是非常不妥的。薛兄如果偏要这样行文的话，恐怕不仅是我们不发，如果有媒体就这样发了，那是编辑的失职。"言下之意，中国应该讲舆论一律了。这位编辑在业内是素质相当高的，竟也在这里撞墙。可见我们的社会一些潜规则或者显规则，对人们的心灵毒害多深！我在美国住久了，看共和党一天到晚说希拉里代表利益集团，民主党一天到晚说布什代表利益集团。这些也许都是政治偏见。你发出任何声音，都会发现有人激烈地和你唱反调。相反，如果只有一种声音说话，发出不同的声音就等于"编辑的失职"的话，我们还有自由吗？茅于轼自己也说："骂我也可以的，但是不要谩骂，那样没意思。如果骂我能讲出道理来，我很喜欢的。"我不妨将我"骂"他的文章贴出来，让大家看看是否是"谩骂"，是否一点道理没有。

我批评茅于轼的这篇文章，当然不是面面俱到之作。因为指出其基本的事实错误就占去许多篇幅，剩下的仅够作为一个引子，希望能导向对贫富问题的深入讨论。可惜，《南都》的封杀，使这种健康的讨论很难进行下去。我在文章中曾有一句提示："如果你说穷人创造不了财富，这一观念一旦被接受，穷困就会世代化，贫富就会遗传。"这句话，本身希望在贫困问题上导引出一些国内知识界和媒体没有意识到的面向。看来编辑在读稿件时，对这句话下面的深意毫无意识。

茅于轼积极扶贫，当然比关在屋里高唱"海晏河清"的文化偶像人格要高出许多。我当然也对此表示敬意。但是，如果认真检讨自约翰逊总统的"伟大社会"以来美国对贫困开战几十年的经验，我们就不难发现，茅于轼所谓的"先保护富人"、"为富人说话，为穷人办事"的理论，至少会好心办坏事。美国这方面的研究汗牛充栋。到了上世纪九十年代，大家基本达成一个共识：如果你把富人当作创造财富的人，把穷人当作需要帮助的人，把各阶层这样脸谱化，你就会在穷人心灵深处塑造一种被扶助的情结，降低了他们的自尊和自我期待，培养了他们对救济的依赖，最后使贫困固定化、世代化。也就是使贫困遗传。所以，到克林顿时代，才有两党合作下对福利制度的改革，逼着穷人摆脱对福利的依赖，最后大大降低了贫困率。"为富人说话，为穷人办事"的理论，实际上也如同"伟大社会"时代一些自由派的理念一样，充满了精英主义那种居高临下的心态，以为某些人是创造财富的，需要保护；某些人是需要帮助的，要给他们办事。这其实是制造贫困的理论，不管其出发点是多么善良。我希望茅于轼这样的经济学家，要为穷人说话，让穷人自己去办自己的事情。这才能让穷人有尊严地走出贫困。

当然，智者千虑，必有一失。也许我们不应该对"好人"茅于轼求全责备。但是，《南都》封杀了对他的观点的讨论，则封杀了许多对我们社会有益的思想。这是很难让人原谅的。我从来坚持直率地表达自己的观点，而且从来肯为自己的错误认错甚至道歉。关于这一点，我在针对麻省理工版画事件中的表现就可以为证。但是，报纸出了错别字都应该更正，如果我指出了茅于轼文章中的硬伤，《南都》也拒绝刊发，这无疑是对言论自由的侵犯，我必须提出抗议。

我还是祝愿《南都》越办越好。但是，我需要提醒编辑：创造性的思想，只有在自由的条件下才能产生，哪怕自由会带来许多错误、误解。再好的编辑，不过就是那么几个人而已。如果以自己的立场决定什么样的思想可以面世、什么样的思想必须封杀，那其实根本不用约稿，自己坐在编辑部给读者写文件是最方便的了。我这次决定停笔，严格地说也并非出于一时之愤。因为在合作中我已经渐渐感觉到，编辑的视野非常有限，并且不断要根据自己的视野决定稿件的取舍，乃至写作时，我下笔之前就不自觉地想着编辑到底喜欢什么。这样还能写出好文章吗？

我希望,中国最终有一家敢为天下先的媒体,率先公开采用货真价实的专栏制度:只要专栏作家的言论不触犯国家的言论尺度,就不根据编辑部的好恶枪毙稿件。这样,每个专栏作家才有原创力可言。言论自由的原则才能贯彻。

中国媒体的潜规则

我因为批判茅于轼的稿件被《南方都市报》封杀，决定终止和该报的合作关系。此举对我个人而言，自然是个很大的事情。但我相信，对中国媒体而言，也有重大意义。如今时评成了各报的“眼位”，影响甚大。各报都竞相设立“专栏”。但是，专栏作家和报纸应该是什么关系？这种关系对言论自由有什么影响？这些问题一直没有细致的讨论。以我个人看来，我和《南方都市报》的冲突，暴露了许多中国媒体的潜规则，也证明了建立名副其实的专栏制度的重要。

先把我所谓的潜规则总结一下。抱怨言论环境不宽松，媒体是最起劲儿的。但是，认真检查一下就明白，媒体自己在非常尽职地充当言论警察，本身已经成为一个利益集团。这个利益集团，首先是个“圈子”。中国自古以来有士大夫的传统。士大夫人数不多，彼此相高，自命不凡，形成一个圈子。这个圈子里面，有些人具有奇里斯玛的魅力，成为一方领袖，或者建立了相当的人望，自然有一群追随者。如果此公受到侵犯，其追随者有时就会如同打群架一样，群起而捍卫之。反之，如果圈子内大家有意见不同，彼此底下讨论，把事情摆平。如果事先不打招呼，跑到外面放一炮，就属于“不厚道”。上世纪八十年代的北京，就有许多文人圈。你很少见到一个圈子的人公开辩论，虽然他们私下会争得面红耳赤。这才叫真诚厚道。

我批评茅于轼，首先触犯的就是这个圈子文化。茅于轼在许多文人圈子里有人望。虽然如今大家已经进化了，即使在圈子之内，公开地、和和气气地批评他的观点是可以的，但有一个前提，一定要承认他是好人。如果你不承认这一点，那就触犯了众怒。大家会说：“我们这些认识茅老、了解他的人，都知道他是好人。”于是，你对他的人格有一点怀疑，就成了“人身攻击”、“诛心之论”。我出国多年，恰巧不在这个圈子里。而且我是多次触犯圈子文化的人，会突然批评攻击过去吃过饭的朋友。对比如周其仁、甘阳等等，我批判得十分严厉。这早已经为圈子文化的道德水准所不容。这次批判茅于轼，则更是如此。

如今回头看一下我那篇被毙的稿件，其实还是谈到了一个国内从来没有人澄清过的问题：中国并非穷了几千年，穷的原因也并非仇富。茅于轼说出那样的话，一是他为富人辩护心切，二是自己被那些陈旧的教科书洗脑。他这代人，因为赶上中国近代以来文化最贫瘠的时候，思想最贫乏、知识修养也是最差的。说出这些话来，继续误导下一代，当然需要更正。特别是亚当·斯密对中国贫富分化的批评，据我所知，国内那么多市场派，重申市场经济祖师爷的这段话的，只有我一个人。难道这样的声音都不能在媒体上发出来吗？

关键问题是，我的文章对茅于轼不够尊重，触犯编辑的是我说的这样几句话："（从茅于轼的话来看），很难让人相信他'并不是和富人有什么特殊感情'，或者没有得到富人的好处。学者讲话，观点自然可以有不同。但是，如果刻意歪曲一些显而易见的事实，人们就要问其动机为何了。"

显而易见，我只是怀疑茅于轼的动机，而这就是所谓人身攻击。编辑和许多为茅于轼辩护的人，都和他个人认识，相信他的人品好。你怀疑他的人品，就是"不厚道"。如今，国际上连特蕾萨修女的动机都可以怀疑。但是，中国文人圈子里的"好人"，半点怀疑也不准有。你怀疑，我就毙你的稿子。

那么，我的怀疑是否有根据呢？老实说，写文章时只是根据他的理论来提出疑问，并没有取证。提出问题也并不要求取证。可是后来看茅于轼的博客，才发现他成立基金会，任志强捐了许多款（好像是 100 万吧），而他为富人说话，举的模范富人据我所知只有一个人，那就是任志强，并说"任志强关心群众"。我对发现茅于轼和任志强的这一特别关系并不震惊。我震惊的是编辑作为圈内人，肯定知道这些事情。知道了这些事情，还不让我怀疑茅于轼的动机，这已经触犯了新闻的基本道德规范了。一个人怎么能一方面从富人那里拿了那么多钱，一方面又说自己"并不是和富人有什么特殊感情"，或者没有得到富人的好处呢？

你可以说，茅于轼把这钱都用在穷人身上，并没有进自己的腰包。可是，这里有两个问题。第一，即使是他很廉洁，但基金会毕竟是他的事业，任志强资助大笔经费，两人关系自然不一般。比尔·盖茨拿了巴菲特的钱，他大大方方地感谢，但不会说自己没有拿人家的好处，除非是想开玩笑。另外，这些钱如何使用，都有非常透明的财政监督，账目清清楚楚。第二，我个人虽然相信茅于轼不会贪污捐款、不会用这些钱沽名钓誉，但是，这一切也必须向公众证明。

看看现在的网络，骂茅于轼的显然比赞扬他的多。这至少说明，他作为公共人物，有了公信危机。在一个民主国家，任何公众人物，都有取信于民的问题：你必须赢得公众的信赖，而不能有这样的心理："老子干了这么多好事，公共欠老子一个信赖。"这是中国传统士大大的典型心态：对自己的个人道德过分自爱，把公众不当回事。说到底，就是把自己摆在公众之上。也正是循着这个逻辑，茅于轼觉得自己有资格说些刺激性的话,不断上演“道德秀”。

编辑的角色又是什么呢?当他们看到网络上到处是骂茅于轼的话时,就痛心疾首,称网络暴民“素质不高”。那态度分明是:你们这些草民懂个屁!老子掌握了“内参”式的秘密信息,茅于轼是好人,我们几个都是知道的。这就好像三四十年前,读内参的和不读内参的人生活在两个世界。读内参的觉得底下的人什么都不知道,不可理喻;不读内参的则免不了好奇心,在底下传播谣言,不相信读内参的人告诉他们的事情。因为他们知道,读内参的人只会根据自己的利益让他们知道一些事情,或者不知道一些事情。

可惜,如今时代不同了,人们毕竟向往民主,希望按民主的规则办事:凭什么你说茅于轼是好人就是好人呢?他是好人,为什么那么多人不喜欢他?是否有些人应该出来说服不喜欢他的人喜欢他呢?在民主社会的规则很简单:你不能让大多数喜欢你,你就不应该掌握任何公共权力。这次在我和《南方都市报》的冲突中,读者的反响是压倒性的,甚至在支持《南方都市报》的文章下的留言,也是压倒性地支持我的。要是个民主社会,我就赢了。

我们的媒体从业人员,如今还是跳不出士大夫的心态。他们似乎永远不能明白:在这个大众传媒的时代,谁是好人,不是你们几个小圈子的人就能定的。茅于轼等人的道德秀也可以休矣,应该接受民主社会的基本习惯:再好的人,不管你觉得自己如何纯洁,只要是个公共人物,就必须取信于民。做不到这一点,要回去自己反省,不要对公众不屑一顾。

我自己大学毕业,第一个工作就是在报社当编辑。当编辑的生活其实很封闭,接触的知名人士多,接触的小民百姓少。而人的思想感情,总是不自觉地倾向于自己所熟悉的人(只要大家相处融洽)。一不小心,就把公器变私器。当时我认识一位澳大利亚的汉学家,正研究中国的作家。我自告奋勇地帮忙,说我认识他研究的某位作家,可以介绍他见一下。他立即谢绝,说他从来不和被他研究的人见面。因为一见面就有了人情,有了人情就丧失了客观的立场。我对他认真的态度很佩服,但当时还觉得这未免太小题大作了。如今从《南都》这件事情看,我敢说,如果一个编辑不认识的人说了茅于轼说过的同样的话,我写同样的文章把那个人骂一顿,文章肯定就发了。我触犯的,不是什么辩论的规矩,而是他们的圈子。

这一圈子的潜规则,围绕着茅于轼的问题展开,还属于大是大非。此事出了以后,南方集团属下居然还有媒体采访我,有编辑表示支持我;另有一个媒体发了我继续批判茅于轼的文章。我写信对他们在这种时刻发表我的文章表示感谢。编辑回信说:“别太小看南方报业集团的气量了。”所以,我一直说,我这次碰到的对手,还是中国媒体中最好的。在其他地方，或者另外一些潜规则，则到了荒谬绝伦的地步。比如，北京某报的主编苏文洋（那个报纸名字记不清了），指名道姓和我辩论。我受宠若惊，马上反驳。文章倒是发了，但是，编辑对我讲：我们对同城报纸，要讲团结，不能互相攻击，需要把名字隐去。编辑知道这样不对，但无能为力。你不删领导会把稿件整个拿下来。现在批评高官可以，批评一个小报的主编，哪怕是被批评者未必在意，也是不行的。另一事是老友郑也夫讲的。他批评某人，被退稿，理由是被批评者刚被请到报社来和主编吃过饭，不能批评。另外一位编辑还给我讲过一个故事：南方某大报约请人写了一篇文章，发表后引起另一位作者的反驳。连编辑本身都觉得反驳者很有道理。但是，第一篇稿子是从老作者那里约的。刚发表出来，马上登一篇反驳，好像是给第一位被约的作者设套，于是反驳文章也不能发。

从这些事情可以看出，公共利益是如何被这些鸡毛蒜皮的人情给出卖了的。我们不禁要问：媒体监督社会，那么谁来监督媒体呢？

中国媒体的潜规则必须打破。其中的一个方式，就是建立名副其实的专栏制度：报纸和专栏作家签约，规定供稿的篇幅和周期，来稿必用。不满意可以不再续约，但不能随便根据编辑个人的好恶毙稿子。这才能保证基本的言论自由。其实，这也给编辑提供了不少方便。比如，专栏作家如果激烈批判“友报”，编辑对“友报”主编就很容易交代：对不起，他是专栏作家，他要写，我们也管不了。

近读王勋教授的文章，介绍美国的终身教授制度的早期历史，特别有感慨。在没有这个制度之前，大学教授发表一些如今看来是很平常的思想，都可能遭到解职。比如斯坦福大学的捐资人和董事斯坦福夫人，就因该校一位教授反对在建造联邦太平洋铁路时使用华工和反对铁路垄断，将之解职。这大概属于因批评富人而丢了饭碗的著名例子吧。我这次拒绝再和《南都》合作，个人承担得起。毕竟我在美国有一份全职的工作。但是，对于国内一些独立学者和专栏撰稿人而言，他们有我类似的意见，却未必敢有我的脾气，毕竟他们要靠稿费吃饭。建立专栏制度，对这些人最重要。他们脱离了国内具体的机构，有独立的声音。我们的媒体，应该给这样的声音提供保障。

我和新浪是什么关系?
——答冯一刀先生

在我和《南都》的冲突爆发后,冯一刀先生杀出来,抖落出一段这样的内幕:

有一个细节我想提一下:身居美国的薛涌先生,他的一篇反驳茅于轼观点的文章没有被《南方都市报》采用,于是这位先生很不满,写了一篇“披露”《南方都市报》不发表他文章“内幕”的帖子,并且还把他跟编辑之间的往来邮件的内容也抖了出来,然后他以此证明自己受到了《南方都市报》的封杀、自己的言论自由受到了侵犯云云,语气是非常的义正辞严。最后这位先生宣称要跟《南方都市报》决裂、终止合作关系。

这么抱怨一下,也没什么,可这位先生却不远万里,从美国打来了越洋电话到中国大陆的一家网站,说希望炒作一下他跟《南方都市报》决裂的事。薛先生,《南方都市报》的口碑在中国我想你也是知道的,这份报纸一直以来对你应该也不薄,老爱用你的文章。为什么一篇文章没被他们采用,就要宣称决裂呢?不要说得那么义正辞严,我看不过是你的大爷心理在作祟罢了。希望网站帮你炒作,更说明了你的心胸之狭窄。另外顺便说一下,你的文章我不爱看。

遗憾的是,你这样的“知识分子”,在中国多得很。你身上有典型的中国知识分子的臭老九心态。把中国知识分子说宽了,咱不妨举一下这样两类人:有些人整天喊着民主自由,可在他自己的生活圈子里,从来不跟人讲民主自由;有些人整天喊着要为穷人谋福利,可从来就没为穷人做过一件事。

另外我想说的是,茅于轼先生不是官方欢迎的人物,某权威党报集团,甚至已经抵制他。中国人最容易犯的错误是,他不知道他在奋力批评的人,其实价值观跟他的没两样。这也是中国知识分子容易犯的臭毛病。

对此,我有必要进行简要的答复。

第一,冯先生扭曲了一个事实。似乎我给《南都》投稿,人家不用,我恼羞成怒,拿此事炒作。此事我已经交代。我和《南都》几个月前有过君子协定,是双方同意的。那就是以专栏制度进行合作。专栏的稿件编辑部不能根据自己的好恶撤换。这是美国媒体保证言论自由的常例。我向编辑解释了这一制度的意义，他们完全同意。大家有约在先。这次是他们违约，关于这一点，《南都》无半句话可说。冯先生的叙述，属于胡搅蛮缠。

第二，此事我和新浪确实联系过，不过属于正常的工作联系，没有失当之处。但冯先生网上的文章，却失去了基本的商业道德。我和新浪合作，属于赶鸭子上架。当初是新浪编辑自己找到我来开博客，并许诺大力支持，也就是不断推介。在此条件下，我才同意开博。和与《南都》一样，这是大家自愿合作的条件。如果新浪不像许诺的那样推荐我的文章，我不会下这么大功夫做这个博客。我被《南都》封杀后，纸媒不愿意介入，这是中国媒体"官官相护"的潜规则，乃至市长可以骂，一个哪怕是小报的主编也绝不能骂。所以，我自然选择在自己的博客上披露此事。并打电话给新浪的联系人侯小强，希望他支持，进行推介。当时他也答应。后来我才发现(一些网友也发现)，我的文章，上了博客版首页大概两个小时，马上撤掉。在平时，我的文章一般每隔两三天就有一篇被推荐到首页，并保持一天的周期。

第三，我和侯先生为此通了一次电话。另外两次是他助手接的(因为我觉得他没有履行推荐的诺言，打电话询问)。然而，这样前后加起来不到 3 分钟的通讯，居然被在网上公开。我倒是无所谓，因为没有做过亏心事，公开什么都可以。不过，新浪自己应该反省：你是如何对待自己的合作伙伴？如果不愿意推荐，明说即可。我们也可以终止合作。这本是大家两厢情愿。我们之间，并不像我和《南都》之间那样，有一方违约的事情。难道新浪的任何合作伙伴，和新浪 3 分钟的沟通，都必须公开吗？再说一遍，这件事情我不在乎，你愿意公开就公开。只是希望你们不要这样对待别人。这在任何社会，都不是一种体面的行为。我不知道这位冯先生是侯先生本人呢，还是身边的助手。我只是直言相劝：做人有点规矩。有话当面说，不要背后捅刀子。比如我和《南都》编辑之间，私下说的话就难听得多，这是当面直言。但是，我公布出来的东西，语言还是相当客气。冯先生想必是接我电话的人，如果有这么大的气，电话里就应该给我训斥一通，然后再这么写，还值得尊重。相反，接我电话的人，无不客客气气。侯先生还表示了对我的极大同情。怎么转脸就出此招呢？可是，国内这类招术，对我并不灵，我可以奉陪。

我和“博客中国”是什么关系?

上面《我和新浪是什么关系?》一文,看来是委屈新浪了。我要求新浪推荐我的文章,看来他们在许多压力下不敢推荐,这至少是可以理解的。毕竟《南都》是合作媒体。“谁让你不幸生在中国”呢?刚刚看到有网友说,冯一刀先生原来是“博客中国”刚刚接手的新主编。此事就更奇了。中国某些网站人士的道德水平,可以从此事中获得了解。

“博客中国”很久以前邀请我去开博客。我对他们说,我管一个新浪的博客已经精疲力竭,没有精力。你们如果从新浪的母本复制,我不反对。这样来找我的网站,还有几家。我答应了,但是从来没有去看过。

最近有人告诉我,我在“博客中国”的博客也上了百万,应该看一下。我一看,果然如此。于是开始关注。不过,因为上述原因,我对“博客中国”上我的博客毫无控制,甚至不知道自己怎么往上面贴文章。

这次事情出来后,我当然希望利用我自己的博客发出最大声音。于是,我设法找到“博客中国”的负责编辑,希望她把我的文章贴在我自己的博客上,并且进行推荐。编辑客客气气,马上答应。

这就是冯先生当作“丑闻”来谈的“薛涌炒作”事件!我的“丑闻”,不过是要求在自己的博客上贴一篇文章!而且这个博客,正是冯先生主持的“博客中国”自己跑来求我开的。这叫什么道德水准呢?

如果冯先生确实是“博客中国”的主编的话,希望冯先生和“博客中国”公开就此向我道歉!

我这次批判茅于轼,语言确实很尖锐,被编辑称为“不厚道”。其实,我也可以厚道点。问题是,和茅于轼辩论,不管你给哪个媒体写,他好像都有无所不在的保镖,要么文章不发,要么把文章中他的名字删掉。从冯先生的文章看,我们更能领教。他的人处处给批评者下套,无所不用其极。

我说过,我没有做亏心事,不怕人们公布“内幕”。不过,这不等于“博客中国”没有保护合作伙伴基本隐私的义务,不等于说主编大人拥有利用职务之便大炒用户“丑闻”的权利。冯一刀这背后一刀,对我当然算是个挠痒痒,构不成伤害。但是,由此可见,某些“主流们”确实爪牙遍地,挖空心思打压和封杀对手的声音。他们就是靠这些伎俩来垄断媒体!

关于冯一刀事件的澄清声明

不久前,冯一刀先生发表《茅于轼"为富人说话"说出了大实话》一文,对我提出了激烈批评:

身居美国的薛涌先生,他的一篇反驳茅于轼观点的文章没有被《南方都市报》采用,于是这位先生很不满,写了一篇"批露"《南方都市报》不发表他文章"内幕"的帖子,并且还把他跟编辑之间的往来邮件的内容也抖了出来,然后他以此证明自己受到了《南方都市报》的封杀、自己的言论自由受到了侵犯云云,语气是非常的义正辞严。最后这位先生宣称要跟《南方都市报》决裂、终止合作关系。

这么抱怨一下,也没什么,可这位先生却不远万里,从美国打来了越洋电话到中国大陆的一家网站,说希望炒作一下他跟《南方都市报》决裂的事。薛先生,《南方都市报》的口碑在中国我想你也是知道的,这份报纸一直以来对你应该也不薄,老爱用你的文章。为什么就一篇文章没被他们采用,就要宣称决裂呢?不要说得那么义正辞严,我看不过是你的大爷心理在作祟罢了。希望网站帮你炒作,更说明了你的心胸之狭窄。另外顺便说一下,你的文章我不爱看。

当读到这段文字时,我并不知道冯先生是谁,而且我确实给新浪的侯小强先生打过电话,希望侯先生能够推荐一下我的文章。事实上,新浪也并没有大力推荐,仅把文章放在首页两三个小时。我认为此文涉及言论自由和专栏制度等重大问题。新浪也许看法不同,并没有满足我的要求。对此,我除了表达我的意愿外,也并无其他说法。在我看来,博客本来就是博主们的共同体,大家都有说话权。我被主动邀请加入,也有固定的人员联系,这样表达一下要求,当属天经地义。所以,看了冯先生的文章后,我马上怀疑是新浪方面拿我的电话说事,于是写了篇《我和新浪是什么关系?》进行质问。我万没有想到,冯先生是"博客中国"的主编。"博客中国"曾主动邀请我去那里开博,并公布了一系列用户隐私的保护条例。我答应"博客中国"把我在新浪博客的文章移植过去,自己并不参与操作加贴文章,也不知道怎么把文章贴到自己在“博客中国”的博客上。所以,《南都》事件之后,才打电话给他们的编辑,要求他们代劳把文章贴上。这自然引出了冯先生上面的议论。

此事发生后,我立即收到“博客中国”所归属的“博客网”执行总编曹铁宁先生的来信,就此进行澄清和致歉。以下是信中的有关内容:

有人转给我您在新浪发表的博文《我与新浪是什么关系?》,觉得有立即向您解释的必要,冯一刀是博客中国的员工,并不是侯小强的助手,对于冯一刀的文章,我在此深表歉意,他的这种做法是完全违背博客中国的办站宗旨与商业道德的。

周四我们接到您的电话,觉得此事对于媒体的立场判断和价值取向都很有讨论的价值,所以安排冯一刀做头条推荐,冯一刀因为是从网易过来的员工,有着南方报业系的情结,结果这个头条只放了半天,周五开例会,我提出疑义,并提出作为一个客观公正的平台,我们不能有任何先天的主观立场。结果周五晚上他发表了那篇文章《茅于轼“为富人说话”说出了大实话》文中透露了您给我们打电话一事。

我将尽快处理此事,同时我代表博客中国在此对您深表歉意,由此产生的一切道德责任我们将会主动承担。

另外8月18号,我们将开一个关于茅于轼保护富人言论的研讨会,茅于轼先生将亲自出席,届时敬请先生关注,我们将把您的文章打印一份给茅于轼先生。

此信澄清了基本事实。在此,我向曹先生坦诚的态度表示感谢。也祝愿他这种良好的职业道德会使“博客中国”逐渐建立自己的声誉。另外,我个人也就对新浪网和侯小强先生的误解表示歉意。

茅于轼真不主张首先保护富人吗?

最近,茅于轼为自己的"保护富人"说辩护,他声称:"我从来没有说过首先保护富人,也没有说过首先保护穷人。不能首先保护,不管穷人、富人,应该同样得到保护,首先保护就违反了平等的原则。"

真是如此吗?如果咬文嚼字,他是对的,我是错的。我引用过他的话,说他主张"首先保护富人"。不过,这个错误是多加了个引号,我不应该用直接引语。但是,我并没有歪曲他的思想。他自己博客中贴出的那篇文章,标题就叫"只有富人得到保护,穷人才可能变富"。查查《汉语大词典》"只有"这一条,上面写得清清楚楚:"连词。表示必需条件,现代汉语中下文多与'才'或'方'呼应。"后面给的例句是"只有社会主义才能救中国。"《现代汉语词典》的例句就更说明问题:"只有依靠党,依靠群众,才能把事情办好。"如果我的中文理解没有问题的话,在这个"只有……才可能……"的句式中所表达的,是个如同"只有依靠党,依靠群众,才能把事情办好"一样不容置疑的"真理":保护富人是穷人致富的先决条件。这和"首先保护富人"有什么本质区别呢?

其实,包括我在内的许多人对这话发怒,不仅因为其决断,而且还违法了常识。我们的常识是:"只有穷人得到保护,穷人才能致富。"这难道不是吗?如果你是个穷人,辛辛苦苦攒了借了几千块钱,利用三代同堂的临街祖产,在闹市区开了个小铺,经营一年半载生意刚刚火起来,突然来了个"合法致富"的开发商,给你在10公里外的荒郊处一套同等面积的住房,赶你走人,你还能致富吗?茅先生是否会跟这个小店主说:"这位开发商是合法、勤劳致富的;只有他得到保护,你才可能变富?"

我说的这种情景,并不是凭空想象出来的。十几年前我住在北京时,就见过这种事情。家父是个十一级的局长,我跟着沾光住在新建的二十层的大楼里。大楼脚下,就是一片破旧的民房,早晨民房里的居民纷纷到街上洗马桶。他们的生活,在大楼里居高临下、一览无余。哪怕是院子里,也无立锥之地。可是,大楼盖多了,这个本来的交通要道就更加热闹。这些破房里的百姓纷纷临街开铺,生意红火。我印象最深的是街角一家洗相店,由一对小夫妻经营。那间小房,大概就能摆两张双人床。夫妻的双人床在里面，然后用布帘一隔；帘外的小空间，就是洗相铺的门脸。别看地方寒酸，从早到晚，门前从来都有人排队洗相，服务又便宜又好。几位住大楼的邻居不胜羡慕：这家人准发了！可是没有多久，一纸拆迁令：全都走人。我在房子拆前去那里一个修车铺补自行车带，听着居民骂不绝口。我以后补车胎、洗相，都要走到好远。

茅于轼说："我说的富人主要指凭自己诚实劳动致富的人，包括企业家、有名的运动员、歌手、科学家，他们不是靠特权致富的。中国企业家的处境是比较艰难的，他们的权益常常得不到保障，随时可能被侵犯，他们所处的环境充满风险。但在过去的三十年里，他们为国家的财富创造，做出了很大贡献。对这批人应该保护，让他们有一个良好的发展机会。"企业家他举出一个人来，就是任志强，副部长的儿子，国有企业的老总，也客串媒体明星。他究竟需要什么保护呢？至于那些"有名的运动员、歌手、科学家"，究竟被谁所"仇"所"恨"呢？我所举出的小摊小贩，难道不是中国经济的重要动力吗？难道他们不比茅于轼提到的这些人更容易受到侵犯吗？怎么对他们一个字不提？

茅于轼再次论证："保护富人，穷人才能致富。这个论点年纪大的人会有深刻体会，1979 年以前中国是穷人国，不管财富怎么来的，富人都是有罪的，不但他有罪，他的子子孙孙都有罪。越穷越光荣。选拔干部要查三代，三代贫农才能当干部。这样一个穷人国，对穷人有好处吗？"

不错，年纪大的人有许多宝贵经验传授给年轻一代。但是，年纪大的人也不要总活在自己的记忆里，要面对新世界。现在中国的社会，有"越穷越光荣"的意识形态吗？有"选拔干部要查三代，三代贫农才能当干部"这种现实吗？现实不是什么中国受到了"越穷越光荣"思想的威胁，而是中国在几年之内将成为世界四分之一奢侈品的消费市场。那些消费这些奢侈品的人，难道没有得到足够的保护、需要茅老特别出来为他们说话？

其实，古往今来，在任何社会，富人大体上都会得到比穷人更多的保护。富人可以雇保镖，可以有代言人，可以请最好的律师。辛普森杀人，在法律那么严格的社会中，花笔大钱组织一个"梦之队"的律师团，照样无罪，甚至还可以现身说法讲自己怎么杀人。相比之下，穷人碰上麻烦，常常是坐以待毙。所以，在当今世界上的文明国家，都比较强调保护穷人。这并不是什么民粹主义，也不是把穷人的法律地位摆在高于富人之上，而是基于一个非常简单的事实：穷人没有钱和关系，请不起律师。如果让他们保持对当前社会游戏规则的信心、接受这种规则的约束，就必须帮助他们，向他们证明社会对他们相当公道，他们的最大利益是遵纪守法。这样他们才不至于铤而走险。茅先生如果真担心中国发生贫富冲突,就应该睁开眼睛看看世界:中国是世界贫富差距最大的 30 几个国家之一。这些国家没有一个发达国家,绝大部分都是世界上最穷最乱的地方。要防止贫富战争,最好的办法就是缩小贫富分化。茅老为穷人办事值得赞扬,但为富人说话,实在多此一举。

要勤劳致富，就必须保护穷人

茅于轼的《只有富人得到保护，穷人才可能变富》的文章，引起了包括我在内的许多人的批评。然而，目前仍有许多人为他辩护。理由无非有几点：第一，茅于轼所指的"富人"，是勤劳致富者，他们的财富得不到保护，整个社会的财富就得不到保护，我们就又会回到贫困的时代。第二，茅于轼说保护富人，但并没有说不保护穷人。第三，贫富分化是市场经济发展的必然阶段。

关于后面两点，我已经做了驳斥。既然穷人富人都该保护，为什么一定要说保护富人呢？显然，保护富人对他来说最为迫切。富人穷人在他心中的轻重显而易见。另外，我拿出联合国的世界各国基尼数字的排名，证明所有发达的市场经济国家，都不像中国贫富分化这么严重。中国已经是世界上贫富分化最严重的三十几个国家之一，而且这一趋势仍然愈演愈烈。如果再这么发展下去，中国在这方面的指标，将直逼非洲的几个最腐败、动乱、贫困的国家，而离发达国家越来越远。从这些数据得出的正常逻辑是：健康的市场经济，应该使贫富分化不断缩小，而不是扩大。经济学家讲话，总不应该不顾基本的数据和事实吧？

而保护富人就是保护勤劳致富这一点，最有误导性。这说到底，就是一个保护私有财产的问题。私有财产必须得到充分的法律保护。在这方面我的立场始终如一。但是，在保护私有财产时，是应该先从保护富人的财产入手，还是应该从保护穷人的财产入手？其实这本来是个不存在的问题。但是，这个问题被"保护富人论"给创造出来了。这暴露了主流经济学家们一贯的立场。他们在私有财产权问题上，总觉得富人的财产才是财产，穷人的财产，特别是穷人的劳动不是财产。这从在拆迁问题上主流经济学家们一边倒地站在与政府有千丝万缕的关系的拆迁者一方而打压被拆迁户上就能看出来。这从他们对讨薪民工的态度也能看出来。请问：欠薪甚至不发薪水难道不是中国社会最普遍的侵犯私人产权的现象吗？哪个主流经济学家出来说过讨薪是在捍卫私有财产、讨薪者的权利应该特别重点保护？茅于轼只不过是把主流经济学家们想说而不敢说的话挑明了，财产首先是富人的财产。穷人的财产是否财产，还另当别论。只有保护了富人的财产，才能鼓励人们勤劳致富。

这一观点的支持者们忘记了一个事实:所谓勤劳致富的人,大部分是从贫困起家的。你口口声声保护富人,故意不提保护穷人,那么怎么可能鼓励人们勤劳致富呢?我当然意识到,中国社会有许多勤劳致富的人。他们常常受到各种盘剥。但是,盘剥他们的,不是被主流经济学家们描绘成的有红眼病的穷人,而是地方政府。

有位富人曾经给我讲起他起家时的故事。他的一个笔记本电脑丢了,习惯性地向警察报案,但马上后悔,怕丢的东西找到后被警察敲诈。果然,不久警察通知他电脑找到了。他赶紧去警察局取。警察说,今天不是领东西的时候,要某日某时来。他按时到场,发现电视台已经到场拍摄。他于是在摄像头前,取回自己的电脑,充分显示了警察的丰功伟绩。然而,事情并没有过去。几天后,他被叫到警察局。人家客客气气地说,干警为保护你们工作辛苦,给点赞助吧。一问需要多少,对方张口五千。他心里暗自叫苦:这个电脑当年是四千买的,用了多年,型号陈旧,大概一千也不值。但谁敢得罪自己的保护人?于是老老实实地交了赞助。

我这个朋友,如今的身价至少是几千万甚至上亿。他的经历,确实说明了勤劳致富的人是如何受盘剥。但是,我们不妨认真分析一下:他这么受盘剥,到底是因为富人没有受到保护,还是因为穷人没有受到保护?其实还是因为穷人没有受到保护。

这在道理上很容易讲明白。保护私有财产,就像编织一个保护公民财物的防护网,网眼越小越密、使什么小东西都掉不下去,保护的效果就越好。小财产从这个网中漏不掉,大财产就更不可能漏掉了。如果网眼很大很稀松,只有非常大的东西才能被接住,稍微小一点的东西就漏掉了,根本得不到保护。我这个朋友当然有财,名声在外,但毕竟是平民大款,和真正有钱有势的人不同。所以就被盯上了。

我的朋友的经历,在一个严格保护穷人的社会是不可能出现的。比如,我住在波士顿郊区。家中一日供水出现问题,找镇政府来检查。半个小时人就来了。检查完毕,发现公共供水系统没有问题,是房内供水的问题,政府没有责任,需要我们自己解决。我们刚刚在当地住下来,不知道找哪个公司,问他应该和谁接触。他递给我一个名单,上面密密麻麻有几十家公司的名字和联络方式。我问他能否推荐几家,给我点选择的线索。他则正色说,他只要说出一家的名字,就犯法了。他是政府工作人员,不能介入任何私人的交易程序。

这是一般政府部门包括警察的规矩。他们不能推荐公司,一是保护没有关系的小企业,保证公平竞争;二也是为了保护你作为消费者选择的自由。不使强势占到便宜,是政府运行的基本准则。再如交通违法,警察给你一个罚单,富人转眼就支付了，反正就那么几十块。穷人则跑到法庭上诉，说警察判罚不公。甚至有位中国朋友现身说法地教我，要尽可能跑到离罚你的警察的警区比较远的地方上诉。你上诉后，警察经常因为路远或繁忙不到庭，结果法官就按你的说法判罚单无效。而且，警察在处理交通事故开罚单时，一般都要告诉你上诉的权利。像这么一个社会，对老百姓几十块钱的财产都保护得如此精细，你能想象我那位朋友为丢一个电脑受盘剥吗？

中国社会不强调保护穷人，而且欺负穷人，许多可能勤劳致富的人，在穷困时没有得到基本的保护而丧失了进入富人层的机会，这才使勤劳致富的人占富人层很小的比例，通过权钱交易成为富人的人则成了主流。对这一点，重庆那个最牛的钉子户的主人说得很清楚：大家都在市场上做买卖。但是，在房地产开发商和他们这些小生意人之间，要保护开发商。而如果李嘉诚来了，那么在李嘉诚和那个开发商之间，肯定保护李嘉诚。大鱼吃小鱼，小鱼吃虾米。这已经不是我们社会的潜规则，而是显规则。

“保护富人论”的最后一个理由，则是仇富，好像贫民会以打土豪分田地的方式瓜分富人的财产。活在现实中的人不妨凭常识问问自己：这难道是对中国社会的一个真实威胁吗？穷人起来瓜分富人财产，只有两种情况才可能。一是被政治权力所鼓动，就像几十年前那样。面对这样的威胁，我们要做的是限制政治权力，给普通百姓更多的权利。另一种可能，则是在民主社会，一人一票，而穷人手上的票一向比富人多得多。在理论上，穷人可以轻而易举通过选举瓜分富人的财富，甚至通过陪审法庭给富人定罪。可是看看美国的社会就知道，真正有这种权力的老百姓，对富人的保护还是相当充分的。因为这种社会的准则很清楚：公民的私有财产，每一分钱都神圣不可侵犯。一个能保护每一分钱的私有财产的社会，当然也能保护上百亿的私有财产。相反，如果你连一分钱的私有财产也不能保护，还奢谈什么保护巨额的私有？如果一个社会只强调保护富人的财产，你只有上亿才会得到保护，几百块的工资也讨不回来，那么，许多本来可以勤劳致富的人，就根本成为不了富人。人们也会觉得，许多私有财产是不必保护的。当一个百万富翁看见身价几十万的人的财产受到剥夺时，他能有安全感吗？所以，我劝中国的富人和他们的喉舌们想想明白：如果民工们几百块的薪水得不到保护，我们的社会凭什么要承诺保护你们的财产？当穷人不觉得他们菲薄的家产神圣不可侵犯时，他们凭什么觉得你们所有的一切是神圣不可侵犯的？

崇拜财富并不能创造财富

茅于轼"只有富人得到保护,穷人才能变富"的理论,虽然近来在媒体引起了激烈的争论,但是,冷静的讨论并不多。其中应该负主要责任的,是茅于轼本人。他讲这话本身,就是非常不冷静的。我曾提到,克林顿刚刚当上总统时,张口闭口"富人",想采取劫富济贫的民主党传统政策。他的财长鲁宾劝他说:你不要用"富人"这个字眼。这个词太有侮辱性。大多数富人是正当地获得了财富。你可以说他们是"成功的人士"。克林顿因此冷静下来,放弃了这个字眼。

市场经济的社会强调人人平等、公平竞争。因此,"富人"就常常是个贬义词,因为这个词描绘的是一个人和别人不平等的事实。茅于轼则反其道而行之,把"富人"当褒义词来用。这说明了他的价值观念:他强调的不是平等、不是公平竞争,而是财富本身,哪怕这种财富并不那么正当。他的话里,透露出主流经济学家们关起门来才肯说的思想:中国的经济起飞是他们和富人们的功劳。富人们的钱虽然来得黑一点,但毕竟是不得了的财富。我们眼睛要盯在财富上,而在财富的正当性方面最好睁一只眼闭一只眼。富人的第一桶金即使不正当,也应该既往不咎。

这种财富崇拜,不仅会造成当今中国社会的不公平,从长远来看,还将有碍于中国摆脱贫困。"富人"顾名思义就是有钱的人。你可以说企业家创造财富,但"有钱"却未必能创造财富。大多数创造财富的企业家,远够不上茅于轼所谓的"富人"。比如,街上受税务等管理部门反复骚扰的小摊小贩就是企业家。在一些旅游景点,不少没有上过高中的小贩,居然操着几种外语和外国游客讨价还价。这在我看来,就是很了不起的企业家。茅于轼的企业家,则非"富人"莫属。这也怪不得,他说来说去,举出个任志强来做"富人"的典范,并且说"任志强最关心群众"。这其实还是跳不出干部楼里的等级观念。我们这代人都知道,"关心群众"的人和"群众"本身并不是一个阶层,两者之间有着不可逾越的鸿沟。过去"关心群众"的是"领导",现在则是"富人"。"群众"属于"不算数"的工人农民等等,当然没有资格和企业家们平等竞争了。

这种富人崇拜,反映了中国错误的经济发展模式。记得当年台湾经济起飞时,日本前首相岸信介告诫台湾:你们不要看着日本的大企业威风就照顾大企业。政府要保护小企业。日本经济的主力,还是中小企业!这无异于警告台湾:千万别只顾着保护"富人"。

茅于轼的"保护富人"说,实际上还是盯着那些买卖做大的人。但他忘记了,社会的财富,主要是那些并不那么富有的人创造的。即使是"富人",其对社会做出最大贡献的时候,恐怕还不那么富有。比如,比尔·盖茨为社会创造最大财富的时候,恐怕还是在白手起家创立公司的阶段。他在创造的盛期未必是个富人。这和我们做学问的道理也大同小异。人们总是崇拜学术大师。殊不知,许多人成了"大师"后就呆在自己的光环里吃老本,失去了创造力。最有创造力或真正进行创造的,还是那些穷兮兮的博士生,是还没有被承认的人。

正当的财富是对创造的承认。一个在市场经济中有竞争力的社会,最要紧的是保护创造过程,而不是仅仅保护对创造的最后奖赏。任志强有钱、有官场中的关系、有保镖、有排队等着他发话的记者。他既不用茅于轼这样的人为之说话,也不需要特别保护。相反,无权无势的小商小贩,则最需要有人为之说话或者提供保护。我曾反复讲过一个例子:北京郊外一个山鸡场,一对农民夫妇经营,几年就有了几十万价值的规模。穷得叮当响的农民,能创造这样的业绩,这才是企业家,是中国的希望。但是,我们的社会不保护这种人。一纸拆迁令,山鸡场被推倒,山鸡被抢光,几年心血全泡了汤。中国的富人,多是些开发商、房地产商。他们富起来的前提,就是不停地拆迁,推倒许多像山鸡场的主人这样的小生意人的买卖。他们不是财富的创造者,而是破坏中国经济发展潜力的吸血鬼!

这也毫不奇怪,中国明年就可能成为世界第三大经济体,但在未来几年内,不可能出现一家世界一流企业,也没有任何企业能够推出值得世界效仿的管理模式或技术。中国的富人,是在不公平的竞争中生成的,根本不是在管理和技术的竞争中胜出。相反,小商小贩需要靠效率制胜,需要有创造力。但是,我们的社会却纵容有钱有势的人对他们进行掠夺。如果一个社会只保护财富,而不保护创造财富的过程,是有问题的。

学者要有些体育训练

我反复讲，体育在西方传统中是精英教育的必修课，也是中国教育中最缺乏的东西。没有体育训练，我们的教育所培养的人格经常是残缺的，甚至造就出来的学者也不伦不类。

比如说学术，看上去似乎和体育毫无关系。但是，你到西方的大学里打听一下教授的背景就知道，许多人年轻时有相当长的运动生涯。人家做学问，常常也张口不离体育。当今在经济学和社会科学中最流行的一个理论，就是 game theory，即博弈论。这里的 game，也可以翻译成比赛。博弈论中反复讨论的 rule of game 即游戏规则，也可以直译为比赛规则。这些并不仅仅是个名称而已。这些学问中讨论的，经常是体育比赛的逻辑。比如，罚点球时守门员和罚球队员怎么猜测对方的意图等等，有经济学家由此演绎出一套经济理论，还得了奖。

中国的学者往往鄙视体育，以为那是"四肢发达、大脑简单"的人干的事情。这些学者因为缺乏体育训练，做出的学问就总缺点东西。比如，最近有个德高望重的经济学家，媒体中有一群他的"保镖"。你批评他很难。要么编辑退稿，要么编辑把他的名字删掉，不许你点名。我这里谈球，自然无伤大雅，不妨拿他的理论说事。

他最近最有名的理论，就是"只有保护了富人，穷人才能变富"。他的道理是：财富是富人创造的。保护了他们，才能鼓励他们创造更多的财富。这样穷人吃不着肉，大概也能跟着喝点汤了。如今这一理论十分走红，被誉为是不好听的"大实话"。

其实，把这话放在体育场上一检验，破绽立即出来。比如，一个裁判是否可以说"只有保护了明星，其他人才能成为明星"呢？毕竟，明星是把观众带到体育场的人。最近小贝在美国足球大联盟中露面，大部分观众就是冲他一个人来的。他一个人的工资，有时比对方上场队员的工资总和还多。对他保护不够，被人一脚踢伤了，大联盟岂不赔得血本无归？更何况，明星是对方犯规的主要对象。马拉多纳踢球时，对方的教练无不嘱咐本队防守队员：他一拿球，就把他撂倒，否则就出麻烦了。在客观上，明星确实也需要特别的保护吧？

但事实上,没有一个优秀裁判会对明星特别关照。相反,好的裁判,往往是那些敢于对大牌明星严格判罚的人。道理很简单:明星之所以是明星,就在于他们能够在平等公正的规则下和别人一样竞争。如果你一冲撞明星就犯规,明星就有恃无恐,短期看技艺发挥得更充分,可以连续过七八个人,多进许多球,使比赛更精彩。但过不了多久,这一切就变得虚假,像是表演赛。明星不受挑战,技艺也就无法再提高。最终比赛变得索然无味,观众也不会来了。

市场经济何尝不是如此!市场经济与体育比赛一样,最重要的是维持一个对所有人都公平的规则,而不是重点保护那些成功者,或者那些能力超强的人。我曾反复举出联合国的世界基尼系数,证明中国是世界九大经济体中贫富分化最大的,也是最穷的。世界上的发达国家,没有一个有中国这么大的贫富差距。亚当·斯密在二百多年前就说过,中国的富人得到了太多的保护,穷人几乎毫无保护,所以中国会衰落。可以说,贫富分化过大,不是经济发展的症侯,而是落后的标志。

看看现实就明白。中国对富人保护太多,对穷人保护太少。民工干活儿拿不到钱,讨薪要挨打。他们没有权利,工资被压得特别低。这样,就使富人特别好赚钱。许多地方政府,一心一意要创造让富人容易赚钱的“投资环境”,觉得那就是刺激经济增长。这种政策,在短期内也不能说没有效果。但是,从长期来看,则惯坏了企业。比如,许多国际企业到中国以后,马上把先进的设备放弃了。原因是中国的人工太便宜。企业用先进设备是要节省人力。但如果节省下来的人力比买的设备还便宜,人家凭什么要用先进设备呢?国内的企业也是如此。想竞争,首先就是压工人的工资。企业在这方面可以无所不为,就像一个大牌球星在场上受到了裁判的照顾一样,以后就不思进取,不会开发新技术。所以,中国虽然马上要成为世界第三大经济体,但是国际一流企业一家也没有。韩国是世界第十一大经济体,国际一流企业有好几家。其中一大理由,就是人家的社会贫富差距比我们小得多,企业不能单靠节省劳动力成本而生存,必须造出一流产品来。而在我们这里,光凭压榨穷人就能赚钱,谁还去提升企业的管理、开发新的技术?这样的游戏规则,怎么可能造出一流的产品。这也怪不得,中国连造方便面也造不出一流来。

这几年主流经济学家的言论不断引起公愤。自然有许多原因。毕竟他们和既得利益集团的关系非常密切,许多人自己就是富人,收入来路不明。不过,他们能这样恬不知耻,大概也和没有体育训练、没有公平竞争的概念有关。我希望他们还是少说些话,多到比赛场上活动一下筋骨。

只有保护穷人,穷人才能变富

许多人为茅于轼的“保护富人论”进行辩护。其中一个最义正词严的说法是:人家说要保护富人,但并没有说不保护穷人。富人的合法所得难道不该保护吗?

这话听起来似乎很有道理。是呀,谁不该受到法律的保护呢?说保护富人有什么错?可是,再一想味道就不对了。既然谁都应该受到法律保护,为什么不说“保护公民”,而单单说要“保护富人”?

再细看茅文,标题赫然写着:只有富人得到保护,穷人才能变富。文章是由最近几年接连发生了一批“问题富豪”落马事件谈起。由此可以推出茅于轼的理论:之所以要特别提出保护富人,是因为富人属于我们这个社会比较容易受侵犯的阶层。一旦富人的财产和权利得不到保护,谁还愿意当富人?谁还能当富人?所以,不保护富人,穷人也无法变富。

可是,拿茅先生的理论对照一下现实,我们看到的是什么呢?我们不妨根据联合国公布的基尼系数来衡量一下世界各国的贫富分化。在这个基尼系数中,0 代表着贫富的绝对平等,100 是代表着绝对的不平等。中国(基尼系数为 44.7)是世界上贫富最不平等的三十几个国家之一。所有西方发达国家,都比中国要均富。在世界前九大经济体,即美国(基尼系数 40.8)、日本(24.9)、德国(28.3)、英国(36)、法国(32.7)、意大利(36)、中国(44.7)、加拿大(32.6)、西班牙(34.7)中,中国是最落后、穷人比例最高的国家,也是贫富分化最大的。另有报道说,再过几年,世界四分之一的奢侈品,都将在中国的市场上销售。可见,中国的富人不仅占有了极大的财富,而且挥金如土。显然,富人不仅得到了保护,而且得到了比一般老百姓多得多的保护。否则,这些事实就无法解释了。

由此可见,所谓“只有富人得到保护,穷人才能变富”的理论,是如何狡辩到了极点!好像保护富人,是为了穷人的利益。真要为穷人的利益,那保护穷人就行了。我们为什么不直截了当地说“只有保护穷人,穷人才能变富”呢?看看我上面所举的数据,难道不说明这一点吗?那些发达国家,对穷人的利益保护充分,许多穷人变富了,贫富分化比我们小得多。这些国家中,美国是贫富分化最厉害的。但我这几年观察，沃尔玛这样的大企业的临时工告公司克扣工钱，几乎一告一个准。在中国，正式职工讨薪讨不到的又有多少？中国已经是世界上贫富分化最严重的经济大国。难道我们还要强调保护富人吗？

记得在九十年代初，克林顿刚刚当总统时，他希望执行民主党劫富济贫的政策，一口一个“富人”应该多缴税。他的财长鲁宾，是华尔街的金融精英，马上在措辞上提出商榷。鲁宾说，“富人”不是坏人，他们大部分是对社会做出重大贡献的成功人士。你应该说他们是“成功的人”，不要一口一个“富人”，这对人家太侮辱了。后来克林顿接受了这样的意见。可见，在人家那里，“富人”是个贬义辞。你如果形容有钱人是“富人”，就有像鲁宾这样的人出来抗议。而在我们这里，一切都是本末倒置。

说“保护富人”的人，不过是向财富献媚而已。中国的穷人富不起来，就是因为他们得不到保护，就是因为像茅于轼这样的主流经济学家和为他抬轿子的许多媒体人士根深蒂固的财富崇拜。

贫富分化是市场经济的必然结果吗?

茅于轼先生的保护富人论最近在社会上引起激烈的争议,据说许多人以不理性的方式和他辩论。尽管我批评他时总是三思而后行,但写出来的文字大部分被各编辑部退回来。理由从"不同意"到"不厚道",不一而足。我想,数字应该是最理性的了。数字当然可能不准确,但权威机构的数字总能大体反映现实,而且至少没有什么个人情绪。

茅老自己解释了他的保护富人的根据。他说:"市场经济和计划经济不同,前者是人权的平等,它必然造成收入的不平等,因为人与人不同,能力有大小,运气有好坏。后者是经济的平等,它必然有人权的不平等作后盾,只有强制性地压制优秀分子才能做到经济上的平等。"这不能不说是惊世骇俗之论:一个人权平等的社会,必然造成收入的不平等;一个经济平等的社会,"必然有人权的不平等作后盾"!言下之意,市场经济必然造成收入不平等,要想平等,那只好回到计划经济中去。我们这代人以及茅老这代人,吃够了计划经济的苦头。面对茅老给出的选择,我们当然要选择不平等了。

不过,在做出这样的选择前,我们不妨按照这个逻辑找数据对一下,看看市场经济比较发达的国家,看看那些"人权平等"的国家,是否贫富差距都比较大;那些市场经济不发达的地方,那些"有人权的不平等作后盾"的国家,是否贫富差距都比较小。几天前英国《金融时报》正好报道了亚洲发展银行的一项研究,结论是:中国和尼泊尔是亚洲贫富分化最严重的国家。相比之下,日本、韩国和台湾地区则要均富得多。我们学市场经济,应该跟着尼泊尔,还是应该学日、韩、台湾地区?

再看一下世界范围内的情况。我找到联合国统计的世界基尼系数的排名。在这个系数中,100 代表着绝对不平等,0 则是绝对平等。换句话说,分数越高,社会就越不平等。中国的基尼系数是 44.7,属于贫富分化最厉害的三十几个国家。比中国贫富分化严重的发达国家,我居然找不到一个。事实上,世界上发达的市场经济国家,贫富分化都比中国小。比如,丹麦、日本、瑞典、挪威,在均富程度上各排第一、第二、第三、第五,基尼系数分别为 24.7、24.9、25 和 25.8。再看世界主要经济大国,美国以贫富分化著称,其基尼系数是 40.8,德国则是 28.3,英国是 36,法国是 32.7。超过 40 水平的发达国家,只有美国和新加坡(42.5),但也都比中国低。再看看那些比中国贫富分化更严重的国家,主要是一大堆非洲的穷国,以及斯里兰卡、海地等等世界贫困的角落,外加上几个经济表现稍好的发展中国家:巴西、墨西哥、阿根廷、智利……

从这些数据中,我们大体能得出这样的结论:市场经济,特别是健康的市场经济,导致的不是贫富分化,而是均富。贫富分化,大多出现在没有市场经济或者市场经济不健全的地方(如中国和拉美国家)。没有一个像样的市场经济国家,贫富分化达到了今天中国的程度。同时,人权平等的国家,即那些成熟的民主国家,总体上比人权不平等的国家有更多的经济平等。

经济平等和政治平等当然是不同的事情。但两者是成正比的关系,绝对不像茅先生描绘的那样是呈反比的关系。这和历史上一些最杰出的思想家的观察也大致相合。比如,托克维尔在其《美国的民主》一开篇就指出,美国比欧洲有希望,原因是社会极其平等,简直到了超出欧洲人所能想象的程度。市场经济的祖师爷亚当·斯密对十八世纪的中国的观察则是:贫富差距太大,有钱有势的人得到了过于充分的保护,穷人则毫无保护,这样的社会走不远。我曾反复引用这句话。可惜,主张市场经济的主流经济学家们,面对自己祖师爷的教训一直装聋作哑。

所谓计划经济时代的"平等",也是茅于轼先生一厢情愿的想象。按说,茅先生是那个时代过来的人,实在令人不解他为什么这样天真。比如他说:"30 多年前,全中国没有一个富人。那时,北京只有唯一的一辆私人小轿车——周总理特批给梅兰芳的。"这难道是真实的吗?在市场经济以前,北京的部长级干部,至少是有车而且有司机的。有不少局级单位,比如我工作的报社,也养着一个司机班。这些车,召之即来,不用操心保养、修理、油费、停车场,再加司机,费用是多少呢?那年月的部长楼,老百姓最多也只能在院墙外远远地望一望。当然还有那些神秘的特供店、那些娱乐场所、特别的医疗服务、与文工团的女孩子们共舞的晚会。这种贫富分化,并不以货币的形式体现,但不能说不存在。其中,一个最普遍的贫富分化就是城乡差别。这就是计划经济人为制造的。如今茅于轼支持城乡分别计算基尼系数,等于掩盖了我们体制自己制造的最普遍的贫富分化。再据此说中国贫富分化并不严重,要紧的是保护富人,如何能服人呢?经济学家总应该凭数据说话,茅先生的数据在哪里?

中国的贫富分化程度是否到了警戒线,我没有判断的资格。不过,亚洲发展银行的报告,不仅指出了中国是亚洲贫富分化最严重的国家,而且这一趋势还有增无已。照这样的速度发展下去,中国的基尼数字,很快会赶上非洲的一些穷国。而在那些国家,既无社会稳定,也无政治稳定,更无经济的繁荣。

中国的廉租房难道还赶不上五百年前的欧洲?

茅于轼不愧是茅于轼。“廉租房应该是没有厕所的,只有公共厕所,这样的房子有钱人才不喜欢”。简单的一句话,又一次引爆了媒体。

他的话不禁让我想起去年在《华尔街日报》上看的一篇文章,讲的德国奥格斯堡(Augsburg)一处145户人家的廉租房建筑群。我们不妨拿来对比一下。

当时读这一报道时,先是被这一廉租住宅群幽雅的街区所震撼:欧洲不愧是欧洲!怎么贫民窟看上去有点像故宫呢。再仔细一看文字,每套房子实在很小,在五百到七百平方英尺,大概相当于国内的六十平米左右吧。住户有许多无依无靠的寡妇,大概每户也就一两口人。不过,即使是这么小的公寓,每套也要修一个独门,直接通到庭院或者小巷,给人一种独门独户的家庭的感觉,比我们传统的宿舍楼那种单元好得多。更何况建筑风格非常考究,比如门把手都是雕花的。每月的租金不足一欧元(准确地说是0.88欧元)。

这一廉租房,在欧洲恐怕并不典型。这不是政府出钱修建的,而是五百年前德意志银行家(也是欧洲最大的银行家)Jacob Fugger的施舍。住进来也是有条件的,那就是每天为他的灵魂祈祷三次。这当然没有人监督和组织,就看住户自觉了。有位老太太供认,她总有几天会忘了给他祈祷;不过,如果电视里的节目不好看,她闲着没事有时一天会多给他祈祷几次。她确实是真心感激他。

这种廉租房虽然无法反映当今欧洲政府的社会政策,但是,当“廉租房应该是没有厕所”的话放出来后,奥格斯堡的廉租房对中国的社会就应该有些教育作用了。

首先需要声明:我住在国外十几年,举的也是德国的例子,肯定有人会说:“你食洋不化,不懂中国国情!”也许是这样。那么,我就不妨把我为什么不懂中国国情给大家讲一讲。所谓中国国情,在我这个不懂的人来看主要是经济发展水平还比较低,不能什么事情都和人家欧美发达国家比。这个我完全同意。但是,现在中国的经济发展水平再低,总应该比中世纪的欧洲好吧?人家的廉租房是那时候建的,也是那时候开始投入使用的。中国现在怎么也算个二十一世纪的崛起大国了。难道比不上人家五百年前的奥格斯堡吗?

中国是礼仪之邦,大家都知道“礼义廉耻、人皆有之”的古训。穷人可以失去财富,但不能失去尊严。Jacob Fugger 修造这 145 套廉租房时,好像很懂这个道理。他并不仅仅对穷人提供物质上的救济,而且要帮助他们捍卫自己的尊严。比如,他要给每套公寓建一个单独的门,可谓用心良苦。他不仅是想让这些穷人居者有其屋,而且要让他们在心理上没有寄人篱下的感觉,给他们一种独门独户的骄傲。可是,在五百年后富裕得多的中国,居然会有不给廉租房修厕所的主意,而且这样的观点在我们的社会还显得很“理性”。每一个中国人都应该问问自己,如果这样的廉租房真在中国大城市修建起来,这将代表一种什么样的文明?

第二,所谓不修厕所的房子有钱人才不喜欢等等,体现了茅于轼们的一贯思路。他们反对经济适用房,也出于这一理由。确实,许多经济适用房被有钱人占用,这种情况也可能蔓延到廉租房中来。其实,你不修厕所有钱人就不会去占用吗?难道他们不可以租下来当储存室吗?为什么欧洲建造廉租房有五百多年的历史,规格很高,却不会因为这些问题而放弃呢?

只要政府有决心加强管理,有钱人靠造假住进廉租房或者购买经济适用房的现象并非无法制止。我们毕竟生活在计算机时代。我们可以建立住房数据库,把所有房主(包括其直系亲属)登记,便于联网检索,保证住进廉租房或者购买经济适用房的人没有其他住房。收入上造假确实比较难查。但是,俗话说“跑得了和尚跑不了庙”。你造假买房,经常一住几十年。政府如果有严厉措施、并不断完善审核技术、任何时候查出造假来都加以重罚,那些造假的人自然感到夜长梦多,睡不踏实。因为这样购房比一时的诈骗风险大得多,从理性上看许多人就不愿意冒这种险。当然,经济适用房的转售要限定价格,防止倒买倒卖,也大大减少了造假的利润。问题是,如今很少见到政府清查在廉租房、经济适用房上造假的案例,也没有见到在这方面强化管理的努力。我们当然不可能一夜之间就像欧美发达国家那样把这些事情管理得井井有条。但是,如果起步都没有,就实在说不过去了。如果因为这方面疏忽就放弃了救济穷人的必要政策,就更不可原谅了。

各行各业都有腐败。腐败得不到治理是政府的失职,但腐败本身不是关闭一个行业的理由。廉租房、经济适用房的用户中有腐败,难道房地产商中就没有腐败吗?茅于轼先生为什么不主张取消房地产商呢?为谁说话,为谁办事,这还不是很清楚吗?

茅于轼有什么资格说穷人懒?

茅于轼先生最近频频发表言论,对保障性住房一个也不放过:先是要求廉租房不修私用厕所,再是叫停经济适用房。理由是经济适用房创造腐败,而且不创造财富。

保障性住房是一个健康稳定的市场经济之必需。廉租房和经济适用房都应该是未来中国社会发展的重点。不错,经济适用房建设中有许多腐败现象。把经济适用房修建到一百多平米,确实是腐败或浪费。这种房子明摆在那里,政府只要决心打击,腐败并不难清除。但是,因此取消经济适用房则是不对的。经济适用房的目的本来就不是直接创造财富,而是提供必要的社会服务。

我们不妨看看发达国家在这方面的例子。荷兰第七大城市 Tillburg,人口 165,000,51%的房子为非赢利的住房协会拥有,属于经济适用型。这些房子的租金是市场价格的一半到三分之二。在伦敦,开发商建造的住房有 25－25%必须是经济适用型。另外,这两个城市和许多欧洲城市都要求经济适用房和廉租房与商品房混合建筑,使人们不能分辨出两者。这样,住经济适用房或廉租房的人就不用背着个“穷”字而出入自己的社区。可见,保障性住房不仅对低收入者提供了物质帮助,还保持了他们做人的尊严。

中国还属于发展中经济,当然不能一切照抄。但是,一些保障性住房的技术问题,并不是那么难解决。比如,给廉租房修个厕所,两平米就可以。考虑到住房建设是百年大计,这种廉租房在三十年后还要使用。那时中国应该成为中等发达国家。难道穷人使两平米的厕所也过分?富人真会对仅有两平米的厕所的房子那么感兴趣吗?如今经济适用房的标准也确实太高。在北京上海这样的大城市,也许三十平米一套就可以,而且必须出售给无房户,不得转租,不得转卖。这样就解决了许多低收入家庭的住房问题。难道富人真会冒着被发现、挨罚的风险来抢购三十平米的小房吗?

为什么茅先生不想想这些措施,而是想方设法地取消保障性住房呢?这其中的理由从他对廉租房的评论里可窥一斑:“有人说,廉租房没有私人厕所是歧视穷人。这话不错。市场经济就是对穷人不利。有钱人什么都能做,没钱什么也做不成。它是认钱不认人的……廉租房的建筑标准低,虽说是对穷人的歧视,但也是对穷人的帮助和优惠。他们花很小的代价,能住上比过去好的住房,靠的是全国的纳税人出钱。但是,最终走出贫困,还得靠自己努力。"话里话外,还是他觉得穷人是懒人,不想"靠自己的努力"走出贫困。你去问问二百多万失业的民工,他们哪个不希望通过"自己的努力"走出贫困?你再回想一下我们这四分之一世纪建筑在廉价劳工基础上的经济起飞,难道那些买不起商品房的劳动大军,不比你茅于轼更有资格当中国奇迹的功臣吗?你有什么资格说人家不靠自己的努力?

穷人需要的不是"嗟来之食",他们需要的是机会,是公平的待遇,是人的基本尊严。一个人,只要他辛勤劳动,就应该有(带私人厕所的)房子住,有温饱,能送孩子上学。这是人的基本权利。如果一个社会不能保证人的这种基本权利,那就是在建造"通向奴役之路"。这也是我们建造保障性住房的理由。

茅于轼错在哪里?

茅于轼在发表了关于廉租房不修私人厕所的言论后,我对他发表了一系列批评。国内有朋友说:"人家主张市场经济,是搞改革的。既然你也主张市场经济,为什么要和他过不去?"

听了这话,我哭笑不得。难道同是主张市场经济的人,就不能互相批评吗?如果主张市场经济的人之间不互相批评,后果是什么呢?那就是市场经济理念的僵化。市场经济的理念一旦僵化,就会败坏市场经济的声誉,并最终阻碍改革。这是我必须批判他的理由。

简单地说,茅于轼版的市场经济,就是计划经济版的市场经济。比如,我们七十年代文革期间政治学习时几乎每天都被灌输:"资本主义是金钱万能的社会,认钱不认人。有钱人什么都可以作,没钱人什么都做不成。"我记得当时还有个电影,好像叫《春苗》。其中讲到"旧社会"时,一穷人孩子得病,当爹的跑到药店抓药,拿不出钱来,苦苦哀求那药店老板;老板则斩钉截铁地说:"本药店概不赊欠!"父亲跑回家,孩子已经断了气。当时看了那电影直哭。老师告诉我们:万恶的资本主义就是这样的。

再看看茅于轼是怎么说的:"市场经济就是对穷人不利。有钱人什么都能做,没钱什么也做不成。它是认钱不认人的。"这难道不是和当年我们的政治老师说的是一样的吗?他的不同之处,是在价值判断上来了个一百八十度的大转弯,说这种所谓万恶社会是好的,我们过去那种叫"社会主义"的大锅饭才最糟糕。

可是,你到西方发达的市场经济社会看看,大部分国家实际是全民医疗保险(大致就是公费医疗)。在美国这种最市场化的社会,即使你没有医疗保险,如果有急病,一个电话救护车就来,任何医院都必须救治,否则要负法律责任。倒是我们这里,经常有医院不见钱不救人的报道。当我们的社会越来越变成个见死不救、认钱不认人的社会时,理直气壮地称市场经济"认钱不认人",就不仅公开支持了这种放弃任何道义原则的铜臭理论,而且也歪曲、玷污了市场经济。

茅于轼的市场经济概念,其实就是计划经济时代丑化市场经济的政治宣传的产物。这并不是他一个人的问题,而是许多在计划经济时代成长起来的人的共同问题。这些人把妖魔化版的市场经济当作一种社会理想。这才出现了主流经济学家和企业精英频频演出“直言秀”、以冒犯公众为荣的奇特现象。比如,房地产大鳄任志强曾放话“不给穷人盖房”。这种话,你看哪个西方国家专门经营豪华建筑的人敢公开说?你真到了市场经济的环境下,就知道人乃生意的基础。你不尊重社会,生意就做不成。你放出这话,就等着在公司门口对付抗议者。没有一个对本公司负责的CEO会放出这样刺激社会的话来。

茅于轼年事已高,也许知识更新不像年轻人那么容易。但是,他那些主张市场经济的朋友们,难道就不应该帮帮他、指出他明显的谬误和失实之处吗?难道捍卫他比捍卫市场经济还重要吗?难道连“市场经济就是认钱不认人”这类的错误理念也不值得纠正吗?难道指出这种问题,就成了“煽动”、“没有良心”吗?我不能不遗憾地指出,当前中国的知识界弥漫着一股江湖气,辩论公共问题如同打群架。只要某人是“我们这一头儿”的,他说了什么错话都无关紧要,都要先为他辩护。这个“哥们儿义气”式的帮派作风,鼓励的是知识懒惰,即通过把反对意见都归纳为别有用心而让自己一方的意见不受任何真正的思想挑战。我至今相信,绝大部分中国人是愿意选择市场经济的。但是,“市场派”人士的这种知识懒惰,使他们不能剔除几十年前被洗脑时接受的对市场经济的妖魔化,居然用“认钱不认人”的原则为市场经济辩护,这是“市场”在公众的印象中越来越坏的原因之一。批评茅于轼的人有多种多样。但是我认为,真正认同市场经济的人,应该起来批判他。

北京提出了住房建设的好模式

几年前，北京市公布了“十一五”保障性住房及两限商品住房用地布局规划(2006年、2010年)，规定今后新建商品房项目入市前必须按一定比例配建保障性住房(包括廉租房、经济适用房和政策性租赁住房)及两限房，配建平均比例为商品房的15%。

这是一个德政，应该认真、严格、小心地实施，使之成为一个成功的典范，然后向全国推广。

经济发展后，贫富分化很难避免。这就好像一场球赛有胜有负一样。但是，如果输的一方以后再无机会上场，他就将不再认同这一游戏规则，社会就会出问题。所以，发达国家衡量社会是否健康的一个重要指标，就是贫富之间的流动率。各国在教育、医疗、住房等社会政策上，都向穷人倾斜，保证人们不会因为穷而丧失上场的机会，而且要尽可能让穷人富人站在同一条起跑线上。

但是，这一理性实现起来谈何容易！一个最大的问题，就是贫富分居。穷人只能住便宜的地方，富人则把几个昂贵地区的房价抬到除了他们谁也买不起的地步。这种“自由竞争”如果不受控制，一个城市中就会出现“穷人国”、“富人国”，大家老死不相往来，对彼此的生活缺乏了解，互相排斥、敌对，社会就会分裂。

中国的主流经济学家们，对此当然毫不介意。他们觉得任何政府的干预都会影响市场竞争，如今的当务之急是“首先保护富人的利益”。房地产大鳄任志强也口口声声不给穷人盖房。北京市则对此做出了明确的回答：你不给穷人盖房，就别再做这门生意。这种政府干预，是最好的干预。政府并不参与经济运行，但是要为市场经济制定合乎我们社会的价值观念的游戏规则。大家还是在一个平台上竞争，只是每个人都必须把15%的住房给穷人。

类似的办法，在发达的市场经济国家其实早已实行。最近的一个例子出现在纽约。纽约市长布隆博格是美国最成功的生意人之一，身价130亿美元。这样的人，不能说不懂市场。但是，他上任后，发现联邦政府已经停止资助经济适用房的建设，就募集75亿美元的私人资金，修建165000套经济适用房，足以容纳一个亚特兰大市的人口！如今,这一计划已经完成了三分之一。著名的哈莱姆区,本来是犯罪的渊薮,如今房子俏得让人买不起。布隆博格上任后在那里建的一栋 123 套公寓的大楼,市场月租金达 3000 美元。但是,他把 80% 留给了低收入阶层,大家通过抽签赢得租房的权利,月租金仅 700 美元。另有一群连体式住宅,市场价一套 170 万美元,但是普通收入的家庭则仅支付 25 万美元！谁说穷人富人不能在一起住?

北京市的实验还远没有这么大胆,但却是一个良好的开始。我相信,在这一政策的实施过程中,由于经验不足,还会碰到许多技术的困难,甚至会有一些失误,但这都不能抹杀这一创意的价值。我希望北京市能严格贯彻贫富混居的政策,为中国的社会公平,摸索出一套可操作的经验。

我们应该从经适房丑闻中学什么?

最近读到胡安东先生一篇文章,称他当年曾经在凤凰卫视就经济适用房问题PK茅于轼,现在觉得要向茅老道歉。理由是最近三件事让他对经济适用房和限价房的好处产生怀疑:“一是有开发商在经济适用房的地块上违规盖别墅,引发郑州规划局副局长逯军质问记者‘替谁说话’后的一片哗然;二是武汉经济适用房的摇号有假,而当地政府通报此事时只花了一分钟就算了事;三是北京住总集团董事长张贵林轻描淡写地透露,由于销售渠道稳定,该企业承建的限价房也有8%到10%的利润。”

胡先生的解释,让人摸不着头脑。他改变立场,触及到一个我们从经济适用房的失败中学习什么的问题,不可不深究。

在世界主要的市场经济国家和民主社会,都有经济适用房的政策。特别是在欧洲一些城市,经济适用房所占的比例相当高,到了中产阶级也有机会享受的程度。我一向主张,中国既然要走市场经济的路,就应该向这些在市场经济中已经获得成功的国家学习。特别是中国的贫富分化比这些国家都大,经济适用房就更成为必要了。

不错,经济适用房政策的实施过程中确实出现了许多问题,比如建造标准过高、面积过大,被许多有钱人抢占等等。但是,这些问题要解决,技术难度其实很小。中国有句俗话:“跑得了和尚跑不了庙”。房子是不动产。有钱人占了,如果整天开着豪华车出入,民愤很大,举报起来也很容易。你逃得了初一,躲不过十五。这也正好为我们的改革提出一个尖锐的问题:管理好经济适用房,要和推动基层民主联系起来。第一,经济适用房的建造标准要经过适当的程序确认,特别是要让当地居民参与决策。第二,加强舆论的监督和社区自治,让老百姓在这个问题上不仅能充分表达自己的意见,还能充分行使自己的权力、决定把经济适用房交给谁。第三,政府对以不法手段获得经济适用房的高收入阶层要加以重罚,情节恶劣者可以没收房产。试想:房子一住就是几十年。顶着民愤住在里面,怎么可能不作恶梦?所以,关键是政府要有决心。现在既然经济适用房被高收入者侵占的现象这么普遍,怎么杀鸡给猴的例子几乎一个也没有?这说明政府失职。如果每个城市都没收几十套房子,看看谁还敢去冒险?

胡先生举的三个例子,都非常令人深思。可惜他却往相反的方向深思。比如“替谁说话”的事件,已经引起举国公愤,逯军也被停职。当地农民在接受记者采访时表示,自己拿出地来,对建经济适用房是支持的,但凭什么给富人盖别墅?媒体的责任,是监督到底,督促政府抓出有关责任者、严惩不法分子。武汉的事情也是一样,已经成为全国的丑闻。这两件事恰恰说明,在经济适用房上做手脚,老百姓并非看不见。关键是要老百姓发出自己的声音,并进一步获得足够的权力来管理自己的事务。如果你总说网络民意不是民意,网络民意是非理性等等,当然搞经济适用房想怎么黑就怎么黑了。那确实还不如不搞为好。

第三个例子其实也非常说明问题。承建经济适用房的公司有些利润并非不合理。事实上,西方许多国家承建经济适用房的公司都有利润,10%以下的利润是企业适当的利润范畴。这恰恰说明那种房地产只为富人服务、“不给穷人盖房”的论调是多么荒唐。我们的市场经济框架,应该鼓励企业为大众服务。比如,你给中低收入阶层提供物美价廉的住房服务,应该得10%的利润。在现在的情况下,我们国家的政策应该让那些建豪华别墅的公司赚不到10%。现在的肥水全归了这些开发商,老百姓的住房问题当然难以解决了。

因为经济适用房产生腐败就反对经济适用房是很荒唐的逻辑。试想:中国的高考每年都有些丑闻,是不是因此就取消高考呢?有腐败就去清除腐败。清除不了,就要反省我们的制度有什么问题、怎么改革。经济适用房让我们重温了改革四分之一世纪以来一直在讨论或思考的问题:市场经济的改革,是否可以永远脱离政治改革而独行?如果回答是肯定的,我就同意茅于轼先生的主张,停建经济适用房,廉租房要修得像监狱一样,人不到走投无路不会去。可惜,看看人类的历史,没有一定的民主秩序,有几个市场经济能够成功?经济适用房问题恰恰也说明了这一点:至少在基层社会的管理和福利分配上,需要进一步推进民主建设。这包括更多的舆论监督、更多的社区自治(比如成立居民代表大会审核认证经济适用房的资格)。经济市场化,政治民主化,这才是中国要走的路。

经济适用房真是无药可治吗?

我不久前在《东方早报》发表了《我们应从经适房丑闻中学到什么?》一文,批评胡安东先生因噎废食、轻易否定了经济适用房的意义。胡先生能拨冗反驳,我表示非常感谢。不过,胡先生提出的几点反驳理由,却一点也不能说服我。所以不揣愚陋,再把我想到的东西拿出来就教于方家。

胡先生对我的驳斥有三点。第一点,经济适用房行不通,在于中国没有西方那种人口的自由流动。户口门槛使许多弱势民工根本没有资格申请经济适用房。中国的现实我并非不知道。但我要问的是:这种状况不能改吗?过去民工子弟在城市就读几乎不可能,政府首先就反对;现在至少政府的态度已经转变了,有关政策也在陆续实施。胡先生就职于媒体,我们大家一起努力呼吁,并非没有促成变化的可能。只可惜有些房地产商叫嚷着用高房价"控制人口质量"。这种妨碍变革的力量,才应该是胡先生攻击的靶子。而更为切近的问题是:除了民工外,难道城里就没有其他需要经济适用房的贫民吗?特别是在拆迁过程中,许多贫民的祖居、祖产被剥夺,也并没有得到适当的补偿。这些人还在城里工作。难道他们不应该享有经济适用房吗?老实说,就算排除了民工,现在建设的经济适用房也远满足不了世代居住在城市的贫民的需求。难道他们不能排个号、碰碰有房子住的运气吗?

更让我糊涂的是胡先生居然拿武汉经适房"6连号"造假事件来证明"薛先生那种'市场经济加民主建设'的自由经适房政策,如果缺了强有力的公平监督,不仅会让那些舞弊者'跑得了和尚跑得了庙',而且会让原本分给穷人的房子都会'洗白',摇身一变为富人的不动产。"我文章中讲得很清楚,民主建设的核心内容之一就是舆论监督呀!经济适用房的丑闻,正说明新闻自由、媒体监督之重要。经济改革和政治改革必须配套。既然胡先生是《中国房地产报》副总编辑兼执行主编,那么我就给胡先生提个建议:派人调查"6连号"造假事件,派人监督各大城市的经济适用房的分配,把丑闻都揭出来。这也是我强调的核心问题。三十年前,没有人能想象中国会有几百万"网上陪审员"能影响一些重大案件的判决,但是现在则正在变成现实。难道这种网民的监督,不能用到经济适用房上来吗?比如,胡先生任职的新闻机构可以开个网站,专门用于举报经适房的非法占用者,可以把长期停在经适房前的私人车照下来,把车主(住户)的名字公布。搞些“人肉搜索”也未尝不可。这种事情多起来,谁还能“跑得了和尚跑得了庙”呢?如果胡先生自己明明知道经济适用房普遍被富人和权势阶层所占用,但胡先生自己主持的房地产专业报纸居然在这方面揭露不出什么丑闻来,这是否说明胡先生对自己的工作不太尽心呢?

第二,针对我主张的社区自治,胡先生说我所谓的“这个‘自治权力’的下放比强调‘西方式民主’更可怕”。这话大概也点明了我们的分歧的核心。你要觉得民主可怕,觉得中国人不该有民主,当然会觉得不应该建经济适用房了。在我看来,胡先生对民主的理解似乎有些欠缺。我不是说要把“西方民主”照搬到中国。我只是说现在经济最发达、社会最稳定和谐的社会,恰恰都是西方民主社会。人家的社会有许多值得我们学的地方。真不知道为什么胡先生把“西方民主”看得那么可怕。他反对“自治权力”下放,理由是地方上更腐败。这个事实我承认。但是,“自治权力”下放不是把中央的权力下放给地方官,而是让地方社会自我管理,就像村民自治一样。地方政府的腐败,最大的原因是他们的权力不受本地居民的制约,是地方没有真正的自治。“自治权力”下放则就是把地方官的权力尽可能地转交给老百姓自己。这种传统固然在西方源远流长,但也不是西方的专利。日本江户时代搞得就很成功。这也是日本的现代化比中国快得多的原因。难道江户德川幕府能做得到的,现代中国做不到?

第三,在经济适用房的利润问题上,胡先生称“国内经适房不完全像欧美那样是‘公共产品’,而是‘政策性产品’,尤其是住房保障纳入4万亿扩大内需计划后,其功能更属‘政策性投资产品’。“薛涌先生对中国住房公共政策的一知半解”。其实,我并非不知经济适用房在中国是“政策产品“。经适房本质上就是“政策性产品”,在欧美也不例外。但在人家那里,“政策性产品”也可以通过市场来经营,理由是市场最有效率。这一点,是胡先生自己有点“一知半解”了。其实,市场经济的发达国家给中国提供了许多成功的经验。我不是说要照搬。但是为什么不能去研究一下?这也揭示了许多像胡先生这样的人的通病:他们动不动就说西方那套不适合中国。其实,西方有些东西不适合中国,有些则很适合中国。你总应该先研究一下西方的东西到底是什么,再断定其是否适合中国吧?我劝胡先生们不要对我等的“隔洋感叹”这么不屑一顾。中国近代以来的许多变化,就是从这种“隔洋感叹”中来的。我也许没有胡先生那么了解“国情”,但毕竟在中国生活了三十三年,对中国还是认识的。正是这种中国经验,塑造了我们观察西方的视野。在这个意义上说,“隔洋”而不“感叹”才是失职的。

我批评胡先生的要旨很清楚:经济适用房的政策要有效落实,必须推进民主改革。改革走到今天,这个问题早该提到议事日程上来了。让我感到震惊的是,胡先生居然提出一个"民主可怕论",甚至把让老百姓自己管理自己的"自治"看得"比强调'西方式民主'更可怕"。他称我的"市场经济加民主建设"式的经济适用房"应该在美国的长岛、德国的杜塞尔多夫、丹麦的哥本哈根,或者日本、新加坡,最不济也应该是香港。"既然他谈"应该"和"不应该",那就已经超出了对现实的理解,而涉及到价值观念的问题了。难道中国人不"应该"享受西方人的基本福利吗?我希望胡先生这里是匆忙之间没有表达清楚。不过,我也担心,目前确实有一群精英,关起门来就在那里议论:民主的交易成本过大,还是绕开为妙。我只是希望胡先生不属于这种人;希望他能看到:民主能解决许多单纯靠市场所无法解决的问题。这也是民主国家的市场经济最健康的根本原因。

用经济适用房改造棚户区

最近,北京市最大棚户区开始拆迁改造。3 年内该地区 8.5 万居民将搬入新居。这一地处门头沟、有"城中村"之称的棚户区占地面积约 7 平方公里,房屋建筑总面积约 136 万平方米,其中住宅面积约占 60%。区域内低矮破旧的平房多年失修,甚至地基下沉、墙体开裂;同时基础设施严重滞后,道路完好率低,居民出行难;水、电等管线老化陈旧,居民吃水难、用电难,成为城市发展的死角。值得注意的是,这次改造并不是像流行的拆迁那样把原住民赶到偏远的城外,而是参照廉租房、经济适用房的标准设计安置用房,并且所有的安置房距离棚户区距离不会超过 1 公里,居民基本可以保证步行 5 分钟就可以到达公交站或轨道交通站。

治理棚户区是个非常困难的工程。即使是发达国家,这一问题也没有完全解决。北京的这一动作效果如何,自然有待时间来检验。不过,这种改造棚户区的精神和原则,则颇有可嘉奖之处,在中国的城市化进程中带了个好头。同时也说明,经济适用房在现代大都市中占有不可或缺的地位。

棚户区是个历史的问题,也是个世界的问题。人类自有城市开始,就有棚户区。棚户区是贫民的聚居地,环境差,犯罪率高,被视为城市的癌症。同时,棚户区的居民,又为城市的发展提供了大量的廉价劳动力。很少有哪个城市的发展不得益于这些穷人的贡献。在西方的语言中,棚户区有各种叫法。不过在英文中最流行的一个是 slum,一个是 ghetto。前者语源不清,但最初有"后巷"之意,指那些被尊贵者所遗弃的地区,如今被用于描述贫民区。后者源于中世纪的欧洲。比如在威尼斯,这个词指倾倒矿渣的地方,也是"异类"犹太人的聚居地。犹太人因为长期受歧视,只能在城市破落之角聚居。后来希特勒迫害犹太人。犹太人在被关进集中营时,大多住在 ghetto 中,致使这一词在西方很风行。在美国,遭受重重歧视的黑人,一度也只能在城市最破落的地方聚居。这些地方也叫 ghetto。这两个词反映着西方的棚户区的两大成因:一是城市中长期存在低收入阶层,他们只能选择被"体面"阶层遗弃的地方住,最后形成了贫民区。一是社会偏见用种族、宗教等原因把一些群体排斥在主流社会之外,他们因为受到歧视而形成了自己的"贱民区"。

在发展中国家，这两种因素也是棚户区的重要成因。比如，印度的种姓制度，日本对部落民的歧视等等，都成为经济因素之外城市棚户区形成的重要根源。中国社会在文化上相对平等，棚户区的形成主要是经济原因。但是，自古中国也有贱业。比如在旧北京，从事淘粪、拣破烂、娼妓业等者，也都有自己的聚居处，不为主流社会所容。如今的许多外来民工，实际上也难在城里找到立足点，最终选择破落的地区而聚居。

城市的现代化，必须对这些棚户区加以改造。否则棚户区所带来的种种社会和经济痼疾难以去除，形成世代的贫困和社会问题。各国也都试验过各种措施加以应对。虽然这些措施根据各国的“国情”、发展程度而各有不同，但有一点是肯定的：棚户区的问题不可能靠市场竞争来解决，而必须靠经济适用房等保障性住房来解决。特别是在西欧各国，在用保障性住房消除城市贫困上已经取得了比较客观的效果。

令人遗憾的是，最近反对经济适用房的人抬出一套新理论，说外来民工受限于户口门槛，难以享受经济适用房的福利，所以根本不该建设经济适用房。但是，像门头沟棚户区中的贫民，许多是世代而居的城市居民。上海过去的棚户区也是很出名的。如果没有经济适用房等保障性住房，这些人的居住问题如何解决呢？你能让这些贫民在市场上买房子吗？

一个繁荣健康的社会，没有市场万万不行。但仅有市场也是不行的。市场经济只有配合以健康的社会政策才能有效地运行。在经济适用房上，市场原教旨主义可以休已。

发展经济适用房的两策

经济适用房本来就供不应求,而且刚刚建好的经济适用房频频被并不穷的人非法侵占。这些都已经是众所周知的事实,也是一些人反对建造经济适用房的最硬的理由。在我看来,这两个问题虽然不可能一夜之间解决,但解决的途径并不难寻找。我提出以下两策,希望一些地方政府至少能试试看。

第一策就对侵占经济适用房者实行严打。如今贪污受贿都有被查出来的,侵占经济适用房者则很少被查出来。按说,桌子底下塞钱行贿,连张白条都没有,抓起来并不容易。但是,如果你长期开着私家车住在经济适用房里,大家都是看得见的,民愤也不小。为什么没有人举报呢?这实在是中国之一大怪事。

我看,有关媒体应该建立侵占经济适用房的"人肉搜索"系统。技术上按说也不难:鼓励老百姓举报,把长期停在经济适用房边上的私家车拍照下来,把车主和户主名字、车号、地址公布,要其澄清为什么开着私家车还能住经济适用房。接下来则是向政府投诉。政府也应该制定严格的法规,使住经济适用房者收入不能超过一定的水平。如果长期超过这个水平,就必须报告,并在一定期限内迁出。如果查出其收入水平在迁入前就远高于这个标准,并通过作假、拉关系、行贿而获得经济适用房,则干脆将其房产没收。如果自己明明有房,又拿出钱来非法套购经济适用房,最高的惩罚则可以进监狱。如果每个城市每年都没收了大量被侵占的经济适用房,甚至判几个情节恶劣者入狱,就有杀鸡给猴看的效果。我不敢说这样能完全制止对经济适用房的侵占,但至少能提高侵占者的风险成本。我们大家现在都懂得市场经济的规则:你一旦提高了做某件事情的成本,人们在做这件事情时就会三思而后行,就会少做。

第二策则是鼓励企业开发经济适用房。政府可以制定统一的政策:所有开发商,在建设一套商品房的同时,必须建设同样面积的经济适用房。后者的规格、价钱有国家严格的规定。如果你嫌经济适用房的利润率太低、不肯建,那么就连开发一般的商品房的资格也都没有了。这样就鼓励了那些在建造经济适用房方面有创意、善经营的企业的成长,发挥了市场的效率。那些开发不出来经济适用房的企业，也自然被市场淘汰。如果一些企业专营高档建筑，在经济适用房方面没有专长，那么这些企业可以花钱在市场上购买下一定数量的经济适用房贡献于社会，以此取得开发高档住房的准入资格。其实，许多发达国家在开发经济适用房时，都注意利用市场的手段，有非常类似的政策。比如建一栋楼要有百分之几的经济适用房等等。经济适用房的成本核算、利润率等等，也有严格的核算与监察。这些经验，非常值得中国借鉴。

现在最为可悲的是，许多人反对经济适用房，说西方国家的经济适用房不符合中国国情。但是，西方国家的那些政策究竟是什么？怎么实施的？则很少有人知道。博士、教授写不出来东西，抄袭丑闻不断。可是，发达国家的经济适用房这么大的题目，这么丰富的内容，居然很少有研究问世，更不用说影响公共决策了。在我看来，经济适用房是个非常复杂的政策，不可能一夜之间成功，必须不断地试验和改进。同时，对于国外的经验，要有充分细致的个案研究，然后才能说什么不适合中国，什么可以借鉴。

各方反响：你为谁说话?

薛　涌 XUEYONG

是茅于轼被歪曲，还是我被歪曲？
——兼论自由与平等

我和茅于轼的辩论，虽然在纸媒上基本不容讨论，但是，无论是在网络上，还是在人们的私下议论中，都是个重要的主题。这一题目的重要性是不容否认的。最近在“天涯”上读到邝海炎先生的文章《自由主义者的“政治成熟”》，提及徐友渔先生对我和茅于轼辩论的看法：“他认为，这次的争论起因是茅于轼的文章标题和内容出现了矛盾，从内容上看，他的观点与薛涌应该是一致的，只是标题确实有问题，‘既要为富人说话，也要为穷人说话’，而薛涌呢，他只是把茅老的文章标题做了无限的夸张，有炒作之嫌，其实媒体也不应该重视这场争论。”邝文另外还提到“杨奎松却撰文详细考察了‘1949 年前后党政官员收入分配制度从比较平均的供给制，转向差距较大的职务等级工资制’的历史经过。然后概述徐的观点：“事实上，杨奎松的研究也可以用来回答薛涌，目前的收入分配差距已经扩大到惊人的程度，但造成这种分配不公的深层原因恰恰是延续至今的特权制度。官员和垄断部门利用手中的特权，谋取了无数社会财富；凡有权力者家人亲友都大捞好处，贪腐也愈演愈烈。”

读到这些，我感到应该对徐友渔做出回应。因为他的话不仅是代表他个人的看法，而且反映着中国左右两派知识分子共同的思想预设。这种思想预设是：自由和平等有着本质的冲突。自由必然带来和加剧贫富分化。茅于轼要保护富人，实际上是想保护自由，即市场经济的根本原则；在新左派中，甘阳也提出改革前三十年的传统是平等，改革的传统则是自由，两者应该结合。

这其实是我要批判的一个深层原则。我批评茅于轼，也绝不是立足于一个标题。茅文的标题，根本不可能像徐先生想当然的那样改成“既要为富人说话，也要为穷人说话”，因为那样只能是说废话。茅老至少比徐先生老实，承认自己有侧重。比如，他在另外一篇题为《只有富人得到保护，穷人才可能变富》的文章中，曾经讲过下面一段话，同样被我拿出来批判，却一直被人们所忽视：

“市场经济和计划经济不同，前者是人权的平等，它必然造成收入的不平等，因为人与人不同，能力有大小，运气有好坏。后者是经济的平等，它必然有人权的不平等做后盾，只有强制性地压制优秀分子才能做到经济上的平等。”

这段话不仅把政治平等和经济平等对立起来,把两者说成是反比的“必然”关系。我希望自由派都来面对这段话,看看你们怎样为之辩护。我先后写过两篇文章,都是以具体的数据为基础对之进行驳斥。一篇引用了联合国的基尼系数,指出世界所有民主的、发达的市场经济国家,即西方国家,贫富分化度都低于中国。中国是世界上贫富分化最严重的30几个国家之一。而这30几个国家,基本都是非洲那些战乱不止、腐败不堪的穷国,以及墨西哥、智利、阿根廷等拉美国家,还有就是尼泊尔这样贫困和动乱的角落。如果你拿世界各国基尼系数的排行表对一下,大体可以得出这样的结论:人权平等的国家、政治自由的国家、市场经济发达的国家,大体上经济比较平等。而那些人权不平等的国家、政治不自由的国家、市场经济不发达的国家,大体上经济都比较不平等。当然,这里面不乏特例。比如美国,政治上平等,经济上则十分不平等(虽然经济不平等的程度还赶不上中国,但大体相当)。当然这里面有许多基尼系数无法说明的问题。比如,美国富人的巨额捐款是基尼系数无法计算的。中国官僚阶层所享受的一些无法货币化的政治特权,以及各种腐败收入,基尼系数也很难算。这也是美国社会比中国社会在事实上平等得多的原因。我在另一篇文章中,拿美国这个经济最不平等市场经济的数据计算,美国工人创造的价值,大部分(大致60%左右)变成了自己的薪金和福利。如果按这个比例根据中国的数据计算,中国工人目前的月薪,至少在3000块以上,外加家庭医疗保险等各种福利。但如今中国工人的收入远在这个水平之下。可见,自由会带来一些不平等。但是,不自由带来的是更大的不平等。以茅于轼为代表的自由派或者市场派,对前者强调,对后者回避。在我看来,这就是粉饰太平。他们现在似乎已经变成了八十年代的“歌德派”,谁一批判现实,就成了对市场经济的恶意攻击。

杨奎松的研究我没有读过。但是,从邝文的描述看,他的研究并不是回答我的问题,而是证明了我始终如一的观点:改革以前的中国,政治上不平等,经济上也不平等。我用这一点批评了茅于轼,也批评了甘阳。我始终不明白,这两位都在计划经济时代生活得比我长得多,怎么觉得那个部长楼、特供店、司机班、文工团女孩子陪舞的时代比现在更平等?家父在北京是个司局级干部。记得八十年代初他出差回来,我到北京站接他。在软卧车厢门口,他的几个同事在那里议论纷纷,仿佛出了什么大不了的事情。仔细一听才明白,原来农民进了软卧车厢!这是市场改革的结果;但也反映出在计划经济时代,什么人可以坐软卧,什么人可以乘飞机,都是有严格规定的,买票要单位开证明才行。这叫平等吗?如今美国的CEO,年收入是一般职工的364倍,引起舆论大哗,克林顿时代的劳工部长最近还在《华尔街日报》

发表文章，引用一系列民调，证明美国各阶层都对这一现实不满。他因此要求给富人加税。看看计划经济饿死3000万人的年月，那时饿死的人和住在部长楼里的人的贫富差距，岂止是364倍？这个账应该是怎么个算法？

托克维尔在《美国的民主》的开篇就说，美国比起欧洲来，不仅有着惊人的自由，还有着更惊人的平等。这种平等，既是政治平等，又是经济平等。他进一步指出，美国的这种平等，是人类的方向。换句话说，他讲的实际上不是美国，而是一种现代性。

中国缺乏自由的传统，对自由所带来的责任和后果缺乏理解，所以才有了"越自由就越不平等，越平等就越不自由"这类的奇怪概念。我那篇批评茅于轼的文章，谈的就是这种误解的来源：中国的穷并不是仇富所致，而是贫富分化太严重、穷人缺乏保护的结果。这也是亚当·斯密的观点。主流经济学家和自由派至今对此也无法面对。《南方都市报》的编辑枪毙我的稿件，一个潜在的原因就是他们认为中国仇富情绪太危险。其实，这不过是一种本末倒置的看法。我从来不认为中国传统有严重的仇富倾向。相反，中国自明清以来经济非常市场化，社会对贫富分化的容忍力比其他社会恐怕更大。如今世界的发达地区，香港、新加坡等地贫富分化就属于最大的，社会也很稳定。这说明中国文化中并没有特别的仇富传统。同时，我们再看看世界上贫富分化最严重的30几个国家，哪个国家的仇富情绪不威胁社会稳定？人都是人。中国人未必是更好的人，但也不一定是比人家更坏的人。一个社会贫富分化到了这个地步，换谁当穷人都会仇富。中国的穷人相对还算厚道的。

徐友渔觉得我对茅于轼的批评属于炒作，媒体不值得重视。大概我被封杀也属于正当的了。这未免太士大夫气了（士大夫跳不出自己的生活圈子，对超出自己生存环境的问题往往丧失了思维能力。比如，如果你说终身教授制度保证言论自由，徐先生一定拥护；但如果我说专栏制度保证专栏作家的言论自由，他就可以说我是炒作）。媒体要报道社会关心的问题，而不是根据几个精英的意志，今天说老百姓应该听这些，明天又说老百姓应该听那些。在民主社会，老百姓的一票和你的一票一样重要；在市场经济中，老百姓兜里的一块钱和你兜里的一块钱也一样值钱。至于所谓"中国没有西方法治的经验，唯一的经验就是'文革'大民主的经验，民间对于'公正'的要求很容易跌入这种深谷，这很危险"这样的话，我在1979年刚上大学的时候就听过上面不停地这样讲。类似的话从徐先生嘴中说出来，我除了震惊外，几乎无语。试问：如果"民间对于'公正'的要求"也"很危险"的话，是不是民间就不该要求公正？是不是民间只能请求政府、茅于轼，或者徐友渔这样的青天大老爷来替自己主持公正（套用茅老的话说，那就是“你不要说话，我会在替别人说话的同时，为你办事”）？难道我们还生活在“君子之德风，小人之德草”的时代？大家凭什么信你们？在我看来，一个自由民主的社会，谁能炒作谁炒作，谁能“煽动”谁“煽动”，最后要看老百姓听谁的。像徐友渔这样的自由派，如果遇到这个弯子也转不过来的话，最好找个更不自由的社会去生活。我看中国要真实现了民主，许多精英都应该去看心理医生。

徐友渔不喜欢我批判茅于轼，一个理由是茅于轼是为穷人办事，是个好人，我不该拿他开刀。我愿意相信他是好人。但是好人可以说错话，为穷人办事的人可以用自己说错的话危害穷人的利益。所谓“越自由就越不平等，越平等就越不自由”这样的观念，每时每刻都在危害着我们的社会。坐在书斋里的徐友渔可以认为这是个不值得讨论的事情，但是，对讨薪的、上访的人来说，这恐怕就不是那么一件小事了。我希望自由派们想清楚一些：自己所要的自由究竟是什么东西？你是真想要还是假想要？

“说话”就是“做事”

——答邝海炎先生

薛涌按：

我的《是茅于轼被歪曲，还是我被歪曲？》一文发表后，收到邝海炎先生贴在留言中的来信。特将其信贴出，并回复如下。

薛涌先生：

小文被你读到，不胜惶恐！需要解释的有如下几点：

1、我对薛先生的文章向来相当佩服，有人把你划为“向中国人介绍美国”的第三代代表人物。我认为，你与前两代最本质的差别就是积极介入中国的“问题与主义”之争，所以，对于你为中国公共领域建设所做的贡献我表示我个人的感谢。

2、由于你的“异域之眼”，你常常能看到一些国内时评人士看不到的东西，这是你的长处。尤其值得我佩服的是，你对言论自由的执着。你与《南都》的事情，我也认为他们应该刊登你的文章，但前提是你的文章应该修改涉嫌茅老的过激语言，并且与反驳你的文章一起登出。很遗憾，《南都》没有这样做，这在中国其实也没什么，可你很认真，我相信你的认真一是想扩大此问题的讨论；二是，想引进美国的专栏作家制度。所以，在你跟笑蜀的争论帖中，我是回帖支持你的。

3、在听完徐先生演讲后，我也曾经纳闷：“贫富差距问题明明是大家关心的，为什么徐先生说不应该重视这场争论？”后来想来想去，最好的解释就是，中国的贫富差距的罪魁是“权力寻租”，所以首先解决“权利平等”才是最重要的。其实国内政治自由主义一直是这样想的，这应该与你的观点也差不多。而茅老则是这方面行动的楷模，只是他这次出于保护“那些完全靠自己劳动富裕起来的人”，用了个暧昧的标题，你不了解茅老，所以，直言而来，据理批评；但徐先生这些与茅老很熟的人，对茅老比较了解，所以觉得茅老只是说错话而已，你对他穷追猛打，似乎是在错误的时间、错误的地点，选择了一个错误的敌人。

4、其实贫富差距拉大，国内谁都知道，茅老也不是要粉饰太平，关键是说多了也没用，要有具体的解决办法才是。你执着于西方的言论自由精神，有一说一，确实认真的很,但在国内的自由主义者来看,却有唱道德高调的嫌疑,这也是笑蜀先生激烈批评你的原因。其实言语之争能争出个什么结果?它唯一的一点意义就是指导人们往正确的方向走,如果争论反而变成对正确做事的人的伤害,那这种争论不要也罢!这就是我的理解,对不对,还请薛先生指教。

5,还要申明一点的是,徐先生这次讲座虽然我去现场听了,但难免有误记的地方,而且我发现速记员也漏了很多。如果徐先生认为他的演讲与我的记忆有出入,那就以徐先生自己的解释为准。

最后,祝您早日学成归国!

后学邝海炎敬上

邝海炎先生:

谢谢来信。你那篇文章写得很好。至少帮助我这个长年不在国内的人,了解了不少国内思想界的动向。我也非常感谢你在来信中的诚恳意见。我相信,国内许多自由派人士,对我批判茅于轼的做法有所保留。所以我也有必要对你信中提出的诸问题做一个答复。

最重要的一个问题是,自由主义必须有草根性才会有生命力。自由主义不是几个精英的游戏。我们应该走出士大夫那种圈子文化。二十多年前,自由主义是个时尚;如今,有些自由主义者(特别是"主流经济学家")已经成了人人喊打的过街老鼠。这样自由主义还有前途吗?我想这里一个根本原因,就是这些自由主义者对公众的蔑视。他们把熟人之间的关系、把对一个熟人的个人道德评判,看得比这个人公共言论中的错误还重要。我希望破的,就是八十年代北京文化人圈子中的这个规矩。

我认为国内政治权利不平等是造成经济不平等的最根本原因。你说"其实国内政治自由主义一直是这样想的,这应该与你的观点也差不多。而茅老则是这方面行动的楷模,只是他这次出于保护那些完全靠自己劳动富裕起来的人,用了个暧昧的标题,你不了解茅老,所以,直言而来,据理批评;但徐先生这些与茅老很熟的人,对茅老比较了解,所以觉得茅老只是说错话而已,你对他穷追猛打,似乎是在错误的时间、错误的地点,选择了一个错误的敌人。"

你这段话里有几点我不同意。第一,公共辩论必须有公共性,不能因为熟人就采用双重标准。茅老说错了话,如果他自己出来承认,还可以另当别论。怎么能因为是熟人就为他辩护,说他"只是说错话而已"呢?这岂不是"化公为私"了吗?他说错了话,而且这种话影响非常大。在我看来,知名人士这样的话说得太多,就降低了我们社会的道德标准。怎么能因为是熟人就不管呢？话语权力是社会重要的权力资源，对人们日常生活有真实的影响。说话就是做事。为富人说话也就是为富人做事。传统士大夫有这样的观念，仿佛天下就是他们几个人的，别人没有说话的份。这个规矩，非破不可。我博客上有一篇《中国媒体的潜规则》，讲的就是这个问题。如果你有兴趣，可以找来看看。

第二，茅老真是仅仅说错话了吗？我引用了他的文字，指出他把政治平等和经济平等描述成"必然的"反比的关系。这是他的理论基础。可惜这一理论却缺乏事实的基础。所以我才说所谓中国因为仇富穷了几千年是编造的谎言。许多"主流"至今还认为，中国当今的贫富分化，是市场自由的结果，很正常。我的看法是，这种贫富分化，不过是容许把过去的政治不平等"自由兑换"成货币形式的结果，和市场的关系并不大。举个例子，我有一篇发不出去的文章，引用了《纽约时报》的报道，称中国近几年建造的房子在隔热技术上有95%居然达不到中国自己的标准，结果是造成巨大的能源浪费和空气污染。中国是世界最大的建筑工地，95%的房子偷工减料。这大概至少有几百亿上千亿的价值吧？房地产商赚这么多，也就不足为奇了。而我即使生活在美国，也碰到过在国内上访过的人。她称上访者远不像我想象的那样简单。所以全家一天到晚担惊受怕。面对这样的现实，茅老竟然觉得最紧迫的是为任志强说话！这是不是因为他们彼此是"很熟的人"呢？最近他在博客贴出了2002年的一篇旧文，大概是要给自己辩护吧。文章大致是讲"要让穷人成为中产阶级"，应该说是保护穷人的文章。其实，我同年还写了一篇"富人论"，讲的是"保护富人"的理由：在全球化时代，中国需要一些国际人才把西方后工业社会和中国的工业社会乃至前工业社会衔接起来。这些人在中国工作，但必须挣在全球有竞争力的工资，中国社会要学会对他们高收入的容忍。可惜问题是，几年下来一看就明白，在中国发达的，主要不是这些人，而是把市场和权力衔接的人。这还能怪老百姓"仇富"吗？你有权利利用你有的一切资源保护你的朋友，但不能发明"仇富"这样的罪名通过给老百姓栽赃来达到自己的目的。茅老的理论，潜台词是穷人威胁着富人的利益。我当然要穷追猛打了。

第三，我不认为"言语之争"不会有什么结果。尽管我被封杀，但是这场争论正在产生结果。茅老如果改口说"保护那些完全靠自己劳动富裕起来的人"，不再提"保护富人"，这至少就是一个进步。当然我还希望他能认识清楚：保护这些勤劳致富的人的利益，是保护他们不受政治权力的侵犯。老百姓并没有侵犯他们，也没有能力侵犯他们。老百姓当然也不仇恨"那些完全靠自己劳动富裕起来的人"。说老百姓仇恨"那些完全靠自己劳动富裕起来的人"，等于侮辱几亿老百姓。徐友渔的问题我看就在这里。他和许多人,对于我批判他们"很熟的"人无法接受,觉得那是不厚道。但是,当他们这位"很熟的人"侮辱几亿老百姓时,他们就觉得无关紧要。这些现代士大夫,知道自己是老几吗?

以上是我几点粗浅看法。再次感谢你的文章和你的来信。我觉得你的文章和信都涉及了许多实质性问题,对我很有价值。我也希望日后有更多的机会探讨问题。不过,你来信自称"后辈",我不知道你"后"我多少。如果年轻,我劝你少去听精英们的讲演,少看八十年代遗老遗少们的东西(我自己也算个"遗少"了,同样不值得你多看)。这些人大多是属于知识和创造力破产的一代,再加上秉承士大夫自以为是的习性,实在不值得后辈浪费精力。还是好好学英文。人类文明如此丰富,在现今的中文中实在剩不下什么了。在我看来,当今的中国从食品、玩具、空气,一直到思想和语言文字,都是个严重污染的地方,能摆脱就摆脱。至于我个人,天资凡庸,是棵没有生长力的弱苗。在肥沃的土地上尚有生存的机会,到了贫瘠的土地上,则非枯萎不可。如今学而无成,更不适合回国了。哈哈,最后多啰嗦了这几句,无非是想说:至少我们这代人,没有创造出什么值得后辈阅读的中文。你要是听茅于轼、吴敬琏们用"只有富人得到保护,穷人才能变富"、"效率优先、兼顾公平"这类话谈市场经济,你就永远不可能懂市场经济,而且真到了市场经济的国家也会被人家笑话。我给你出个题目,把茅、吴这两句话翻译成英文,看看能否放在任何美国的媒体上。真翻译成英文,肯定是野蛮语言。在文明社会,这样的句子谁能找到呢?那些为这两位辩护的人,许多是出过国的。让他们举个例子吧。总而言之,我们的语言本身已经变得野蛮了。以至这种话中文里可以有,还有许多人拥护,但英文里不能有。这简直就是处于两种进化阶段的语言。

我辈没有出息,"后辈"却还有希望。我的文章被你这位"后辈"认真读,很受宠若惊。不过,感激之余,又觉得我实在不值得你们的关注,劝你闭门读"圣贤书",不读中国书,干些正事。一百年后再看今天,我辈在知识上抛下的不过是一块休耕地。还是希望后辈利用休耕后地力的自然恢复,能真有所收获。

薛涌敬上

说话的人要把话说好

——再答邝海炎先生

邝海炎先生：

谢谢你的回信！很遗憾，开学教书比较忙，不能细致回复，只能简单交代几句了。你信中词句很客气。我想我们是公开的信件往来，要节省读者时间，没有必要客套。我这个“没有希望”的“前辈”给你这个“有希望”的“后辈”写信，也就直来直去了，望见谅。

首先讲讲中文是否有价值的问题。我前信表达有笼统的地方。你提到许多国内学者，称他们做了许多有价值的工作，我当然承认。我并不是说国内没有好人，十三亿人口中没有一个像样的学者。在我个人的领域，国内就有许多好学者。我仅是从操作的层面讨论问题。这么跟你说吧。如果我真如你希望的那样“学成归国”，在大学里带研究生，我对学生的要求就是能不读中国书就不读。个别的中国研究可以参考中国书，比如沈志华、高华等等的书，当然还有原始材料。但是，这些学者很个别。中国的整体学术实力根本不入档次，即使研究中国史还比不过日本人。研究西方的就更不用说了。你如果拿出五年，只看英文的书籍，长进肯定比现在这样大。我并不想一句话把你列出的那些学者都否定了。我没有看他们的书，凭什么否定？但是，优秀的学术著作多得是。你得选择从哪里看起。比如，你开课讲法国大革命或者基督教，列出的参考书是中文的，我作为学生心里就打鼓。这不是贬低中国学者。他们中有很突出的个人。但学术不能拿一两个人说事。比如，刘小枫对基督教神学的研究也许非常不得了。但请问：国内有谁能有实力挑战他吗？这么大一个传统，就这么一家，不受挑战，这样的学术当然就有疑问了。不像西方，有多少家出来，全是重量级的，你犯一点错误就被抓住，不犯错误也频受挑战，各派都说得头头是道。这样出来的学术，自然就高一筹了。我有位朋友，在美国当教授，评终身教授没有评上。那个学校的学生对我说，当时他头发都白了，压力太大。后来回国，在名校当了教授，哈哈，满面春风，仿佛年轻十年。吃学术饭，国内的横杆太低了。哪怕有能破世界纪录的人，你把横杆摆到一米五，他怎么跳也达不到两米三以上的高度。至于你说国内某些人的工作“绝不是海外学者能替代的”,我看有点不靠谱。这心态本身就不对。我倒不是替海外学者辩护,只是讲一般学术的常识。也许你可以说柏拉图不可替代。这样的人也要经过长期的历史考验才能确定其位置。但是,常规的学术研究,都在凡人力所能及的范围。学术更没有边界。除非你垄断学术资源,怎么能说某某的学术不可替代?一个供着几尊“不可替代”的学术权威的学术界,是没有希望的。

算来你比我小二十多岁。我是 1989 年 28 岁开始学英文的,程度是《新概念》第二册第一课。五六年后,算是能看英文了。读到现在,中间又有了孩子和各种生活压力,并且进行大量中文写作,实际安心看有价值的书,就那么几年。所以我说我没有希望,你有希望。但问题是你得这么要求自己,也这么要求学生。不然,日后学生抱着英文书啃,回来说老师扯淡,你应付得了吗?那时除了靠权力维持一点自尊外,也没有别的招数了。人都是人,我若走到那地步,表现不会更好。去年有个北大的孩子来找我,说从高中就读我的书,到美国读暑期班,顺便要到波士顿见我。我就请他吃了顿饭。吃完饭,他突然从包里掏出一本我的书,让我题词。这阵式我可从来没有见过,当然是受宠若惊。不过,凭良心我还是说他:“你这么年轻,懂两门外语,怎么会在我的书上浪费时间?好不容易来美国,就这么一个暑假,有多少东西好学,怎么可以包里夹一本中文书呢?难道你不懂取法乎上得乎其中的道理?”后来盛情难却,给他随便写了几个字。事后才想起来最恰当的“题词”是什么,只有写信告诉他:“很荣幸你还看得起我。不过,虽然我要努力争取你在十年二十年后还能看得起我,但我还是希望你到那时候不再看得起我了。”我的意思是,这样优秀的青年如果十年二十年后还看得起我,只有两个可能:一是我真成了大师了,这种可能比较小;二是中国实在太没有文化了,连我这么个人还挺有市场,这种可能似乎更大。这就是我说那些不读中文的话的意思。我自己的孩子如果想做学问、贡献于人类文化,我会教导她这样做。这话政治不正确,但是实实在在。我觉得当老师的,也应该这样告诉学生,否则会误人子弟。中文不是没有营养,而是营养严重不全。长时间读中文会营养不良。当然,我这么说,前提是大家都是“中人”,不是天才。用基督教的话来说,上帝真赋予你才能,你想拒绝也不可能。有些人,不用出国,不用学外语,照样有先知般的智慧。不过,我不是这种人,也希望大家不要把赌注下在这里,宁愿以自己是“中人”为前提来规划人生。八十年代知识分子的精神中有一种舍我其谁的劲头,很是可笑。我想这些人年纪日长,聪明的应该知道自己是老几了。我们这代人,面临的不仅是历史是否会嘲笑我们,而是历史是否有功夫嘲笑我们。我猜想,你崇拜的那几位,大概自己也不会觉得自己“不可替代”吧。

下面谈更实质的问题。你信中这一段对我的批评很有意思:

你认为"国内政治权利不平等是造成经济不平等的最根本原因",这点我同意,而且我也跟你解释了,国内的政治自由主义者在这点上跟你都差不多,要不我前文里转述杨奎松先生的研究干吗?可你呢,老抓着这个问题不放,认为"他把政治平等和经济平等描述成必然的反比的关系",我认为你是有点误会茅老,茅老的意思就是要保护那些通过合法劳动致富的人。你自己以前不是也写过"富人论",讲要保护那些"把西方后工业社会和中国的工业社会乃至前工业社会衔接起来"的富人吗?为什么你能说保护某种富人,茅老就不可以?当然,你的改变是因为几年下来你很遗憾地看到:"在中国发达的,主要不是这些人,而是把市场和权力衔接的人"。我请问你,你凭什么说中国现在的富人都是"把市场和权力衔接的人",你有数据吗?当然,你也可以反驳我,"那你也没有数据证明不是吗",我承认我也拿不出数据,但以我们生活在国内的人的感觉来看,目前中国的富人肯定不完全是"把市场和权力衔接的人",而且一定有茅老所说的"通过合法劳动致富的人"。所以,还是那句老话,茅老有错,错在用词,错在为了保护这些"通过合法劳动致富的人",居然说出了"中国穷了几千年,其中原因之一就是仇富"这样违背历史事实的话,但其意思还是好的,他的实际行动就是一种最有力的证明。

你这么想,在我看来就很有问题。首先是我说东你偏说西。我讨论的是人的言论,你偏说那人言论也许不妥,但他做过好事,不能抓住不放。这一点我已经反复讲过,不多说了。下面是实质问题:什么叫"国内的政治自由主义者在这点上跟你都差不多"呢?"差不多"难道是取消辩论的理由吗?我和"主流们"的立场其实针锋相对。我认为未来中国要建立一个"权利优先"的社会;他们是要"效率优先","公平"是摆在"兼顾"那一档次的。当然,你可以像为茅老辩护那样为吴敬琏辩护:人家没有说只要效率不要公平呀,人家明明说了兼顾公平呀。这就好比茅老说既保护富人又保护穷人一样,你不能歪曲人家!可是,当效率和公平冲突的时候怎么办?你难道没有听说"吴市场"说对拆迁户不应该按市场价格补偿吗?如果工人和老板为了工资问题争执不下、要闹罢工时,主流们是会支持工人罢工、组织工会的权利呢,还是说"只有富人的权利得到保护,穷人才能变富"呢?这种问题,怎么能不辩论清楚?

如果茅老真如你说的那样"说错了话",他出来承认一下就行了。他不承认,而且他影响又那么大,有那么多人忙着为他辩护,帮助封杀批评他的声音,我找他说理难道不对吗?茅老把政治平等和经济平等描绘成反比的关系,白纸黑字写在那里。这是现代社会最根本的问题之一，托克维尔一上来就讲这个，怎么能不“抓住不放”？如果对这样的问题都要放掉，你们在大学还教什么书呢？我说中国学术不行，不值得认真对待，原因之一就是这种马马虎虎的态度。你一认真，特别是对大家公认的“好人”认真，就成了不厚道。对熟人就更不用说了。关于政治平等和经济平等的关系问题，我未必正确。不过，我毕竟还去找了数据证明。可是，你要知道，我现在有关的文字，不管有多少数据，报刊都开始不登了。即使那些一直邀请我写专栏的地方，也把这样的文字毙掉。你说这是谁的本事？我以后会把这些文字拿出来展览，看看究竟是我的水平低，还是媒体开始遵从“主流”路线了？

另外，我也没有说富人都是坏人。但是，我问你一句话：中国的富人中是否坏人的比例比较多呢？不错，你我都没有数据，还是根据生活经验判断吧。更好的办法，是大家把自己的观点讲出来，让老百姓来判断。你相信老百姓根据自己的经验做出的判断，还是觉得他们很容易受蒙蔽？我觉得老百姓很有智慧。如果许多老百姓出来说我的理论纯属害他们，我会反省。其实，判断中国的富人中坏人的比例，有数据也没有用。谁贪污行贿后会告诉你、让你统计成数据？老百姓的直觉是最准的。再给你举个例子吧。来美国前，人们说美国黑人犯罪率高、文化程度低。有人见了黑人就躲。但是，有很多了不起的黑人存在。怎么能一棍子把黑人全打倒？道理是这么说。但我做了家长，面临真实的选择，我就把孩子送到白人多的学校。到动真格的时候，人就相信自己的常识。凭你的常识判断，中国各阶层中贪污腐败的比例，是否在富人中比较高呢？其实我数据也不是完全没有。我在文章中写了，房地产商这几年盖的房子，95%在隔热方面达不到中国自己的标准。那肯定是偷工减料了。省下的钱到了哪里？这不是显而易见吗？我一天到晚说姚明好，怎么能说我把“富人”一棍子打死？

再说，“富人”这个词，是茅老先用，我不过是跟着用而已。比如比尔·盖茨，我先看到他是一个企业家；姚明，一个有品德的好运动员。中国人媚富，全叫人家“富人”，还要特别地提醒社会要“保护富人”，把钱看成衡量一切的尺度。这反映了我们社会的价值失落。听这话，我确实有点恶心，没法沉默。

我注意到你对另一位网友讲的话：

1，为什么我对徐先生这次演讲很失望，但还要维护他？一个原因是还“感情债”，另外一个原因是，我觉得他对“茅薛之争”的回答是一种“政治成熟”的表现。贫富差距是大家有目共睹的事实，最近底层确实有股“仇富”的暗流，茅老在这种情况下为那些“合法劳动致富”人说句公道话，何错之有？我说了，他即使有错，也就标题错了而已，就算老糊涂可以了吧！可薛先生来揪着别人不放，一点也不顾及茅老实际所做的，甚至也不顾及……中国的言论环境，这种做法你就怪不得笑蜀说你是“道德高调”了，而我呢，已经很客气，很含蓄了，我只是说他“政治不成熟”，也就是“在错误的时间、错误的地点，选择了一个错误的敌人”，可惜他未能领会我的意思。

2、我认为茅老说的“中国穷了几千年，其中原因之一就是仇富”是“违背历史事实”，你纠正了我的看法，仇富是有的，但仇富的不是草根，而是专制独裁者。这点把我朦朦胧胧的意识点醒了，其实葛剑雄先生当年的《货殖何罪?》就谈到了这点——在秦朝和西汉前期，商人的社会地位是很低的。秦始皇时，商人必须编入市籍，而当时的法律规定，有市籍的商人及其子孙，与犯罪的官吏和赘婿一样，都在谪戍之列，即随时都可以被押往边疆服役或定居。秦朝被推翻后，秦始皇的苛政大多被废除了，但汉朝对商人的迫害非但一如既往，还有过之而无不及。汉高祖规定商人不得穿丝绸衣服，不得乘车，不得购买土地，还必须与奴婢一样，加倍交算赋钱(主要是人头税)。到汉武帝时，还恢复了秦朝的谪戍制度，将有市籍的商人及其子孙都列入征发对象。商人不但自己被入了另册，颇似文革中的“黑五类”，连子孙都因出身不好而不得翻身。对这样不公正的政策，当时很少有人提出批评，至少我们在《史记》、《汉书》等史书中尚未见到。相反，从皇帝至大臣，从政治家到学者，无一不是以农业为“本业”，商业是“末业”、“贱业”，从事商业的人自然就是贱民了，所以对他们怎么做也不过分。对商人的限制和迫害，都可以看成为“崇本抑末”的措施之一，因而推行之惟恐不及。

我不妨简略参与一下你们的讨论。

中国社会底层的“仇富”情绪，基本合理。开发商想拆你的房子就拆你的房子，还不许人仇恨吗？换你你也仇。只不过你是大学教授，不在那个地位上，但你不应指责底下的老百姓仇恨让他们倾家荡产的人。如果算一下基本权利被侵害的中国人的人数，究竟穷人多还是富人多？如果穷人被侵害的数量远远比富人多，为什么不重点保护穷人？主流们心里的观念是：穷人的权利和富人的权利不是等价的。穷人手里有多少 GDP？被侵害就被侵害了。这是“效率优先”的必然结论。所谓“吴市场”一想到拆迁中的效率问题，就连市场价格也不要了。市场经济的原则放弃得如此之快！我已经提供了联合国的数据：世界贫富分化像中国这么严重的国家，就三十几个。看看这些国家，哪一个不充满了不正义？哪一个不酝酿着仇富情绪？人要到这份上还不仇富，还叫人吗？我说过(以后会详细论述)，人类文明的两大遗产，民主和基督教，都和仇富有关。当你读到“朱门酒肉臭，路有冻死骨”的诗句时,你想到的是“仇富”、是“朱门”中的酒肉是否是正当致富所得、冻死的人是否是市场上的输家,还是社会的不正义?你大讲所谓“政治成熟”。可是,自由派从八十年代的社会良心,混到现在这种人人喊打的过街老鼠、既得利益集团的代言人(至少许多老百姓这么看),这叫什么“政治成熟”?知识分子在公众中的信誉,是自己最大的政治本钱。舍此不顾,自以为能和权力“机智地”周旋,这不叫“政治成熟”,而是政治堕落。

你第二点中讲了许多历史,我就不多说了。只是提醒你,至少在唐宋以后,商人和官场关系很近,会获得许多特权,实际社会地位并不低,否则宋到明清的商业繁荣就无法解释。另外,在西方中世纪,商人也被视为末流。在江户时代的日本,商人也排在农、工之后。人家的商人最后能崛起,是因为有一个权利优先的社会环境。我正准备写一本《市场的起源》,对此做一些澄清。仇富有时对经济很有好处。比如中世纪的欧洲,仇富情绪受到教会支持,打击放贷的商人,结果是压低了利率,低到了7%。这就给许多小买卖提供了必要的资金。而亚当·斯密后来则说,中国的利率太高,到了20%,资本费用太高,小企业无法成长。这里的道理,不是几句口号就可以说清楚的。不要听人家说几句,自己就突然像明白了什么。这是不成熟的表现。这些历史问题,论述起来复杂得多,取证要有一定之规,当然还得有世界史的视野。中文里大概信息也有限。这也是我劝你不要读中文的原因。

至于你说我“语言暴力”等等,我觉得不值得作答了。你看半年《纽约时报》和《华尔街日报》,看看人家的公共辩论,自己自然会明白。茅老不答复我的批评,就像张维迎、吴敬琏、江平都不答复我的批评一样。如果你欣赏这样的态度,我劝你还是去搞政治或者做生意。当然,我收到的答复也并非没有,那就是文章不断被报刊拒绝。这其中原因如何,你我大概都属于“不明真相的群众”了吧。

倚老卖老地说吧。我在中国社会生活的时间,比你的年龄还长一点。你觉得我真不懂中国国情吗?恐怕还是大家对国情的态度有所不同吧。中国如今高楼大厦到处都是,我回去恐怕找不到家门了。但是,江山易改,本性难移,许多东西是变不了的。当读书人觉得自己“政治成熟”时,往往说明他们政治不成熟。你知道,我读书的时候,有些事情不让做,有些话不让说,老师的解释是:阶级斗争很复杂,你们还不懂,不成熟。如今年纪小的也这样教训我:阶级斗争很复杂,你要成熟些。哈哈,我宁愿做个不成熟的人。清理完此事,我将退出时评写作,因为我难以找到言论空间。不过,退出之前,我可以做个和主流相反的、不成熟的预言:中国现在其实还处于最好的日子之中,但二十年后可能会衰落,原因绝对不是没有保护富人。

谢谢!

保护茅于轼的社会病理分析

——答笑蜀

最近，笑蜀先生在网上发表一篇文章，《“炮打茅于轼”之社会病理分析》，对包括我在内的批评茅于轼的人士进行了批判。我因为批评茅于轼的稿件被《南方都市报》封杀，宣布与该报断绝合作关系。我为此还给该报编辑写信，希望他们用“拿得到桌面上的理由”来反驳我。可惜，至今未见有关文字。据我所知，笑蜀是《南方周末》主管言论的编辑。我推想，他的文章多少代表了南方报业集团“启蒙”编辑层的若干理念。因此，就他的文章之谬误进行讨论，对言论自由、媒体的公信度、公共辩论的游戏规则等等问题，都甚有意义。

首先需要指出，笑蜀的文章几次批评我，却不点我的名字。这是公共辩论的一个非常坏的习惯。每个人必须对自己的言论负责，并承担自己的言论所引起的批评。茅于轼不能例外，我也不能例外。批评别人应该指名道姓。这并不是人身攻击，而是给读者提供精确的信息。承受不了别人指名道姓的批评的人，最好退出公共讨论。我批评茅于轼的文章经常被退稿，勉强刊登出来也常被删掉名字。甚至一位朋友告诉我，一些“主流”精英们开会，经常引用我的话作为批判的对象，但也不点名。点一下薛涌的名字那么可怕吗？我希望南方集团的编辑们，应该率先改变这样的传统。如果连一篇博客文章批评人都无法点名，还指望什么公正的讨论？

另外一点是，笑蜀批评茅于轼的批判者们，第一条理由竟是“被看作意见领袖的茅先生，最大贡献其实不是言论，而是扎扎实实做事。他一生中最重要的一件事，就是扶贫性的小额贷款。”这等于没有辩论就先转移话题。我们讨论的正是他的“言论”，不是他如何“扎扎实实做事”。这是可以另文讨论的问题。我从来没有批判过茅于轼的小额贷款的事业。相反，对这方面，我对他的贡献非常尊重，和笑蜀对茅的评价并不矛盾。我和许多批判茅于轼的人，批判的是他“保护富人”的言论。一个人不管道德多么崇高，不管他做了多少好事，都必须对自己的言论负责。“保护富人”的言论，毒害了我们的社会伦理。任何有责任的人，都应该对之进行回应。

下面是我要谈的重点：专栏作家和媒体合作，应该有什么样的游戏规则？中国是否应该引进名副其实的专栏制度?“正确的思想”是不是就可以破坏规矩?这里涉及到一个根本的问题:中国社会的进步,是应该靠“启蒙”,还是应该靠宪政?从笑蜀的文章看,他和南方集团的许多编辑,仍然是受八十年代启蒙传统的塑造,没有照察出这一传统本身的问题。我即将出版的《学而时习之:论语研究之一》,也是试图清理八十年代的思想谬误,以宪政来批评“启蒙”。在这本书面世之前,不妨以《南都》事件和笑蜀的文章为例,看看“启蒙”是如何桎梏了我们编辑们的思想。

我最初提出和《南都》以专栏制度进行合作,一是仿照自由社会的报业规矩,二是基于宪政精神。像《纽约时报》、《华尔街日报》等有声誉的媒体,雇用许多专栏作家。以《纽约时报》为例,专栏作家一般一周发表两篇文章。报社和专栏作家签了合同后,就不毙专栏作家的稿子。《纽约时报》每天都发两篇专栏,只有在几年前破例毙过一篇,弄得如同丑闻,非常被动。可见这套制度是多么严格。我自己在《纽约时报》发表过一篇文章,是作为投稿。因为我英文表达不够精熟,当然需要改动。但编辑跟我商量修改时的第一个原则就是:“要保证我没有让你说任何你不想说的话。”

我提出以专栏制度和《南都》合作,主要原因就是发现在给包括《南都》在内的媒体写作时,有个普遍的问题:编辑实际上是想让你说他们想说的话,而不是你自己想说的话。美国这种制度,则保证了专栏作家说编辑部不想说的话的权利。特别是《纽约时报》作为自由派媒体,一直聘请保守派的专栏作家,其大部分言论当然是编辑部所不同意甚至反感的。但是,专栏制度保证了这些人的言论自由,也维持了报纸的声誉。

我当然不是不理解国情要生搬硬套国外的制度。我和编辑商量好:如果我的稿件被“上面”枪毙,这不算编辑部违约。我只要求编辑部本身不要根据自己的好恶来决定稿件的使用。像《纽约时报》和《华尔街日报》都有自己的社论版,每天发表代表自己立场的社论。编辑部的意见,要通过这种形式表达,而不能通过干预专栏作家的具体稿件内容来实现。

这一制度安排,本质上是一种宪政式的安排。比如,对于一件事情,大家各有自己的看法,意见甚至对立。比如,《南都》及笑蜀先生则认为,人有“免于对于精神暴力的恐惧的(自由),……但在以自由派自居的某些斗士来说,毫不理会人的这种心理需求,毫无对人的尊重。”我则认为,茅于轼和他所支持的任志强的言论,才是对没有发言权的弱势阶层的“精神暴力”。他们本身作为公共人物,则有义务承担别人激烈攻击的责任。如果一批评就成了“精神暴力”,还有什么言论自由可言。笑蜀和《南都》的问题在于,他们知道网上和整个公共舆论都是极端反对茅于轼的言论的。但他们把大多数的意见几乎等同于非理性和“精神暴力”，而少数人对大多数侮辱性的言论则不是“精神暴力”，需要他们这些境界比别人高的编辑进行言论控制。他们把少数有特权、受到重重保护、并掌握着巨大话语资源的人的“心理需要”看得比沉默的大多数的“心理需要”要重要。这里的一个基本预设，就是“启蒙主义”的“理性”。他们认为：有一种绝对真理，可以被人通过理性来掌握。而他们这些坐在办公室里的编辑，是掌握着这种真理的，有权决定哪种意见对社会有好处，哪种已经对社会有害，进而有权充任言论警察。殊不知，这种“启蒙”的“理性”，恰恰是现代专制主义的基本思想预设。

宪政的原则完全不同：没有人具有掌握真理的特权，甚至真理是永远无法掌握的。那么，大家有了针锋相对的意见和利益后应该怎么办呢？那就是立宪。立宪就是制订一套大家都同意的程序。大家的意见和利益，也必须通过这种程序来竞争。专栏制度，就是这么一种程序。这是民主社会的基础。举个极端的例子，布什是个很糟糕的总统。数千美军因为他的政策而丧命。但是，不管他多么糟糕，他是通过正当程序选出来的总统。这种程序，又是大家事先都承认的。你不能因为对结果不喜欢，就改变程序。所以，即使布什让美国国难当头，他出现在公共场合时，人们还是要起立，乐队还是要奏向三军统帅致敬的音乐。你必须耐心等到下一次选举，通过正当程序把他换掉。你不能发动军事政变，把不喜欢的总统毙掉。其实，美国内战期间，深受士兵拥戴的麦克莱伦将军就有机会攻占白宫，取代林肯总统。但是，不管他和林肯的意见多么水火不相容，他拒绝兵变，一定要等着选举。最后虽然自己在选举中被林肯轻易击败，却保护了美国的民主。

我的稿件虽然还远不是这么重要，从程序的角度看则是一回事。你编辑不喜欢我的稿件，甚至仇恨我的稿件，这都很正当。但是，解决的办法是通过正当的程序来辩论，而不是破坏程序本身。毕竟，这一程序是我和编辑部反复磋商后双方同意的。可悲的是，这样的程序才确立几个月，编辑部一看见自己不喜欢的结果，就要把程序破坏掉。这样还能搞民主吗？

笑蜀的文章和《南都》的行为所隐含的潜规则就是如此：当你跟他们说民主选举的好处时，他们完全同意。但是，一旦看到选举产生的领袖不对自己的胃口，就会利用手中的权力把那位领袖“枪毙”，就像枪毙我的稿件一样。笑蜀和《南都》，都属于中国最优秀的编辑群体。连他们都如此，中国还可能有民主吗？

可见，民主自由的社会，远不像我们想象得那么容易。911 时，被劫持的飞机上的乘客死到临头，还要投票决定是否反抗，使许多国人大为感动。中国的英雄们的行为模式则完全不同：情况十万火急，没有功夫讨论投票，真正的勇士向前冲，胆小如鼠的靠边站!你不能说这不是英雄,也不能说他们全无道理。但是,这不是民主。民主宪政,不是一纸宪法能确立的。还需要人们在日常生活中积累尊重程序的习惯。我观察我在美国长大的小女,她七岁半时,拿几个洋娃娃玩,就玩选谁不选谁的游戏。我们的编辑当然不是这样长大的,也没有长期在民主社会生活的习惯,对他们不能求全责备。但是,如果他们不意识到自己的局限,还以为自己掌握了绝对真理,那就有些可怕了。

举个例子,笑蜀的文章曾如此义正词严地质问和谴责:“让人不能不好奇的是,斗士们哪来那么强的动力妄断他人?哪来那么强的智力自负和道德自负?在我看来,原因大致不外两点。其一是名利驱动。炮打茅先生成为一个事件之后,某当事人不就迫不及待地打越洋电话,要求国内某门户网站借机炒作他的博客吗?其大义凛然的背后,隐藏的原来是一种经典的娱乐精神。”这一段充分说明,启蒙心态带来的傲慢,已经使一些人是非颠倒,竟认为他们的“正确思想”可以超越一切法治、商业合同和社会的基本游戏规则。

笑蜀所提出的“越洋电话”之事,我已经撰文澄清,相信他写文章前也看过。我确实给新浪和博客中国的编辑打过越洋电话,希望他们推荐一下我的文章。这个“越洋电话”成了许多人攻击我的口实。我不妨简略分析一下这些人的可笑。

第一,所谓“越洋电话”,实在是个日常使用的通讯手段,没有任何值得大惊小怪之处。在美国给中国“打越洋电话”,费用包括在一个月二十几块的电话费中,其实就是免费电话。我的“越洋电话”,比国内的电话还便宜方便。事实上,笑蜀问一下他在《南都》的同事就知道,我平时为了稿件的一点细节,乃至要确认稿件是否收到,都要打“越洋电话”。刻意拿此事炒作,连我的名字也不敢点,恐怕说明笑蜀先生说不出一点正当的理由。

第二,博客是个网络共同体,知识产权是属于所有参与者的。其操作的方式,也应该有一个由博主共同参与的更民主的方式。比如,谁的文章应该上首页,应该有个程序。各博主也有权提出要求,虽然这种要求不一定得到满足。比如,一些美女半裸的广告,经常不经邀请就出现在我的新浪博客中,难道我就不能要求新浪推荐一些我的文章吗?事实上,我要求新浪推荐我的某篇文章并非第一次。这次的文章不能上纸媒,所以向他们提出推荐的要求。新浪则并未完全满足我的要求,只把我的文章放在首页几个小时。对此,我从来没有提出异议。因为我们毕竟还没有制定一个谁应该根据什么标准上首页的程序(这个程序应该由博主和读者参与才最有正当性,过去“世纪中国”有读者留言推动的滚动式推项文章的方式,似乎是目前为止最公平的方式)。但博主提出要求,则是天赋权利。如果把这个也视为炒作而加以批判，只能说明你太不尊重个人权利了。

第三，我在“博客中国”上的博客，是应该网站之邀开的，而且编辑工作是由该网站编辑代劳，我并不知道如何把自己的文章放在博客上。因此，我在和《南都》决裂后，打电话给编辑，提醒他们把这篇文章贴出来，并希望推荐。没有想到，“博客中国”的主编冯一刀因工作之便了解到此事，便写文章“泄露内幕”，把我试图把文章贴到自己博客上的工作电话攻击为大肆炒作。这种事情，如果发生在美国，冯会立即被解职，我也可以起诉“博客中国”。因为“博客中国”自己公布了保证客户隐私的条例。所以，此事发生后，“博客中国”的上方机构“博客网”主编立即向我写信道歉，并解释说冯一刀因为是从网易过来的员工，有着南方报业系的情结，反对推荐我的文章，并擅自透露了我的“越洋电话”。对此，“博客网”诚恳道歉，并表示“由此产生的一切道德责任我们将会主动承担”。笑蜀和冯一刀同属南方集团的圈内人士，对这些内幕不会不知道。但是，他居然把冯一刀为了保卫《南都》和茅于轼所制造出的丑闻，当成自己的道义和论据！由此可见，笑蜀先生不管对宪政的程序还是对商业的规则，都缺乏最起码的尊重。这就是“启蒙主义”最大的问题。他们认定自己完全掌握了真理，自己的目标是如此正确，乃至为了达到这种目标，可以破坏宪政和法律，甚至连市场经济的商业规则也不尊重。在此，我不妨用他的话来反问他一下：你“哪来那么强的智力自负和道德自负？”

走笔至此，我不禁要提醒读者，许多第三世界国家都有过不同程度的民主和选举，比如泰国和巴基斯坦。但是，如果国民没有尊重程序的习惯，只凭对结果的好恶决定自己的行为，有了民主也会丢掉。一些主流经济学家私下里也在议论：民主社会的交易成本实在太大，还是中国这种模式有效率。当你想拆迁谁的房子就拆迁谁的房子时，交易成本当然小了。但是，这种短期的便捷，只会带来长期的危机。

这其实也是保护茅于轼的社会病理。一些主流经济学家认为，当前的中国经济起飞是他们理论的成功。他们有大放厥辞的权利，他们有功劳和道德资格来信口开河。茅于轼的“就是要为富人说话”，也体现了这样的心态。他们甚至认为，有些人的钱来得黑一点，也应该既往不咎，不黑就没有改革。所以我总结说，中国的经济成就，已经使主流经济学家从当年少数敢说话、挑战权力的人沦落成了既得利益集团。《南都》在这件事情上，也有类似的心态。他们觉得他们是中国媒体的领袖，媒体的进步是他们的成就，于是自己就有了当言论警察的资格。从笑蜀的文章中就可以看出，他基本回避了人们批判茅于轼“保护富人论”的具体观点，不敢正视这种理论的荒谬。他无法面对我提出的基本事实：中国是亚洲贫富分化最大的国家，和尼泊尔并列。中国是世界上贫富分化最厉害的三十几个国家之一。所有发达国家,贫富分化都不如中国严重。比中国贫富分化严重的国家,都是一色的非洲和拉美的穷国。茅于轼们怎么能证明贫富分化是市场经济的必然过程?不仅如此,中国的贫富分化正愈演愈烈,直追几个非洲最黑的穷国。在这样的过程中,如果社会还没有"仇富"的情绪,那只能说明这个社会已经失去了基本的正义。笑蜀放着这些不谈,满篇在谈茅于轼是好人、批评别人攻击茅于轼不能没有界限等等,转移问题。这除了说明自己丧失了基本的道理外,还能说明什么呢?

最后再说几句多余的话。《南都》此次破坏言论自由,损害了自己的声誉,其恼怒是可以理解的。不过,我们彼此冲突归冲突,辩论归辩论,最好保持彼此的基本尊重。如果做不到也没有关系,至少不要失态。笑蜀此次说我对茅于轼的攻击,属于被"名利驱动"。类似的看法有关编辑也表达过。其实,这些人都在媒体圈内,应该知道这个基本常识:一个受"名利驱动"的人,不会和《南都》为一篇稿件而断绝关系。我这篇文章,也只能发表在网上,不可能有纸媒那么多的读者,新浪这样的主流网络媒体,也几乎肯定不会将之推荐到首页。花一天功夫写这些文字,是想帮助《南都》和笑蜀们反省:你们究竟错在哪里?主流经济学家们已经失去了信誉。我希望中国的媒体不要步他们的后尘。

"炮打茅于轼"之社会病理分析

笑蜀

炮打茅先生正渐成时尚。甚至我的一些自由派朋友也乐此不疲。斗士陈永苗者,即断言穷人已无出路,茅先生让穷人致富,不过是祸害穷人的"鸦片",使穷人继续迷糊不起来抗争,而永远穷下去。如此话语,与当年炮轰所谓"资产阶级改良主义"的革命话语,何尝有一丝一毫的区别。革命话语洋洋而来,温良如茅先生亦不免沦为围攻对象,旁观多时,如鲠在喉,不能不一吐为快。

以穷人的名义炮打茅先生纯粹找错对象

被看作意见领袖的茅先生,最大贡献其实不是言论,而是扎扎实实做事。他一生中最重要的一件事,就是扶贫性的小额贷款。

有的朋友对茅先生这件事颇不屑。据说这既比不过富人一掷千金兴医济学;也比不过政府一纸号令减掉百亿元农业税。这样说我认为太轻薄。武训兴学,其投入额度当然比不过清廷对公共教育的投入,但这并不能稍减武训的光辉。因为武训的价值并不在于他到底给穷孩子募得多少银子,而在于他的精神,在于他开创的兴学模式。茅先生的小额贷款重要的在于证明了农民同样具备市场竞争的能力,只要向农民开放包括金融权利在内的诸多天赋权利,农民完全有能力自己创造财富,而不是只能嗷嗷待哺。这是扶贫模式的一个创新。重要的是授人以渔而非授人以鱼,重要的是这样的社会意义,而不在于茅先生具体给了农民多少钱。官员们和富豪们确实能给农民更多钱,这点上茅先生永远没法跟他们比。但茅先生的实验所蕴涵的社会意义,却是多少钱都买不来的。

中国的农民无疑处于窘境之中。但他们到底是受制于自身能力之困,还是受制于体制之困呢?答案如果是前者,农民就不可能自己救自己,而需要农民之外的力量来杀富济贫,救世主就须臾不可缺。而答案如果是后者,显然就需要找到一个支点来撬动传统体制,还权于农民;而只要真正还权于农民,农民于市场经济就会如鱼得水,救世主就会不得不退出历史舞台。茅先生的实验,则是一个旨在找到撬动传统体制尤其是传统金融体制的支点的可贵尝试。这个尝试固然不能说已经大功告成,但能一路走到今天,在中国已经属于奇迹。

孟加拉的尤努斯以其成功的小额贷款试验而获诺贝尔奖,但我并不认为尤努斯比茅先生更值得尊敬,因为我不相信,尤努斯会遭遇比茅先生遭遇的体制阻力更大的阻力。作为一介平民,并无任何特殊的权力可以倚仗,完全凭借个人努力来突破体制的重重屏障,而自己并没有从中谋取任何利益,迄今茅先生仍住在破旧的房子里,过着清教徒般的生活。这样做我不敢说是伟大,至少可以说是高贵。茅先生才是穷人经济学的泰山北斗,那不是空口白牙的穷人经济学,那是身体力行的、货真价实的穷人经济学。茅先生说他为穷人做事,说他最大的愿望就是让穷人生活得好一点,他有足够的底气这么说。茅先生不是穷人的救世主,但茅先生肯定是穷人的真朋友。

这样高贵的茅先生,却成了炮打对象。炮打茅先生的斗士们,无分左右,都有一个特点,就是争相给自己戴上穷人代表的桂冠,跟杨子荣"我代表人民枪毙你"的派头,堪称惟妙惟肖。他们争相以穷人的名义审判茅先生。在他们的渲染下,本来是穷人的真朋友的茅先生,简直就成了穷人的公敌。

免于对于精神暴力的恐惧也是自由的题中之义

我反对炮打茅先生,但我并不反对批评茅先生。海外某斗士有言,中国知识界存在一个黑势力,这个黑势力由茅先生,及茅先生的同道江平先生、吴敬琏先生的门生故旧组成。他们联手封杀对茅先生、江先生、吴先生的一切批评。这显然只能归类于妄想症。重庆最牛钉子户事件中,我本人就有过对江先生的长篇批评;杂文家刘洪波先生,时评家吴向宏先生,则对茅先生有过批评。这些批评都堂皇发布于南方几家著名的媒体。

批评显然是自由的,茅先生、江先生、吴先生事实上并不享有对于批评的豁免权。但批评也应该有边界,超出边界的所谓批评不叫批评,而跟所谓"革命大批判",没有什么区别。有论者为无根据的道德审判辩护,认为公共评论可做诛心之论。但问题是,如果批评没有边界,可随意定罪而无须任何举证,这跟打棍子、揪辫子、戴帽子的"革命大批判"该如何区分呢?我们清算人家的"革命大批判",难道就是为了让我们自己来搞"革命大批判"吗?难道以传统意识形态包装起来的"革命大批判”是荒谬的，以自由民主形态包装起来的，以代言穷人的形态包装起来的“革命大批判”就是正确的吗？

必须明确一个常识：那种攻击性的道德宣判，只应指向特定体制、特定规则，而不应指向具体的人。道理很简单，你有权终结黑暗的体制，黑暗的规则；而要终结它们，确实需要集束炸弹。但你无权用集束炸弹杀人。面对具体的人，必须抱以基本尊重。别人不是你的垃圾桶，没有承受你的精神暴力的义务。自由主义就终极价值而言，其实不过是人文主义，不过是强调人的自由，人的尊严。难道我们在把批判锋芒指向具体的个人的时候，就无须考虑自由主义的这些终极价值了吗？难道为了逞我们的口舌之快，为了凸现我们的政治正确，为了成就我们的功名，就可以置别人的感受于不顾、置别人的名誉和尊严于不顾吗？

罗斯福诠释的四大自由，其中之一是免于恐惧的自由。免于对于精神暴力的恐惧，当然也是题中之义。但在以自由派自居的某些斗士来说，毫不理会人的这种心理需求，毫无对人的尊重，难道不是一个无可讳言的事实吗？不需要任何依据就给别人定罪，宣布别人为既得利益代言人，从而在道德上置别人于死地。深文周纳，无限上纲。这哪是什么自由派的风范。真正的自由派深知人的有限性，因此真正的自由派往往都是内省的，克制的，平和的，谦逊的。但是从炮打茅先生的某些斗士身上，闻得出一丝一毫这样的气息吗？不惮以最大的恶意去猜度别人，裁决别人，字里行间发散着一种戾气，一种杀伐之气。斗争哲学的底色纤毫毕现。以自由派高标自己，但骨子里面全是狼奶。

穷人悲情秀秀的只是穷人代言人自己

以上所说的自由派某些斗士的心理病态，如果仅仅是个人做派，也就罢了，不值得我写这篇文章。问题在于，这种心理病态已经超出个人做派的范围。动不动就把不同观点之争演变成批斗会，比说话粗，比出手狠，比政治正确，这种风气发展的结果，不仅是沦为靶子的具体的个人受伤，更重要的是整个社会受伤——社会风气会越来越趋于极端，越来越趋于乖张，越来越趋于狂躁。

让人不能不好奇的是，斗士们哪来那么强的动力妄断他人？哪来那么强的智力自负和道德自负？在我看来，原因大致不外两点。其一是名利驱动。炮打茅先生成为一个事件之后，某当事人不就迫不及待地打越洋电话，要求国内某门户网站借机炒作他的博客吗？其人义凛然的背后，隐藏的原来是一种经典的娱乐精神。

但更显著的因素，还是他们坚信自己独占了一种话语权，就是为穷人代言的话语权。抗议对穷人的不公正待遇当然重要,为穷人请命当然重要,任何社会都需要这样的人,我也一直在朝这个方向努力。但我这么做只是为了对得起自己的良心,我从来认为这是很私人的事情,没什么可自夸的。所以我从来看不惯某些斗士,刚刚给穷人说了几句话,马上气就粗了,嗓门就高了,动不动就要打人了。似乎给穷人说了几句话,就足以奠定他们言论宪兵、道德宪兵的资格。

他们的这种自我感觉令人憎厌,但却不是空穴来风,“穷人话语”在当下中国确实生猛。弱肉强食的丛林社会格局,注定了穷人必定在言论界和公共政策领域缺位,必定在利益博弈中缺位,穷人因此没有通过自己的集体努力来改变自身命运的体制通道,只能陷于绝境。正所谓国家不幸诗人幸。穷人的这种悲惨遭际,对那些纸上的仁人志士恰恰是一个难得的机遇。于是有了“感动新闻”的空前繁荣。以言情剧笔法,铺陈底层离奇的悲情,以此赚取受众的滔滔眼泪,在主流和不那么主流的媒体中,几乎形成为一个产业。而在言论界,“穷人话语”同样空前繁荣。穷人就是天然正义,为穷人代言,也就很容易被幻化和自我幻化为正义的化身,很容易赚来喝彩。“穷人”因此成了言论界的香饽饽,穷人话语有如长江后浪推前浪,磅礴不绝。

不过这原本不是问题,主观为己,还可以客观为人,只要忠实于穷人,把代言穷人当作饭碗、当作求名求利之途,也未始不可。代议制条件下,国会议员不就主要靠为选民代言谋生吗?如果代言穷人能够职业化,代言人有专业精神,那么这也不失为一个值得称道的选择。但问题是,穷人和代言人之间,并不存在代议制条件下,选民和议员之间法律上的信托关系。穷人代言人都是自命的,穷人对这些代言人并无任何授权,也就没有任何渠道,可以检验、可以制约这些代言人。穷人代言人事实上没有任何法定义务对穷人保持忠诚,所谓专业精神就无从保障了。

于是我们不能不看到一个令人扼腕的局面,就是穷人代言人的异化。某些斗士在穷人话语场往往信马由缰,只依据自己的需要,而无须对穷人负责。穷人到底处于何种状况?到底需要什么?他们不知道。他们甚至根本就没有走到穷人中间,虽然要做到这一点并不难——穷人跟他们隔得并不远,穷人就在他们每天路过的街角,穷人就在他们的小区门外。与穷人咫尺天涯的他们,心理上跟穷人的距离要用光年来计算。说到底,他们不过是用穷人做符号来包装自己而已。他们铺陈穷人的苦难,往往只是要显示穷人代言人的不可或缺;他们无节制地赞美穷人,往往只是要美化作为穷人代言人的自己。他们对穷人并无真正的感情和了解,所以他们的穷人话语,往往停留于口号,只有大胆的假设,而艰苦的求证过程则始终阙如。那一场场穷人悲情秀,秀的只是穷人代言人自己。

显而易见,穷人话语的空前繁荣,往往不过是畸形繁荣,不过是具有娱乐性质的“正义盛宴”。作为主角的穷人,其实从“正义盛宴”中并没有多少实质收获,他们表面上被奉为神明,其实只是被当作题材,当作道具。轰轰烈烈的“正义盛宴”不过造就了有如过江之鲫的食客而已,穷人的悲惨遭际不过成就了他们的食利空间。

穷人话语场往往沦为名利场。这种背景下,像茅先生那样试验小额贷款,办保姆学校,用市场经济的手段帮助穷人脱贫致富;以及像温铁军先生那样创办合作社,用非市场经济的手段帮助农民组织起来;以及像邱建生先生那样致力于平民教育,帮助农民工融入城市社会,这样用切实的行动去帮助穷人,无论其尝试成功还是失败,就都显得特别可贵。言论当然重要,但中国现在的问题,主要并不是什么理念问题;很多理念问题早就是秃子头上的虱子,谁都明白的。中国现在的问题,主要是理念和具体的社会实践怎样结合的问题。中国需要改变,但只能实践改变中国。就地出发,以自己职业范围内平实然而坚韧的行动,逐步改变现实,通过现实的逐步改变来提升社会规则。心中有歌,心中有诗,但是千里之行始于足下。这样的行走者才是当下中国最珍贵的。中国从来不缺纸上的仁人志士,中国缺的从来只是行走着的仁人志士。用身体语言证实自己对信念的忠诚,这种人才是中国的盐,中国的光,才是特别需要善待的。

不断拔高的革命话语竞赛值得警惕

悲哀的是,在话语泡沫时代,行走着的仁人志士恰恰很难被善待。身体语言必须考虑后果,需要低调,需要平衡,不像纯粹的言论那样可以汪洋恣肆。这就注定了在言论的竞技场上,行走着的仁人志士往往比不过纸上的仁人志士,他不可能耸人听闻,不可能为了迎合大众而主张极端。但这么一来,他的言说就未免往往显得寡淡无味。那些纸上的仁人志士,因此反而可以对行走着的仁人志士抱以轻蔑,动不动就把他们与行走着的仁人志士的言论高度上的差异,夸大成思想和道德上的差异,而他们自然拥有思想和道德上的绝对高度,不难势如破竹。他们以炮打行走着的仁人志士为能事,以此彰显自己的英明和英勇。海外某斗士不就把自己对茅先生的刻毒攻击跟美国政客之间的倾轧相类比吗?行走着的仁人志士在他们只是对头,而非同道。而且彼此之间的分歧根本不是简单的思想分歧,而是无情的政治斗争。他们所做的一切,目的也跟美国政客是为了用更多的选票打败对方一样,只是要赚取公众的眼球,让自己胜出,成为言论市场上最大的赢家。不过尔尔,与真理、与道德何干!

如果这种纸上的仁人志士竟能得势,那真是一场悲剧。不仅是茅先生个人的悲剧,更是我们民族的悲剧。利益分配的过度不均衡,导致剧烈的价值分裂和价值对抗,正是当下中国的一个隐忧。而茅先生的主要价值,就在于以坚韧的实践,帮助穷人探索一条自救的路。他为改善穷人处境所付出的全部努力,都会在一定程度上弥合分裂,缓解对抗,茅先生因此是这个社会的粘合剂。我们需要更多这样的粘合剂,来慰藉人心,来遏制正在弥漫整个社会的绝望、乖张和狂躁,来支撑我们在曲折悠长的路上,继续走下去。

但是,恰恰是茅先生这种独具价值的努力,得不到应有的尊重。茅先生过去不见容于极左斗士,现在则开始不见容于某些自由派斗士。这不仅是茅先生个人语境的变化,也反映了整个中国语境的变化——在价值分裂和价值对抗愈演愈烈之当下,言论很可能走向极端。极左极右两种极端言论很可能成为时尚,而共同挤压像茅先生那样的中间派的言论空间。茅先生那样的中间派,很可能两头不讨好,愈来愈被边缘化、妖魔化,而最终归于消音。就跟半个多世纪以前曾经上演过的那一幕一样。

对这种可能到来的危机,某些时评家是有责任的。没有独立的立场,没有原创的思想,没有坐冷板凳的耐心。永远只是来料加工,永远只看市场的脸色说话,市场流行什么,就马上在流水线上生产什么。为了抢占市场制高点不择手段,不惜为不断拔高的革命话语火上加油,对可能爆炸的社会非理性情绪根本不管不顾。生命不息,做秀不止。这种毫无责任感可言的所谓时评家,说到底不过是言论流水线上的承包商而已。

有一种草叫紫荆泽兰,看上去美丽,实际上可怕——它所到之处,别的草都不能长了。现在不断拔高的革命话语竞赛也是这样。我们对此应有足够的认识,应该从法国的革命话语竞赛,俄国的革命话语竞赛,以及中国自己的革命话语竞赛所导致的种种历史悲剧,吸取教训,而不可稍有疏忽。炮打茅先生这个展开中的新时尚,正好在这方面敲响了警钟。

笑蜀:你已经不是孩子

我为批评笑蜀写了两篇不短的文章。老实说,多年靠卖文为生,这种不挣钱的义务劳动实在很少做。所希望的,还是这些掌握着媒体上话语权力的编辑,能够有所反省。我不坚持认为我一定对。我发现错误后,马上会承认,而且道歉。这种事情我已经做过几次,有目共睹。在批评茅于轼的问题上,我当然可能犯错误,也希望有人证明我是错了。当年林达批评我关于麻省理工日本版画事件的言论,另有几个网友对我的攻击也极其激烈,是我们任何报纸所不容的。但是,我发现自己错了,立即道歉,而且对几位"骂"我最凶的人表示感谢。好在现在有博客,几度交手的记录都在那里,大家查一下就知道了。

可惜,关于茅于轼的问题,并没有人能说服我,大部分老百姓也没有被说服。这是护茅派必须面对的现实。对此不能面对,突然转向对我人格的攻击,就有些"走火"了。所以,读了笑蜀《忠告薛涌:你需要上做人的启蒙课》一文,不免吃惊。当然,如同我一向说的,我并不介意这种人身攻击。事实上,我在国内发表了许多文章,涉及许多方面的问题,也得罪了许多人。可是,对我的回应,几乎全是谩骂和人身攻击。对此我并不抱怨。当个哪怕是小小的公共人物,都必须承担这些。我只是遗憾:除了这些人身攻击外,你们还有别的吗?而且,人身攻击是否可以高明点,有效点呢?

请看,这就是笑蜀的文章的开篇:

薛涌据说是个学者。他如果真成了学者,那只能说是学术界的悲哀。做学问,尤其做历史学,有一个基本功就是求证的基本功,要做到胡适说的那样,有一分证据说一分话。但这个基本功薛涌只能得零分,他说话基本上是不要证据的,他说是什么就是什么。比如说,他说我是《南方周末》言论主持人,我就是《南方周末》言论主持人了。至于证据呢?他当然无须呈供。

把我说成《南方周末》的言论主持人,当然不是要抬举我,而是为了进一步论证我没有权利就他跟《南方都市报》的冲突发言。既然是主持人,用他的话说,我的态度就间接等于南方集团的态度，我说的每一句话，就差不多都等于南方集团说的话。这个问题上《南方周末》的普通员工有没有言论自由？能不能以个人身份发言？答案不言而喻，薛涌也无法否认这一点。但如果把我说成《南方周末》言论主持人，而并非普通员工，那就要另当别论了，我就活该闭嘴，活该被薛涌剥夺在这个问题上的言论自由。只有他说话的份，没有我以个人立场发言的份。

首先，如果你不是学者的话(即没有写出重要的学术论文，并且没有经过学术的职业训练，一般而言是博士课程)，就不要对学术界和历史学指手画脚。你哪里有这个资格？拿学术说事，一张嘴就证明你不严格。我就从不在报纸上谈学术。至于你是否是《南方周末》的言论主持人，这是大家理解的问题。毕竟“言论主持人”不是个固定的头衔，而是个对你工作性质的描述。XX走后，你接手“视点”栏目，还给我和其他几个作者写过信，告之自己上任，希望大家支持。至少在我这个作者看来，“视点”是个很重要的言论栏目。怎么不是言论主持人呢？我当然不是说你是唯一的言论主持人。但你也主持过一些吧。如果你现在换了工作，看我这么写，就痛痛快快告诉我一声：老兄你错了，我换工作了。这样也算澄清事实。驳斥我的文章，上来拿这种鸡毛蒜皮的事情炒作，企图证明我不应该当学者或者历史学家。你这是拿读者开玩笑，还是拿自己开玩笑？

这还不算，笑蜀继续写道：

这个笑话，不过是薛涌系列笑话中的一个。

另一个更大的笑话，是他口口声声所称的他跟《南方都市报》之间的所谓“君子协定”。姑且退一万步，承认彻底放弃编辑权、来稿不拒的专栏作家制度美国确实有，而且不过三流写手的薛涌分量也确实够——或者《南方都市报》花了眼，误以为他够。那么接下来的致命细节是：那个“君子协定”在哪？薛涌号称“编辑部也接受了这样的合作模式”。那么编辑部“接受这样的合作模式”的文本到底何在？薛涌什么时候拿出来给我们看过？总不能说，薛涌给《南方都市报》写了那份他要求做《纽约时报》那种专栏作家的信，那份“君子协定”就马上成立了吧？“君子协定”必须以双方同等的承诺为条件。那么，薛涌何时出示过《南方都市报》同等承诺的原件？为什么他给《南方都市报》的信他可以主动公布，《南方都市报》解释何以拒稿的信他也可以主动公布，独独就一直不公布《南方都市报》“接受这样的合作模式”的回函原件呢？让我们看看那个回函原件，对薛涌有什么不方便吗？

答案很可能是，其实《南方都市报》并未给他同等承诺。《南方都市报》一方面确实需要一些三流写手的稿子,毕竟任何媒体都不可能每篇文章都是第一流的,所以像薛涌那种三流写手的文章,《南方都市报》确实也有需求;另一方面,《南方都市报》也是出于人道立场。薛涌虽然口口声声以自己迁居美国为最得意之事,为其最大优势,而从来动不动就"你们国内的人怎么怎么的",比如他就可以仅仅因为自己迁居美国而把几乎所有国内编辑一棍子打死:"我和国内的编辑打交道,常常有些不适应。有时觉得他们简直不知道自己是老几。"似乎自己吃了几年洋面包就真的成了白皮肤蓝眼睛,就有足够的资格瞧不起和教训国内同胞,但他其实一直没本事进入美国主流社会,一直没办法在美国赚钱糊口,主要经济来源一直靠国内媒体,国内媒体如果不给他特殊待遇,尽可能多用他一点稿,稿费尽可能开高一点,他在美国就会面临生存危机。这种情况下,薛涌要做《南方都市报》专栏作家,《南方都市报》自然不可能回绝。但是不是做他说的那种专栏作家,《南方都市报》则未必认可,很可能的应对方法是,一方面同意他做专栏作家,另一方面,不对他所谓《纽约时报》专栏作家制度做正面答复,不给具体承诺,而仅仅答复:我们会给你尽可能宽的言论尺度。这样的答复既不会伤害他,但实际上因过于弹性,南方都市报也就有了回旋空间。

这些文字我实在希望笑蜀自己读几遍再贴出来,免得在公众面前给自己带来耻辱。老实说,我确实不是个好脾气的人,2007 年和《南都》合作时,还无缘无故冲撞过一位编辑,非常后悔,还道了半天歉。这次决裂,双方都说过一些过头的话。不过,大家彼此道虽不同,毕竟还是有个基本的尊重。你和他们很熟吧?问一下有无"君子协定",不就真相大白了吗?问一问他们当年是否把我当"三流写手"来约稿,不就可以了吗?他们如果想澄清,写个简单的帖子说我讲的事情不存在不就完了?你怎么可以这样胡搅蛮缠?老实说,开始我还真以为你是为他们说话,是他们的人。现在估计大概不是。《南都》那几位编辑,比你年轻至少 10 岁。我虽然这次对他们一肚子气,但他们做人和工作的基本素质还是可靠的。让他们说出你这种话来,是绝对不可能的。

你作为这么一个大报的编辑,居然说"他(薛涌)其实一直没本事进入美国主流社会,一直没办法在美国赚钱糊口,主要经济来源一直靠国内媒体,国内媒体如果不给他特殊待遇,尽可能多用他一点稿,稿费尽可能开高一点,他在美国就会面临生存危机。"《南都》是出于人道主义的考虑,才给我的专栏。看看,你的文章是以攻击我讲话没有证据开篇的,现在你自己是否在给我示范怎么用证据说话呢?不错,我在美国当一个普通的大学文科教授,挣钱不多。不过,一个大学教授不属于美国主流社会吗?什么是主流社会呢?难道我因为皮肤的颜色不对,就不是主流社会的一员吗?我真进不了主流社会,怎么会第一次给《纽约时报》投稿就被刊用,而且还是刊在评论版的头条呢?

我最近批评主流们造出“仇富”一词来污蔑老百姓,童大焕则写了篇文章指出中国社会实际上是“仇穷”。看你这些议论,大概你就是“仇穷”的一个吧?我在国内写作,确实碰到了一些在美国碰不到的事情。比如,我博客中的一些留言,集中攻击我的是我在美国“混得不怎么样”,其标准就是工资肯定不高,所以我不配有发言权。更可笑的是,一次我说我晚上参加个宴会没有吃饱,回家赶紧冲了碗方便面。马上有人留言说:“他还吃方便面,可见混得多惨!”如今你也加入进来,说我在美国没有办法糊口。请问:如果我真在美国无法糊口的话,是否在你看来就不配讨论问题,也不配谈美国呢?是否只有比尔·盖茨才有资格?你主持言论栏目,是否也是这个标准?

可见,像你这样的人,潜意识里还是被财富奴化,以金钱的身价来衡量人的言论价值。你本能为“保护富人论”辩护,也就不奇怪了。我确实有时会说些“国内人如何如何”。这并不是什么优越感,而是事实。你能找出一个美国大报的编辑像你这么说话的吗?你是40多岁的中年人,不是孩子。还是好好面对自己写出来的文字,看看自己在写文章给别人上做人的启蒙课时,自己是怎么做人的。

忠告薛涌:你需要上做人的启蒙课

笑蜀

薛涌据说是个学者。他如果真成了学者,那只能说是学术界的悲哀。做学问,尤其做历史学,有一个基本功就是求证的基本功,要做到胡适说的那样,有一分证据说一分话。但这个基本功薛涌只能得零分,他说话基本上是不要证据的,他说是什么就是什么。比如说,他说我是《南方周末》言论主持人,我就是《南方周末》言论主持人了。至于证据呢?他当然无须呈供。

把我说成《南方周末》的言论主持人,当然不是要抬举我,而是为了进一步论证我没有权利就他跟《南方都市报》的冲突发言。既然是主持人,用他的话说,我的态度就间接等于南方集团的态度,我说的每一句话,就差不多都等于南方集团说的话。这个问题上《南方周末》的普通员工有没有言论自由?能不能以个人身份发言?答案不言而喻,薛涌也无法否认这一点。但如果把我说成《南方周末》言论主持人,而并非普通员工,那就要另当别论了,我就活该闭嘴,活该被薛涌剥夺在这个问题上的言论自由。只有他说话的份,没有我以个人立场发言的份。

这个笑话,不过是薛涌系列笑话中的一个。

另一个更大的笑话,是他口口声声所称的他跟《南方都市报》之间的所谓"君子协定"。姑且退一万步,承认彻底放弃编辑权、来稿不拒的专栏作家制度美国确实有,而且不过三流写手的薛涌分量也确实够——或者《南方都市报》花了眼,误以为他够。那么接下来的致命细节是:那个"君子协定"在哪?薛涌号称"编辑部也接受了这样的合作模式。"那么编辑部"接受这样的合作模式"的文本到底何在?薛涌什么时候拿出来给我们看过?总不能说,薛涌给《南方都市报》写了那份他要求做《纽约时报》那种专栏作家的信,那份"君子协定"就马上成立了吧?"君子协定"必须以双方同等的承诺为条件。那么,薛涌何时出示过《南方都市报》同等承诺的原件?为什么他给《南方都市报》的信他可以主动公布,《南方都市报》解释何以拒稿的信他也可以主动公布,独独就一直不公布《南方都市报》"接受这样的合作模式"的回函原件呢?让我们看看那个回函原件,对薛涌有什么不方便吗?

答案很可能是,其实《南方都市报》并未给他同等承诺。《南方都市报》一方面确实需要一些三流写手的稿子,毕竟任何媒体都不可能每篇文章都是第一流的,所以像薛涌那种三流写手的文章,《南方都市报》确实也有需求;另一方面,《南方都市报》也是出于人道立场。薛涌虽然口口声声以自己迁居美国为最得意之事,为其最大优势,而从来动不动就"你们国内的人怎么怎么的",比如他就可以仅仅因为自己迁居美国而把几乎所有国内编辑一棍子打死:"我和国内的编辑打交道,常常有些不适应。有时觉得他们简直不知道自己是老几。"似乎自己吃了几年洋面包就真的成了白皮肤蓝眼睛,就有足够的资格瞧不起和教训国内同胞,但他其实一直没本事进入美国主流社会,一直没办法在美国赚钱糊口,主要经济来源一直靠国内媒体,国内媒体如果不给他特殊待遇,尽可能多用他一点稿,稿费尽可能开高一点,他在美国就会面临生存危机。这种情况下,薛涌要做《南方都市报》专栏作家,《南方都市报》自然不可能回绝。但是不是做他说的那种专栏作家,《南方都市报》则未必认可,很可能的应对方法是,一方面同意他做专栏作家,另一方面,不对他所谓《纽约时报》专栏作家制度做正面答复,不给具体承诺,而仅仅答复:我们会给你尽可能宽的言论尺度。这样的答复既不会伤害他,但实际上因过于弹性,《南方都市报》也就有了回旋空间。

我以为真相可能就是这样。而薛涌的轻狂做派,使得他不在意这个致命的细节。他认为《南方都市报》就该来稿不拒,而《南方都市报》认为自己从来没有做这样确切的承诺,双方的理解悬若天壤,所谓同等承诺子虚乌有。这样操作下去,冲突是迟早的事。而等到冲突已公之于众,回过头来一盘点,薛涌才发现自己根本拿不出证明"君子协定"的完整证据,只好干脆打马虎眼,对《南方都市报》回复他做专栏作家的具体行文只字不提,以为只要自己不提就不会有人想到,就可以当作不存在。

无视证据,只顾信口开河,唯恐不能耸人听闻。就像台上的娱乐明星,只要能得到观众掌声,怎么穿帮,怎么露底都不在乎,这已经成了薛涌最基本的辩论风格。他很懂群众心理学,知道大多数观众不是学者出身,无暇那么用心去求证,无须逻辑那么严密,他们往往都是情绪化的。谁的分贝最高,谁的动作最出位,他们就对谁不吝惜自己的掌声。抓住眼球就是一切,为了抓住眼球可以不顾一切,重要的是一语惊天下,至于证据,算得了什么东东?

正是出于这样的心理,当读到吴敬琏抨击毛左的那篇文摘,得知吴敬琏抨击毛左挑拨煽动群众,把群众对腐败的仇恨,对垄断的仇恨转移到对富人的仇恨、对市场经济的仇恨时，他根本不管吴敬琏本来怎么说的，只管对号入座，把吴敬琏的锋矢强行往他身上引。这样自作多情地把自己打扮成被吴敬琏迫害的受害者，自然就不难再用吴敬琏的名头把自己推到聚光灯下，以此换取观众对自己最大程度的同情和对吴敬琏最大程度的仇恨。至于吴敬琏迫害他的确凿证据到底在哪？在他来说根本就是多余的问题。

不幸，网络上的信息供给实在太充分了，薛涌歪曲吴敬琏原文的真相很快就被揭穿。薛涌终于不能不就此出来解释。但他根本不敢承认自己歪曲吴敬琏原文这个要害问题，从而完全回避了他把自己打扮成吴敬琏受害者的初衷，回避了自己借吴敬琏名头炒作自己的用心，而是使用腾挪大法，把问题转移成毛左有没有挑拨煽动的问题。其实即便只就他转移过来的这个话题而论，他的机心也是显而易见的。他以“民主社会”为参照系，而断定挑拨煽动“属于正常游戏”，“炒作”更是正当，以之否定吴敬琏对毛左挑拨煽动群众的揭露和抨击。貌似政治正确，其实是装嫩或者说装 B。只是在他所说的“民主社会”，即信息流通机制健全，市民社会成熟的西方国家，挑拨煽动才会规范化而使副作用减至最轻。而中国根本就不是这样，一方面信息的严厉封锁根本就是众所周知，受众得到的因此往往只是单极信息。并因为这种信息供给机制，公众判断力远远谈不上发达，市民社会远远谈不上成熟；另一方面，中国现在的思想斗争很大程度上就是政治斗争，毛左从 1980 年代以来从来都没有死过心，政治斗争中从来都是不择手段，他们中从来不乏野心家，挑拨煽动在他们不过是本能，而由于公众判断力不够成熟，他们的挑拨煽动并非不起作用。

薛涌不是真的白皮肤蓝眼睛，也不是春心初动的天真少女，这个问题他并不是不清楚，作为靠给国内媒体写稿谋生的职业写手，对国内的思想斗争和政治斗争的严酷性他实际上清楚得很。清楚得很却完全无视这种严酷，而故意把国内生态跟西方“民主社会”相提并论。这难道不是典型的装嫩或者说装 B？他表面上是把国内生态理想化，表面上是在恭维公众的判断力，实际上不过愚弄国内同胞而已，以为被他一向藐视的国内同胞真的会为他所欺而看不穿他的把戏呢。

公平地说，薛涌确实有点小聪明。没这点小聪明，他也不敢玩那么多的小花招。但他不知道，这种小聪明愈是发达，愈是因为这种小聪明而看轻天下人，其实愈是一种愚蠢。把别人当傻瓜的人，他自己才是最大的傻瓜。薛涌就是这样的傻瓜。事实上，他已经因为这种傻瓜吃过一些苦头，比如，茅于轼明明一直强调穷人富人同等保护，从来就没有说过首先保护富人的话，薛涌为了自己攻击茅于轼的方便，非要一而再再而三地指责茅于轼主张首先保护富人，甚至把茅于轼这个所谓的主张写进他的文章标题。这么拙劣的伎俩当然不可能不被揭穿，好多围观薛涌的人因此终于有一天哈哈大笑地离薛涌而去。以至于薛涌自己对这段历史现在也闭口不提,只好一本正经地改而攻击茅于轼主张保护富人,好像他指责茅于轼主张首先保护富人的事情从来就没发生过。

只顾得上抢政治正确的高地,抢道德高地,为这样的"大节"而不惜常常牺牲细节,尤其是牺牲致命的细节,这是薛涌成名的全部秘诀,但也会是薛涌失败的致命因素。在真正的学者看来,求证是一切学问和思考的基础,细节是一切大节的前提。没有求证,没有细节,一切无从谈起。一个完全无视求证,一个任意歪曲细节的人,一个不择手段地打倒别人抬高自己的人,这样的人号称自由派,才真是对自由派的侮辱。这样的人号称学者,更是对所有真正学者的侮辱,对学术界的侮辱。这样的人进入不了美国主流社会,只能一直靠国内媒体的同情度日,也就毫不奇怪了。这样的人不只需要上民主自由的课,更需要上怎样做人的启蒙课。

告笑蜀:请学习民主自由的基础课

我批评笑蜀,没有听见笑蜀的回应。不过,这次批评吴敬琏所谓“极少数人挑拨煽动”,笑蜀终于出来说话了。他贴出别人的帖子,题目叫《吴敬琏批左棍,痛在薛涌心上》,然后自己发表这样一番言论:

吴敬琏的文章说的很清楚,他的对手仅仅是那批 1980 年代以来一直反对市场经济体制的老左棍,譬如 XX 之流。这不过是吴敬琏跟那帮老左棍 1980 年代以来斗争的延续。跟薛涌半点关系没有。而那帮老左棍挑拨煽动策划于密室难道不是众所周知的本能吗?吴敬琏这点上哪又冤枉了那帮老左棍呢?

就这薛涌也能扯到自己身上去,把自己做成这个事件的主角。也真能炒作自己啊。

妄想症发展到了这种地步,不择手段到了这种地步。真疯了。

换了别人,我也许就不说什么了。但笑蜀属于在《南方周末》这样的大报主持言论的人物,不免要对他有点告诫。

第一,在一个民主自由的国家,即使杀人犯要被判罪,也要经过正当的法律程序审判。萨达姆虐囚是犯罪,但美国倒萨时也虐囚,同样是犯罪。这里的区别是,萨达姆不认为自己是犯罪,美国人则认为自己是犯罪,而且把一些参与者判了刑。“极少数人挑拨煽动”等等文革式语言,左棍们喜欢用,而且理直气壮。但如果一个主张自由市场经济的人也用,这就如同美国人虐囚成了丑闻。你如果觉得你可以用文革式的语言来反左,那只能证明你骨子里还是左。我们应该清理门户,把你踢出自由派阵营,这就像美国人要把虐囚者判刑一样。

第二,“煽动”作为一种罪名,是在言论不自由的地方被发明出来的。如果左棍一“煽动”,老百姓就跟着人家走,那就说明左棍说的有几分道理。你不能不让老百姓跟人家走。不久前有人在我帖子下留言,说如今谁想有“人气”,只要摆出一副左的架式就行。如果真是这样,自由派难道不该反省吗?要知道,在八十年代,谁想搞臭自己，才必须摆出左的姿态。当时反精神污染，我的朋友们关起门来痛心疾首：怎么不批我呀！我才最反动呢。那时一批谁谁就红。如今，自由派怎么走到这步田地？还不是你们骨子里是左棍？今天说正确的观点不用投票，公共政策也不准进行公共辩论，明天又说"少数人煽动"。要知道，在民主国家，哪个候选人能"煽动"大家听他的，他就当选了。"煽动"作为罪名，建立在一个基本的预设上：那就是老百姓是"不明真相的群众"，不懂得什么是自己的利益，容易跟着坏人走。或者说老百姓应该拥有为几个精英所首肯的思想。可惜，在民主社会，老百姓不是"群众"，而是一人一票的个人。"煽动"也属于正常的游戏。"炒作"就更正当了。我的文章被你们《南都》的同事封杀，基本预设其实就是这样：老百姓太"仇富"了，他们根本不应该有这样的思想，我们的报纸也不应该登这样的言论，应该登的是"保护富人"的言论。看看，没有经过选举，没有经过公共辩论，几个编辑就可以定下来老百姓每天早晨起来应该拥有什么样的正确思想。

第三，笑蜀想推动自由市场的心情是好的。不过，不要以为这样的心情就能给你带来什么道德高地。毕竟民主和市场经济比你想象的复杂得多，需要长期研究观察才行。到美国短期旅行几天，并看不出所以然来。比如，笑蜀写新伦敦案批评江平，动机很好。但与我写的新伦敦案的文章相比，他应该知道差距在哪里。这方面的法律渊源，一直要追到英国的普通法传统。不要看着我"炒作"眼红。我水平比你高，你应该好好学习才对。老实说，说到民主自由甚至市场经济等等，你跟我读博士，我有的是可以教你的。就看你肯不肯学了。对不起，这话也许伤人自尊心。我从来不是个谦虚的人。哈哈。

请容忍骂人

——回复网友的质疑

我的博客上许多留言中有骂人的话。有些话被删。我的态度是：希望大家容忍骂人。前天我看到一大段骂我的留言。本来想转贴出来。结果转眼就不见了。显然是管理员删了。其实那段话，并没有触犯任何条条，也不算那么难听，倒是很有进行社会学研究的价值。希望有关人员能够网开一面。

在博客上，常出现博主的拥护者和博主的反对者的对骂。这非常正常，希望大家彼此容忍。有些骂人，我认为很有价值。有些尖锐的批评和争论，就更值得珍视。比如"海淀人"的留言，对我提出批评，我把他的话贴出，并且认真做了回答。但是，我不太理解支持我的人为什么骂他（或她），甚至在他（或她）的性别上作文章。我是主张宽容骂人的。但是，总有些私心，希望我的支持者不要骂人，或者少骂人。在我看来，骂人并不能说明被骂者是什么样的人，而是显示了骂人者是什么样的人。我希望我的支持者们都是高贵的人，我们站在同一立场，大概不是出于误会。

下面是"柱子321"的留言，我也认为很有价值，贴出来并回答一二：

薛涌还算实在，引用了南周的编辑的话。不过从中却看出薛涌的问题来。南周编辑的意思很明确，对你无根据地对茅于轼提出人身攻击表示不赞同，不是与你意见不合而拒绝发稿。（如果说是意见不合，应该是对没有证据的指控是否可以随意向负面暗示的分歧。）

不过薛涌表现出的气度却非常令人不齿。居然用美国大选之事为自己开脱。作为一个没去过美国的土包子，我想问，在美国选举时用捕风捉影的方法进行人身攻击，这是不是受到人们的鄙视的？难道在美国这种事是受到赞扬的吗？我想道德在任何文明国家都是有底线的。当然你可以对没去过美国的人随便说，告诉我们美国喜欢这种行为，美国人喝风屙烟，我也只能相信。

不过一个人很难摆脱自己出生和生长的环境的影响。对于薛大官人也是。你一再不无牛A的提及的多年美国生活的经历，也没能改变你骨子里的属于中国特有的品性。扣帽子，搞阶级斗争你无师自通。

我更赞同南周发表过的另一篇反茅文章的说法：简单的把人分为穷人和富人是不正确的，也不符合现实。大部分是介于极富极贫之间。

在网上我看到的自任穷人代言人向茅开炮的人中，有装B出名之人，有失去理智盲目发泄之人，也有学术观点与茅不一致之人。但你的言论中我觉得你不属于这第三种。你的言论透露出自负和轻狂。春风得意马蹄疾，不能衣锦还乡，先放个声让乡亲们知道狗剩我今日发达了！不想为出名的轻狂之举被当头断喝，自然是气愤难平欲出胸中一口恶气再次抡刀扑上，无奈对头的老农虽黄瘦粗鄙(相对于华贵的薛大官人而言)却不卑不亢，见招拆招内力深厚，这才意识到自己低估了对手。此时却骑虎难下，薛大官人岂能让一介土包子压低一头？只好不顾一身华袍，滚一身的泥，使出“懒驴打滚”，“就地十八滚”之类的招数来。

下面是我的回答：

我文章的原文已经贴出，你可以自己去看。我所谓的对茅于轼的“人身攻击”，不过是对他自称没有拿富人的好处这一点表示了怀疑。《南都》显然不容许这种怀疑。

你说你没有看过美国大选，问：“在美国选举时用捕风捉影的方法进行人身攻击，这是不是受到人们的鄙视的？”

我可以回答你：捕风捉影的攻击，是美国大选最常用的技术。具体细节请看我的有关图书《右翼帝国的生成》。希拉里的白水案，被调查了多少年？花了纳税人多少钱？最后证明没有什么不当。克里的越战记录被歪曲，则是另外一例。

在民主社会，如果当公共人物、竞选公职，就要经受捕风捉影的攻击，甚至人身攻击，否则你就不要当公共人物。你自己可以选择。另外，政治谣言，也是民主社会的一部分。自古希腊时期就是如此。后来媒体发达，谣言才少。在信息不公开的社会，比如在三四十年前的中国，谣言是好事，没有则社会更不健康。

其他问题或者评论，我就不回答了。由此可以看出，民主不是像我们想象的那么容易，也不是你想象的那个样子。学习民主不是件容易的事情。

为与《南都》决裂一事答网友

下面是一位署名“学生”的网友的留言。从语气和思维方式看，像是个圈内人士。甚至也许就是编辑之一。我不妨转贴一下，然后进行答复：

薛涌，客观地讲，我认为编辑不发你的稿件其实起到了保护你的作用，因为通过你在博客上贴出的对茅于轼的反对理由，我认为你有些哗众取宠，撇开主要问题，讨论细枝末节的倾向，颠覆了你在我心中的一贯美好形象。

你并没有抓住茅于轼谈话的主要内容，而是对他的一两句的确是没有论证的话拿出来大加评论。

他在农村进行贷款的目的是什么？不是给穷人以创造的机会吗？这点跟你的观点有什么矛盾？

他说房价过高的原因是什么？是通过权利关系，而非竞争来分配资源，这和你说的创建平等的保护制度相背离吗？

另外他对金融市场的论述你注意到了吗？为什么只关注其一句之失呢？你这样的言论，纵然可以帮助读者建立一个批判的思维方式，但你只挑刺，不肯定的方式，其代价恐怕是给人留下你哗众取宠的印象。

文章可以透露出人的品格，我认为，你思维敏捷，看问题也有独特而合理的视角，但是，缺乏宽容淡定的美德，所以你也许只能是个草根，而非“大家”。

当然，你的追求，你做主。

答复：

首先我要感谢这位“学生”的交流。不过，你的思路非常奇怪。第一段就很说明问题：“我认为编辑不发你的稿件其实起到了保护你的作用，因为通过你在博客上贴出的对茅于轼的反对理由，我认为你有些哗众取宠，撇开主要问题，讨论细枝末节的倾向，颠覆了你在我心中的一贯美好形象。”所谓编辑部要“保护”我这种态度，其实就是一种启蒙心态。我在即将出版的《学而时习之：论语研究之一》中，对这种启蒙心态有一个清算。中国现代知识分子，从鲁迅开始，就有这种心结。觉得中国的问题，就在于老百姓没有他们这些精英认可的思想，一切全是因为老百姓太愚昧，需要拯救。而这些愚昧的百姓已经到了这种程度，乃至要吃试图拯救他们的人的人血馒头。所以，老百姓不懂什么是自己的利益，需要别人保护，当然也就需要把涉及自己生活和利益的权利交给别人代行。我和编辑部的冲突其实也在这里。我们认识不同，本来可以争论。但是，编辑部认为他们是启蒙者，站得高、看得远，甚至有保护我的义务。言下之意，我这个人甚至根本不懂什么是我的利益，需要放弃自己说话的权利，让好心的编辑部来保护。茅于轼最近的言论，比如国家必须精英来管等等，也是这一心态的表现。我在《学而时习之：论语研究之一》一书中，把鲁迅的《阿Q正传》等等，看作是中国现代专制主义的思想基础。这个问题，希望大家看了书再讨论。这里点到为止。不过，在启蒙者面前，我这个受了这么好教育的人，居然必须接受编辑部的保护而放弃自己的权利。中国有几个人还配有说话权呢？

再说茅于轼。这位“学生”列举了茅于轼的许多观点和行为，认为和我的本来并不矛盾，意思是我抓住一点攻击人家不厚道。我假设这位“学生”是媒体中的人士。咱们就媒体说媒体。茅于轼那些具体观点，有多少人知道？他最近最著名的观点又是什么？我不是在这里给一个经济学家写传记，综合评介其一生的成就。我是对媒体的某些论调进行回应，批判他对社会影响最大也是最坏的观点，那就是“保护富人”、“为富人说话”。什么叫“撇开主要问题，讨论细枝末节”？什么叫“并没有抓住茅于轼谈话的主要内容，而是对他的一两句的确是没有论证的话拿出来大加评论”？难道你认为什么是重要问题，什么就是重要问题吗？所谓中国因为仇富穷了几千年，是他说要保护富人、为富人说话的最大根据之一。这种论调在我们社会中流行，我从小就是读这种东西长大的，当然需要清算。怎么你说不重要就不重要了呢？所谓“仇富”之论，是中国的既得利益集团编造的最大谎言。“仇富”能带来真正的社会后果，只有在民主国家才可能。因为那里一人一票，穷人比富人多。这么简单的道理你如果不懂，就应该反省一下是否被自己所受的教育洗了脑。

关于这件事情，我和一位编辑已经讲了。那篇被枪毙的文章，不是我写的最好的文章。其实，我的观点和我转载的吴向弘的文章很接近。他的文章比我的好。我和他其实一样，都认为茅其实还是一脑子既有教条。他着重从理解茅为什么如此荒谬的角度来讲。但这不是我的核心。我的核心，是茅类似的话说多了，降低了社会的道德。不过，就这个问题，我也没有多谈。一大原因，是他文章中事实错误太多，我想起码的家庭作业，是指出他的错误，即教科书上让我们相信的那些东西。

然后再讨论别的。你怎么会觉得茅那些未经论证的话无关紧要？这就是一些以启蒙者自居的人的最大悲剧：自己被洗脑，还要用自己被洗的脑子来启蒙别人。被别人指出后，还觉得无关紧要。

我很不客气地批判过张维迎、吴敬琏和茅于轼等人。有人为他们感到委屈。编辑部不愿意发这样的稿件。这些人有什么好委屈的呢？他们有很大的话语权力，都说了不负责的话，又不出来和人家辩论。这就是不负责任。比如张维迎的一流大学理念，对中国高等教育毒害甚大。我们的大学为此烧了多少纳税人的钱？我对他批评了，最近还写了篇长文。他根本不懂什么是一流大学。我指出来了，他出来认个错，说自己误导了大家，大学应该重视本科教育，不要竞争博士课程。这对社会还是个基本责任吧？我说的寄宿学院制度是一流大学的标志，其实这种寄宿学院就是牛津、剑桥来的。他们不说话，我就得骂。骂到他们臭不可闻，瓦解其话语权力，以后再说不负责任的话，就不会危害那么大了。

茅老相比之下确实是好人，至少自己还出来辩论。不过，他对骂人的看法，实在说明对民主缺乏体会。骂人、谣言等等，在民主社会有其正当的功能。特别是言论自由没有的情况下，这是老百姓非常合理的反应。没有这些，社会更不健康。这方面，像你这样的人还是跳不出来。这不怪你们。中国学术界太差。这方面的研究没有，你们无从了解。

经此一事，我有了觉悟。第一，中国一流的编辑，居然对言论自由的基本原则也不理解，也没有意愿坚持。我对他们多少有些高估。第二，他们都是很优秀的人，但是成长环境实在太差，对民主没有体会和知识，也没有足够的资讯去了解。所以，我应该减少和媒体的合作，即使还写中文，也应该多写书或长文。希望他们有一天会学到些东西。

所谓我“缺乏宽容淡定的美德”等等，是你错了。不让人说话，才是“缺乏宽容淡定的美德”。在公共场合激烈辩论，坚持自己的信仰，不惜得罪朋友，这叫公共道德。

再讲一句八十年代的笑话。科学院一位德高望重的老先生，是当时思想解放运动的先锋，什么事情都有自己的观点。一次开会，刘再复来了，讲了一通文学等等。他听得不太明白，以为是保守派观点，马上要批。但学生见他要放炮，赶紧小声说：“先生，刘再复也是搞思想解放的。”他听了一楞：“什么？是思想解放派？那就算啦。”

我不属于这代人。我也不会先查三代后再对一个人的观点进行评论或者批判。我针对的是观点本身。编辑部则喜欢幕后做事，把事情私下摆平。我则就事论事,把一切亮到桌面上来。你觉得我对一个德高望重的老先生说话不厚道。那么请问:他说话对一些穷人就厚道吗?看看网上的反应,至少许多人受伤害了吧?得罪网民并非不可以,我就经常得罪。但是,你敢得罪人,就应该容许别人得罪你。

说到底,对言论自由这一基本规则,你还是不理解。这实在太可悲了。

就和《南方都市报》断绝合作关系再答网友

以下是"海淀人"在我博客中的留言：

我挺爱看薛涌文章，可读性很强，但在茅于轼为富人说话的事上，我有不同看法。对茅于轼积极扶贫，薛涌说，"……从美国对贫困开战几十年的经验，我们就不难发现，茅于轼所谓的……的理论，……美国这方面的研究汗牛充栋。"似乎美国做了什么事情，在中国做做就不值一提了。可中国这样的环境能和美国的市场经济环境下相比吗？茅对农民小额贷款的做法是在趟经济的雷区（自己赔钱），法律的雷区（违法），和理论的雷区（弄个身败名裂）。怎么到了薛涌那里几句话就一点价值没有了？怎么就会让农民更穷了呢？你个人想在中国贷点款子或放点款子试试。

薛涌极为反感茅举任志强的例子。我也觉得任志强的名声不大好。但你怎么就不能理解保护富人也包括任志强这样的富人，只要他们不违法就应该受法律保护。薛涌或其他人包括我都会说，现在的富人没有干净的。可这是富人自己的问题吗？法律和制度有漏洞是推动法律和制度进步的问题。茅于轼说的就是推动理论和法律去保护富人的事情。如果举例子是一个勤勤恳恳，严格守法的富人，保护他们的说法不是废话吗？况且保护富人并不意味着不保护穷人啊，怎么就一根筋呢？

薛涌说，"克林顿时代，才有两党合作下对福利制度的改革，逼着穷人摆脱对福利的依赖，最后大大降低了贫困率。"似乎美国对穷人非常狠。可你看看美国对不同收入的人的税率一样吗？对低收入者子女补助救济少吗？很多方面比加拿大都强。例如幼儿园收费，急救费用减免。照你的意思，不给低收入人任何补助救济就是提高"他们的自尊和自我期待"，摆脱"他们对救济的依赖"？

最后有个意见，既然你强烈抗议冯一刀把电话曝光，你曝光南都编辑的信里的内容是否地道呢？

我的答复如下：

第一，我从来没有说茅于轼的小额贷款没有价值。相反，我觉得这很值得赞扬。我反对他的，是他为富人说话的理论，是在创造财富的过程中“工人农民都不算数”的逻辑。

第二，任志强如果合法发了财，当然需要保护。请问谁不需要保护？人生而平等，怎么只说保护富人？正是这种对财富的崇拜，妨碍了穷人的致富。

第三，中国当然不能处处跟美国学。但是，一些基本的人性，是超越文化的。当你对工人农民说“你们在创造财富的过程中不算数”，并且使他们接受了这种观念、真觉得自己“不算数”时，他们当然无法发挥自己的潜力，成不了企业家。茅于轼先生有许多令人尊重的地方，但他在“为富人说话”这件事情上，表现得让人恶心。那些不择手段地保证他的言论不受挑战的人，表现也让人恶心。

第四，这位读者对克林顿的福利改革似乎并不理解。福利改革不是福利废除，而是以鼓励穷人求职、工作为目标改革福利制度。另外，你必须给穷人以自尊。不能让他们有一种自己“不算数”、只配领救济的感觉。

第五，冯一刀披露我给他们打电话的事情，是利用职业之便，泄露客户的隐私。这是可以被起诉的行为。这也是中国人不懂什么是市场经济的一个例证。我并不认为我引用《南都》给我的工作信件有任何不妥。我和《南都》有契约，他们违约，并且用这些信为自己辩护。我当然要引用。同时，该报一位编辑，私下和我交流，申明这是个人感受，“不足为外人道也”，我当然就不会引用。我不能让该报静悄悄地封杀了批评茅于轼的言论而不受惩罚。报纸是为公共服务，不是私人的工具。此事涉及公共利益，必须具有基本的透明性。

贫富共和

——妥善安排穷人和富人关系的唯一出路

秋风

穷人与富人之关系问题，一次又一次被提出来。不幸的是，每一场讨论的参与者，似乎都是激情多于理性。某些人在意的是抢占道德制高点，讨论的情绪化色彩一波高过一波。贫富关系问题似乎正在变成为一个不可解决的问题。这是危险的。避免这种危险的惟一出路是贫富共和。

重要的是找到建设性解决之道

处理贫富关系的前提是认识贫富差异的根源。对此，基本上有两种政治经济学。第一种认为，即使在一个制度公正健全的社会中，由于每个人的自然禀赋不同，也必然会形成贫富分化的格局。假定所有人从完全相同的初始状态开始，比如，每个人都被上天赐予 100 元。由于人的智力、性格、习惯、偏好等不同，那些富有企业家精神、更为节俭、更为勤奋、更看重未来的人，或者是运气更好的人，财富最终可能积累到 500 元。另一些人不具备这些因素，只剩下 20 元。这样的差异是自然的，可以基于功利的目的予以矫正，但穷人与富人在道德上却两不相欠。第二种政治经济学则相信，富人的财富乃是剥削而来的，穷人是因为受到剥削才贫穷的，所以，富人在道德上就是坏的。

尽管“主流经济学”今天似乎成过街老鼠，但它在过去十几年至少已经取得一项成就：没有多少人公开地信奉第二种政治经济学了。愤怒谴责富人的时评家们竭力把自己与这种观念撇开，声称自己并不想批评那些通过企业家精神获得财富的人。

但其实，在其文本背后，仍然可以看到，富人道德上劣于穷人的观念，还是构成了很多人讨论贫富问题的“背景性知识”。这样的背景性知识又被当下中国的现实所强化。一个社会，如果制度设计不当，比如，法律设立、政府保护垄断，给予某些人特权，使其可以将自己不公平的交易条款强加于他人，或者政府刻意剥夺某些人，则财富的差异可能会更加触目惊心，且显著地不公平。这正是中国的现实。很多人在愤怒声讨富人时也确实再三声明，自己所指的正是用这种渠道积累财富的人。

不幸的是，除了一些特别明显的个案之外，通常情况下很难准确判断，某个具体的富人的财富，究竟出自哪一个源泉。比如，在中国，绝大部分商人不能不与政府打交道，其行为经常是在灰色领域，那么，你如何判断，这些人的财富是市场正常运转自然产生的，还是特权不公平地带来的？信心满满地在这方面进行判断，尤其是从政治上、道德上对富裕群体做出一个整体判断，几乎是不可能的，也是十分危险的。

问题的关键还在于，假如把贫富关系作为一个政治问题、一个社会治理问题来考虑，则真正重要的，本来也不是仔细追究每个人的财富的来源是否正当。治理活动不同于司法活动。司法是面向个人的，因而有可能为了恢复正义而追究过去的细节，并通过公正的程序让具体的个人承担责任。治理活动是面向群体的，你不可能说一个社会群体犯了罪，或者说他们是坏人。富人群体在正常的市场源泉之外，借助特权攫取财富，那并不说明他们是道义上的“坏人”，而很可能是因为制度扭曲；而对于这种制度扭曲，那些权力不受约束的官员才应当承担主要责任。

因此，如果人们希望改变不公正的现状，恢复公正的秩序，重要的就不是去追究富人群体过去做错了什么，而是理性地面对财富配置的不均乃至不公局面，深思建设性解决之道，避免财富占有量不等的人群之间的仇视、冲突乃至社会断裂。这个建设性解决之道，就是贫富共和。

罗马文明可作我们的借鉴

穷人与富人的关系问题，是任何政治共同体都必须妥善处理的一个问题。政治学这门古老的学科从一诞生，就立刻把这个问题作为一个核心问题。古希腊哲人亚里士多德在《政治学》第四卷第八、九、十章中讨论过这个问题。

亚里士多德反复指出，一个城邦中，必然有一些人是富人，有一些人是穷人。而城邦作为公共的“共同财产”，必须把两者共同组织进城邦的优良秩序中。组织的途径就是“共和”。在亚里士多德那里，共和指的就是寡头与平民、富人与穷人的共和。共和政体就是“混合贫富”的政体。城邦通过种种复杂的制度安排，把财富较多、人数较少的寡头，与财富较少而人数较多的平民混合在一起，共同和平地生活于一个城邦中。

不过,对于“共和”,希腊人更多地只是在理论上进行讨论,最为成功的实践却在古罗马共和国。罗马共和制度的重要功能,就是化解穷人与富人的对立。古罗马共和国历史上一个关键的事件是平民的分离运动及护民官的设立。罗马结束帝制之后,建立了元老院统治的贵族寡头政府。非贵族的公民遭到不公正待遇,罗马社会出现严重贫富分化。公元前500年前后,平民起来要求改变这种状况。他们准备脱离贵族统治的罗马城,另行建立自己的城邦。元老院大为恐慌,做出让步。贵族与平民达成了一份神圣契约,实现“共和”。平民们推举产生神圣的“护民官”,他们成为罗马政制中的一支重要力量,有权否决执政官的政令,元老院也不得以任何名义逮捕他们。

罗马由此成为一个真正的共和国,罗马政府的正式称呼就是“罗马的元老院与平民”(Senatus Populusque Romanus)。这种共和,在一定程度上也是富人与穷人、寡头贵族与平民群众的共和。富人的力量与相对贫穷的平民的力量均衡地被安排在一个宪制框架内,双方的诉求都能得到表达,权利都能得到尊重,利益都有机会实现,每一方也都有能力避免对方侵害自己。伟大的罗马文明就是以此为制度基础的。

近代以来各国的法治、宪政之道,同样是在深化共和这一主题,在解决自由权与权力的关系问题之外,也致力于妥善地解决穷人与富人的关系问题。比如,在代议民主制的制度安排中,人头和财富可以各自发挥作用,既同时表达,又相互制衡。在这样的架构中,穷人、富人共同推进社会、国家的公共利益。此一利益增长的过程,通常会同时增进双方的权利和利益,至少不会损害任何一方的权利和利益。

共和当然不单是为了解决穷人与富人的关系问题而形成的,但妥善安排穷人与富人关系的惟一出路,就是贫富“共和”。

斗争哲学是一种毁灭的哲学

贫富共和之道,以整个社会、起码是主流社会形成“贫富共和”的精神为前提。而滋养这种精神,首先需要清理潜藏在不少人心底的斗争哲学。

这种斗争哲学教导人们说,社会各个群体之间的利益是相互对立的,只能玩一种零和游戏,一方之所得就是另一方或其他所有人之所失。因此,一个群体要改变自己的位置,就必须通过斗争消灭对方。

以这样的哲学来处理穷人－富人关系问题,结果只能是“拉美化”。其实,亚里士多德就已经注意到这种现象："平民群众和财富阶级之间时时发生竞争，不管取得胜利的是谁，那占了上风的一方总是不肯以公共利益和平等原则为依归来组织中间形式的政体，他们把规程特权看作斗争胜利的果实，抢占到自己的手中后，就各自宁愿偏向平民主义或者寡头主义而独行其是。"不论是寡头还是平民，都过于贪婪，抱着彼此"取而代之"的心态。结果，社会就只能在寡头主义与民粹主义之间循环，每个群体周期性地享有特权，又周期性地蒙受损害。

在这样的社会中，自然会周期性地出现一批又一批诉求相反、心态却完全相同的煽动者。一群人说，寡头的垄断即使让弱势者遭到了剥夺，但终究提高了经济效率，所以这是历史进步必要的代价，被剥夺者就应当忍下来。另一群人则说，既然寡头们剥夺了我们，那大家就反过来剥夺他们，把这个世界颠倒一个个儿。

可见，斗争哲学是一种毁灭的哲学，共和精神才是走出治乱循环的唯一出路。古人喜欢用人体来形容政治共同体的运转。富人与穷人，以及各个不同群体的人，乃是社会这个有机体的不同器官。人体之正常运转，离不开任何一个器官，每个器官都发挥着必不可少的功能。因此，一个健康的人体，必须让这些器官"共和"，在一定规则下和平共处，并且相互协调、配合。假如为了某一个器官而切除别的器官，则必然导致人体的失衡。

社会有机体同样如此。贫富共和的前提是，主流社会形成一种法国经济学家巴斯夏所说的"和谐利益观"，即每个穷人与每个富人的利益其实不是互斥的，而是和谐的、互补的。与他人和平地共同生存，这是每个人最根本的"正确利益"。这样的观念，会引导、约束每个人克制自己的欲望，不以剥夺对方、消灭对方作为追求自己利益的手段。同时，面对利益的可能冲突，也知道理性地做出妥协。这种基于理性的妥协精神，乃是贫富共和的精神基础。

贫富共和有赖公正的规则体系

如果一个社会的贫富分化比较严重，且处于相对极端状态的人在社会中所占比重较大，那这个社会要实现贫富共和，确实存在一定难度。所以，亚里士多德早就说，"惟有以中产阶级为基础才能组成最好的政体"，"公民们都有充分的资产，能够过小康的生活，实在是一个城邦的无上幸福。如其不然，有些人家财巨万，另些人则贫无立锥，结果就会各趋极端，不是成为绝对的平民政体，就是成为单纯的寡头政体；更进一步，由最鲁莽的平民政治或最强项的寡头政体，竟至一变而成为僭政。"

贫富共和的社会基础是中产阶级的强大，当代中国主流社会也已广泛地认识到这一点，政府也提出要建设“橄榄型社会”。不过，现在的问题是，贫富对立如果比较严重，且政府对此处理不当，中产阶级的发育也会受到很大影响。反过来，缺乏中产阶级的平衡，处于相对极端状态的穷人与富人各自坚持自己的非理性立场，不能实现共和。

这就是中国问题的复杂性所在：必须在高速行驶过程中为列车更换车轮。这对各个社会群体及政府同时提出了高难度要求。比如，富人需要意识到自己的“正确利益”，克制自己利用权力获取财富的经济人理性，并启动社会的自我财富再分配机制，以改变自己的社会形象，化解穷人的怨恨。中产阶级则需要准备驯服富人和穷人的激情，致力于推动制度变革，以改进财富创造与分配的游戏规则。至于政府方面，则需要善意地回应这种理性的诉求，确认和完善公正的规则体系。

贫富共和，最终依赖于较为公正的规则体系，这一公正的规则体系既可为中产群体的发育创造最佳制度环境，又可限制富人与权力的结合，节制其傲慢；保障每个人尤其是穷人的权利与利益。这套公正的规则体系形成、完善的过程，就是各个群体尤其是穷人、富人走向共和的过程。就此而言，我们这个时代所需要的，既不是富人的经济学，也不是穷人的经济学，而是促进贫富合作与交换、以增进共同福利的经济学；这个社会所需要的政治学，也是旨在实现贫富享有平等权利、共同参与公共事务治理的政治学。

原载 2007 年 9 月 6 日《南方周末》

按事情的本来面目进行讨论

肖雪慧

茅于轼先生一篇《替富人说话，为穷人做事》动静很大，几乎成了这段时间的热点话题，占据了不少媒体资源。我是从赠寄的《上海证券报》上才看到文章的。标题赫然夺目，“为穷人”、“为富人”之说让人恍若隔世，把说话与做事截然分开，令人困惑和好奇。拜读过后，又添愕然。因为文章从头到尾都在下断语、作结论，却几乎不给出任何证据，连讲讲理的功夫都懒得做。这种轻率态度，几年前偶然读到茅先生谈及教育收费的文章时见识过。尽管有这些观感，但无意说什么。然而，茅于轼文章引发的争执中，不少人绕过对文章内容和社会现实的讨论，却拿茅先生的善行来堵批评者的口，还有些人对批评者作无端揣度和攻击，而且这类不负责任的言论还出现在一些报纸上。这倒激起了也来谈谈茅于轼文章的念头。

下面就围绕“现在社会上为穷人说话的人很多，替富人说话的人很少”这一开篇断言和接踵而来的断语或结论来说吧。

一.茅于轼笔下“为穷人说话”的专业户

茅先生的文章题目和开篇断言隐含了一个奇怪设定：说话、做事不依据是非判断，而依据对方是穷人身份还是富人身份。在他笔下，我们这个社会有一大批“为穷人说话”的专业户。据说：“原因很简单。为穷人说话能够得到社会上大多数人的赞同。因为穷人是弱势群体，需要有人为他们说话。哪怕说错了，也不用担心。因为立场不错，顶多是技术性错误。说话人考虑到自己的社会影响和对自己的舆论评价，为穷人说话是不会出问题的。我国是一个特别讲究立场的国家。立场错了一切都错。谁敢犯立场性的错误去为富人说话呢？所以大都站在保险的立场上为穷人说话。”

说话前就先把是不是能得到“大多数人赞同”、能不能获得于己有利的“社会影响和舆论评价”、具不具有可以确保说错话也没事的“立场保险性”等等，都算计过了，“为穷人说话的人”岂不成了一帮工于心计、老谋深算的家伙？笑蜀在《“炮打茅于轼”之社会病理分析》中指责批评茅于轼的人“不惮以最大的恶意去猜度别人，裁决别人”，用在这里倒不算太离谱。请看几个基本事实。

第一，近一二十年的社会现实是什么？是制度性不公将底层民众推到越来越困顿的境地。这个阶层无论人身安全、人格尊严还是少得可怜的财产所遭受的侵犯，比任何其他阶层都来得多、来得频繁和肆无忌惮。承受野蛮拆迁、低价征地的主体是他们，被城管掀摊、折秤、追赶打骂、没收家什的也是他们。干了活，不一定拿得到工资；想创业，迈不过高耸的“钱”门槛；要自救，围追堵截弄得一个个如惊弓之鸟。对这个庞大群体来说，通过合法途径维护权益的渠道几乎是关闭的，遭遇侵犯和打击后，不是忍气吞声，就是选择以自我毁灭为代价的方式抗争。

这是面临着最严峻生存困境的群体。既然如此，谈论得多一些，或者如茅于轼所说，“为穷人说话的人很多”，都再自然不过。

第二，来自底层的或者为底层说话的人的声音是不是太多、太高以至盖过了其他群体？特别是盖过了富人群体以至对其构成威胁了？实际情况恐怕相反。社会底层在我国是没有什么话语权的，近年来充其量可以在虚拟的网络世界发出声音，但决策层多半是不理睬的，除非闹出黑窑之类事件而且已经由电视或平面媒体披露出来封不住了，才会作有限回应；学界为底层呼吁的声音也主要在民间，而且很不受权势待见。可是富豪的声音在庙堂，起码，可以直达庙堂。近二十多年间，先富了，随之便迅速取得人大代表或政协委员头衔——人们对此已经习以为常。所以，时不时揭出的黑社会大佬差不多都有这样的身份；时不时会有代表以个人名义或多人连署方式提出诸如“公务宴请用当地酒”之类自利性兼腐败性议案。学界一批靠近权力的人对这个群体也是情有独钟，这种情势下，官商学结盟发声乃是常态。

所以，不在发声人数多少，而在于能否出现在决策场合，能否有影响甚至支配、左右政策的能量，或者驱动公权机构为己效命的能量。银座商场可以借口企业形象受损而报警，警方可以据此抓人。一般人有这能量？不信就做个试验：雇员受雇主侮辱——这种事，屡见不鲜了——报警试试，能出警吗？从这个角度看，所谓“为穷人说话的人多，替富人说话的人少”便毫无意义，何况，这一“多”一“少”之说本身就带想当然成分。而把说话与做事分开，更没道理。很多情况下，说话难道不就是做事？

第三，为底层“说话”真的具有立场的保险性？

撇开网络中一些情绪化发泄而单就学界来说，首先，我认为，学者就公共问题发表意见不应抱以穷富划线的门户之见，负责任的态度是认理而不是认身份。假如现实中果真像茅先生所说“为穷人说话的人多”，我相信大多也是基于这个群体生存状况过于糟糕的事实——忽视这个事实，整个社会都将付出代价。而不少为底层呼吁的人，在富者遭受无妄之灾时，同样抱以了同情和道义的支持。

至于为底层说话是不是保险，结论也得根据对当下社会现实的判断，不能信口开河。尽管宪法上工农有崇高地位，宣传中也常常把他们的地位抬得很高，但纸上写的、口头宣传不等于就是实际奉行的。橱窗里摆的样品跟实际卖的货品不相同，我们见得少吗！当下现实，一是官商勾结成了常态，权钱之间有着前所未有的亲密关系，相应的，是公权疏离于社会大众、特别是社会底层。政府的GDP冲动也在强化这种趋势，所以劳资关系上几乎习惯性地一屁股坐在资方，像以保护投资环境的名义压制工人权益，对现状稍有了解的人都不会陌生。二是政府极爱面子，又很不正常地具有了利益主体的自利性质。揭露底层处境，使政府脸面无光；呼吁改变对底层的歧视、遏止对这个庞大群体的盘剥和侵犯，将直接影响相关部门的利益。

这种现实面前，为富人说话保险还是为失地农民、为被欺侮的民工说话保险？如果尊重事实，应该不难得出结论。拿揭露黑窑事件的辛女士和记者付振中来说，不遭报复就万幸了。

二.茅于轼笔下的“穷人”、“富人”

茅先生在提出开篇断言“现在……替富人说话的很少”之后，接踵而来的是：“中国穷了几千年，其中原因之一就是仇富。社会上有了一些富人就变成众矢之的，就被侵犯、被剥夺”；“的确有一批人准备打倒富人，再次剥夺他们……如果把富人都打倒了，穷人还有前途吗？”“中国改革三十年，财富的创造增加了十倍之多。这主要是企业家的功劳”；欺侮穷人的是“个别老板”……

“替富人说话，为穷人办事”，便由这一连串断语在支撑。然而这些断语的真实性很成问题，流露的偏见更令人吃惊。

所谓“穷了几千年，原因之一是仇富”、“社会上有了一些富人就变成众矢之的，就被侵犯、被剥夺”，前一说毫无根据，后一说只跟改革开放前那不足三十年的情况大致相符，却并不能得到此前历史和此后现况的支持。但令人惊讶的是接下来斩钉截铁的一说：“的确有一批人准备打倒富人，再次剥夺他们……如果把富人都打倒了，穷人还有前途吗？”

一个学者，对自己下的断言有举证的义务，但是茅先生没有尽这种义务。那么，存不存在他说的“打倒和再次剥夺富人”的情况呢？据我所知，这些年，对富人群体中不佳表现的批评是有的，私产入宪争论中追究财产来源正当性的主张也是有的，但这些都在正常批评和讨论的范围之内。迄今为止，还没听说哪个思维正常的人不分青红皂白地视富为仇，主张打倒和再次剥夺富人。倒是几乎所有人都怀有一个致富的希望，许多针对青少年的问卷调查还显示，把一些世界顶级富豪视为人生楷模的占了很高比例。这再正常不过的追求本身就证明“仇富”说是可疑的。而普遍存在的嫌贫爱富、以衣着取人、对富有者高看几分的势利心态——我国历史上恐怕找不出哪个时期在这方面更甚于当今了——又从反面证明了这一点。

茅先生用似是而非的“仇富”挑起了一场无谓的争论。而他冲着“打倒、剥夺富人”叫阵，也由于对象的虚幻性，使得这场“战斗”有点像唐吉诃德跟风车作战。

但在挑起无谓争论时反复表达的一些看法却值得注意。

“富人都打倒了，穷人还有前途吗?”这不容分说的反问流露出茅先生心目中抱着固定不变的穷富界限，而“富人”代表着积极和贡献，“穷人”则是一个代表着消极、被动的符号，作为群体，是需要仰赖富人给出路的被动一群。

这不是我曲解，也不是茅先生词不达意引起的误会。因为他多处言及富人贡献时便已经对此做了明白无误的诠释。比如，断定改革以来财富增加十倍“主要是企业家的功劳”。同样的意思，7 月 4 日接受《新财经》记者访谈时表达得更明确：“企业首先瞄准的是利润，通过为社会提供服务来获取利润。有了利润、赚了钱，就为国家纳税、解决就业。现在城市很多白领都挣到 5000 多元了，连农民工的工资也 1000 多元了……所以，我认为赚钱就是关心群众。”“我也听到有一种说法，企业家没有创造财富，所有的财富都是工人创造的。我认为这不对，实际上财富是企业家创造的。”

把赚钱贴上“关心群众”的道德标签，不过有点滑稽罢了，可说“白领都挣到 5000 多元了，连农民工工资也 1000 多元了”，就好像这也是拜企业家或者说拜富人所赐似的(茅先生把“企业家”跟“富人”混为一谈，后面将谈到)。而作为经济学家，说财富增加主要是企业家之功，甚至干脆说“实际上财富是企业家创造的”，似乎从事科技开发的，还有那些连低廉薪金都常常需要“恶意”讨要的民工与财富增长无关。此说违背常识的程度，不亚于他反对的“所有的财富都是工人创造的”。因为，要实现财富的创造和增加，科技的研究和引进、劳动力、资本、资源、市场，以及对诸要素的组合，任何环节都不可少。中国不能例外。不过，中国有一点却相当特殊：中国经济最大的竞争优势不在科技创新，也不在组织生产要素的能力，而在低工资。这意味着什么？意味着工人的工资远没有真实反映他们对中国经济的贡献；意味着他们为中国经济发展付出了最大牺牲。在这一事实之下，无论茅先生于下意识间流露的穷人靠富人提供机会和出路，还是在接受《新财经》访谈时下的另一结论——“中国绝大多数财富是公平分配的”，都太离谱。

至于口口声声富人纳税，给穷人提供就业，暴露了把穷富界限固定化的思维定势。然而，一个正常社会，人们的经济地位并非固定不变的。改革开放以来出现的富人，很多就是穷人上升而来的，他们抓住了机会，艰苦创业，所以富裕了。富人投资或经营失败，也可能返贫。但只要社会阶层流动的渠道是畅通的，就都有机会。倒是现在近乎病态的政府管制和官学商勾结所形成的既得利益集团堵塞了上升通道，不仅造成贫穷世袭的趋向，还限制了中等收入者的发展空间。经济学家应该在改变这种现状、恢复社会阶层间正常流动渠道上有所作为，而不是固执于无谓的穷富之争。

现在该谈谈“企业家”和“富人”了。茅先生行文中，这两个概念不断互换，混为一谈。不知道他说的企业家包不包括中小企业主。这部分人对解决我国就业做了最大贡献，却很难说可以跻身富人之列。在税费压力、大企业挤压和政府的歧视性政策下，中小企业平均寿命仅 3 年。我最近调查的一个小企业，苦苦支撑了 11 年，被工商管理者视为“奇迹”。但占利润 33% 的企业所得税、毛利 17% 的增值税、按工资总额 2% 征收的工会经费、按人头征收的残疾人保障金，还有房产税和从 8 月份起呈若干倍上涨的土地使用税以及明文规定之外的种种收费，企业主辛苦经营下来，充其量只能维持中等收入。作为一位有影响的经济学家，如果一定要为谁说话，为中小企业主说话不更有现实意义？这个群体不一定富裕，但对国家经济健康发展的作用不亚于大企业。

三. 余论

任何人的认识都有局限。学者并不能例外，但学者之为学者，起码应该知道自己有局限。如果要就什么问题公开发表意见，应该尽可能拓宽视野，而不要把自己目光所及的当成事情的全部。茅先生话说得太满，缺了些必要的理性谦卑和谨慎，就“替富人说话”这篇文章来说，充斥着跟事实相悖的断言和偏见流露，引起批评是很自然的，而批评者的意见引起反驳同样很自然。但无论批评还是反批评，都不应离开论域，更不应该进行人身攻击。茅先生有值得敬佩的善行，但并不能成为其见解免受批评的理由。作为一个有影响力的经济学家，其言论的后果完全可能远远超过所行善事的影响。比方说，鼓吹所谓“教育产业化”，这在我国实施起来再变形为受教育机会的商品化，既加剧了教育腐败，更导致对底层的严重排斥和伤害。这就不是个人善事所能补偿的了。言及于此，顺便提一下，茅先生在这篇文章中仍然认为教育高收费是应该的，称“要求大学降低学费，制造富人搭穷人便车的政策，让穷人上当受骗”。此说的阴谋论气息和诛心之论可以不必理会，但不能不理会现实——难道高昂的学费使得穷人子弟上大学的越来越少反倒不是“让穷人上当受骗”?!

这一波争论，暴露的问题不少。文章引起批评，首先应该从文章内容出发问个为什么，但却绕开，去讨论批评动机；好些议论因人而异持双重标准：茅先生文章中出现不少无根据的揣度和裁决，但辩护者视而不见，可却盯牢了批评者的“恶意”。

人们对社会不公正现象的批评，自然要涉及底层状况，但有人又绕开现实，仍然把焦点集中在批评者身上，指人家想充当穷人代言人，有政治野心，教训“穷人不能因为自己穷就穷凶极恶”——这可是错把他乡认故乡！当下中国，实现政治野心的捷径是接近权力、为权势辩护，还是令权势不自在？当下中国，穷人敢穷凶极恶？他们能把黑装甲开上街，还是能顷刻之间招来几百名手持武器的打手对付讨薪者？

这种情况下，还能正常讨论吗？

2007 年 9 月 3 日

《南方人物周刊》访谈:你为谁说话?

何三畏

贫富之争成为导火索

近期茅于轼与薛涌有关“富人”与“穷人”之争,掀起了又一轮的观念激荡。

事起于三十年来中国社会急剧的阶层分化。

一方面,社会物质财富奇迹般地堆积,一派前所未有的繁荣景象。在农村,新开篇的历史是农业和农民第一次获得国家财政补贴。这一切,甚至超过了三十年前从政治家到民众所能想象的程度。

但是,另一方面,社会公正受到严重挑战。官员腐败,特权阶层和垄断集团挤兑公共空间。贫富悬殊已然形成,畸形的利益格局对普通大众越来越不利(上一个月,亚洲开发银行的数据表明,10 年来,中国的收入分配越来越向有利于富人的方向倾斜,成为亚洲贫富差距最大的国家,在世界上与一部分最不民主和没有秩序的国家同列为基尼系数最高的国家)。被认为可以作为社会中坚的中产阶层尚未形成,一代相对有竞争力的青年把未来按揭到高昂的房市,消费指数的暴涨又导致生活信心下跌。权利缺失和言路受阻,相对贫困和相对被剥夺感无法表达,遂在网络上弥漫成一种令“主流社会”担心的情绪。

回想贫富分化的野马开始脱疆之际,“公平还是效率”曾经是一个问题。后来,问题终结于“效率优先,兼顾公平”。但在现实生活中,“公平”常常难以“兼顾”,“效率”每每压倒一切。今天,“公平与效率”的问题开始退场,谁再提它甚至有故意挑逗公众情绪之嫌。今天的问题是:“为穷人辩护”或是“为富人辩护”。

面对贫富阶层的分化,曾经是同一阵营的中国知识分子也开始分化。

分歧在解读基尼系数的基本点上就开始了。多位有相当影响力的官员和学者反对用这个“西方标准”评价中国现实,主张中国基尼系数要城乡分列算式,然后用两个基尼系数来评价中国的贫富差距,这样或许不会达到警戒线。但是,这个论点并没有影响到人们对“贫富分化”的高度关切。

茅于轼先生作为一个道德好人，并且是一个帮助穷人的道德实践者，他认为“仇富”是一种现实存在，他还认为中国有“仇富”的历史传统，而这个传统正是中国社会贫穷的根源之一。他认为富人往往受到伤害，却没有人为他们说话，因为“为富人说话”不讨好，而为穷人说话却很方便，他“很担心我们国家再发生贫富冲突”，他写了《替富人说话，为穷人办事》的文章，声明是为“诚实致富，特别是兴办企业致富的企业家和创业者”辩护。

茅先生此前有过“为富人辩护”而受网民围攻的经历。这一次，他“为富人说话”的文章发表在中国最有影响的媒体的评论版，无论他愿意不愿意，他再一次被摆上了“为富人代言”的代表席，辩论迅速在网络和纸媒上同时展开。

现居美国的薛涌一直关注国内时事。用他自己的话说，这些年他“主要精力是在和‘主流’们斗争”，特别是“主流经济学家”们。他认为他跟他们“虽然都主张市场经济，但是意识形态不同”，“他们讲‘效率优先’，我讲‘权利优先’”。在基本的立场和多数的观点上，他不赞成茅于轼，他接连写了多篇文章反驳茅于轼。他反对“仇富是中国社会历来贫穷的根源”，反对“只有富人得到保护穷人才可能变富”；他认为“要勤劳致富，就必须保护穷人”，“贫富分化不是市场经济的必然结果”。他举例说“人权平等”的充分的市场经济国家，贫富分化反而没有一些专制国家严重。特别跟所有论者不一样的是，他认为在贫富差距如此之大的情况下，“老百姓有一定的情绪是合理的”，并且他们的声音也应该得到表达。

一时之间，茅于轼和薛涌分别成为“为富人说话”和“为穷人说话”的代表，双方各有拥趸，迅速形成对垒之势。

“拥薛派”更多的是草根读者。薛涌在新浪网以“反智的书生”命名的个人博客，只谈时事，并无杯水主义风波，点击量已过千万。而陈永苗是批茅较为激烈的一个。他对新时期的不公正坚持最低限度的容忍。他提出的问题是：“改革是为穷人的，不是为富人服务的”；让富人更富，穷人更穷，穷人就没有了机会，而茅于轼是在穷人与富人的矛盾中间“拉偏架”。

据笔者电话调查，在活跃的自由知识分子圈，多数人不支持薛涌，特别对他因为长期合作的媒体不发表他批评茅先生的文章而发出高调指责表示不以为然。辩论带来精神紧张，从问题过渡到了“态度”，如指薛“讨好穷人”，“另有所图”或捞取“政治资本”。

薛涌的立场很容易被指民粹主义，何况标榜自己“反主流精英”和“反智”。茅于轼的同辈学者吴敬琏在最近一期《中国改革》杂志，发出了这样的谴责：“最近几年的争论中，少数人极力散布他们对贫富差别过大的原因所做的歪曲解释。”“2002年的中共十六大已经确定了‘扩大中等收入者比重’的正确方针，但在几次‘左’倾思想回潮中，传统路线的支持者仍然利用一些人的民粹主义情绪蒙蔽‘弱势群体’，挑拨他们与中等阶层之间的关系，煽动‘反精英’和‘仇智’。”对此，薛涌称吴敬琏用“极少数人”、“煽动”、“挑拨”、“蒙蔽”等词说话，不是“现代语言”。

一个公共话题的左右说

辩论还在继续。辩论的是非应该在辩论的过程中去求证，而我们想关注辩论本身显示的价值。

我们注意到，辩论中出现的“讨好穷人”，及以此方式去图谋“政治资本”之说，应该算是一种新鲜的辞令，很诱人想象。有人指出，“讨好穷人”也好，“为富人代言”也好，都应该是你的权利。任何一个人参与公共辩论，不一定要代表所有人。如果每一个人都自由选择自己的立场，形成一个有人“讨好穷人”，有人“讨好富人”，有人“为利益集团代言”，有人“为弱势群体说话”，有人保守，有人激进，有人向左，有人向右……所有阶层和群体都有人为其“代议”，这才是一个正常社会的正常话语场，才是现代政治制度生长的土壤。

事实上，在这场辩论中，面对一个共同的社会问题，尽管双方有许多共同的判断基础(都不讳言是自由主义者)，例如，对腐败和不公的认识，但是，仍然形成了或左或右的立场。无论你是因为忧虑穷人的不理性而选择为富人辩护，或者因为同情穷人的权利缺失而选择为穷人说话，你都已经站了队。如果能让这种话语环境自然生长，假以时日，他们或者都会把自己的话语表述得越来越成形，越来越具有政治智慧。

新时期以来，有关中国社会的问题与主义，已经有过几次争论。每一次争论都分化出左与右的种种名目，左有老左与新左，右有自由与新自由。当然，在中国国情之下，左与右并不对应着通常意义上的激进与保守，而是基本相反，不过，这并不重要。同时有一个有意思的现象是，对于左派来说，无论老左和新左的帽子，都不是自己愿意拾来的，而是别人赠送的，当事人不仅不接受，还会反唇相讥；而自由主义标签一般不会被推辞，不过，这也不必纠缠。值得重视的是，新时期的前几次观念之争，大致只是知识精英之间的演练，而此次由贫富分化激荡起来的观念对垒，则席卷了自由主义知识分子(一直自称为“弱势”代言的新左派这次却不做声)和普通大众，特别是网络青年的参与，使它成为一个真正的公共话题和公共选择，使得激进与保守，或者说左与右的分化就跟中国社会的贫富一样明显化。

这是社会阶层分化到一定阶段的必然现象，值得关注。这次先听听薛涌怎么说。

薛涌：我就自封“新右”如何？

三年前，本刊以“在美国做中国的公共知识分子”为题报道了薛涌。三年来，他一直在这一个方向掘进。他不失时机关注国内现实，寻找表达空间，发表了大量的评论。他在国内商业网站开个人博客，更新快，浏览高。他在国内拥有大量的读者，众多报刊向他约稿。近年的评论已经汇集成 9 本书，仅在今年已出和正在出版的，即有 4 本。

他在出国前已经写过不少文章，但为国内读者广泛熟悉的，是 2000 年后在《南方周末》发表的大量评论。后来，《南方都市报》成为他的主要发表阵地。但是，此前他突然宣布“终止跟《南方都市报》的合作”，原因是“观点不合”被退稿，这种国内司空见惯的事情，薛涌表示不肯接受，并把事情公开在他的博客上，对编辑提出批评。

中国最有影响的评论平台和颇为活跃的评论家“终止合作”事件一时成为一个公共议论的话题。由此产生了两个相关议题，一个是，公共辩论应该“不留情面”还是需要“厚道”？其二，由于事涉薛涌对广受尊敬的长者茅于轼先生“替富人说话，为穷人办事”的观点的批评，“终止合作”事件也适时地增加了对“贫富分化”和“仇富”问题的讨论热度，一个公共话题让曾经共处同一阵营的知识分子出现了分化。那么，薛涌自己对这些问题怎么看，他如何看待他在日益分化的中国知识界所担当的角色？

我怎么不知道国情？

人物周刊：总的来说，你对国内的媒体，包括网络，有什么看法？

薛涌：国内媒体当道的人，可能就二三十岁吧，领导就四十来岁，都是八十年代受启蒙主义影响上来的一些人，这些人还是比较有理想的。我对国内媒体评价还不错。

人物周刊：不是客气话吧？

薛涌：当然不是。媒体比大学好，因为媒体有竞争。像你们南方报系，都是靠竞争出来的。有没有良心先不说，你得靠卖良心吃饭。因为读者有选择，所以我说市场经济是好的。这跟民主很近似，兜里有选票和兜里有钱，都可以选择，可以决定要那个不要这个。这么一竞争对媒体有好处，所以媒体有相当多的人是相当好的。特别是《南方都市报》，做到现在很不容易，它的评论编辑，素质绝对特别好，一打交道就知道。

但是，这代人受八十年代启蒙主义的影响根深蒂固。这种启蒙主义有很大问题，他们自己跳不出来。启蒙主义跟宪政主义非常不一样。我最近要出一本书，叫《学而时习之：〈论语〉研究之一》，书里对启蒙主义有一个清算。启蒙主义跟中国的士大夫传统非常相像。比如士大夫那种兼济天下的怀抱。他自己确信这种怀抱的正当性，道德思想上都比别人优越，我要用我的思想去改造大众的思想，别人必须听我的。所以在这种启蒙主义中，大家实际上是不平等的。他认为你这个不正确，你这一套看法不符合我的看法，你的看法对中国不利，所以，你的看法就不应该登。

人物周刊：你是说这是观念差异，还不是具体事情上的误会。

薛涌：不是误会，是编辑无法超越自己的思想模式。在美国的媒体，比如《纽约时报》、《华尔街日报》，有这么一种专栏作家制度。专栏作家的稿件是不能毙的，目的是保证他们在和编辑部冲突时的言论自由。你如果意见不一样，就在版面交锋嘛。跟《南方都市报》的合作方式是几个月前我跟它讲的。这道理一讲全明白，他们完全同意。其实，跟别的媒体我提都不敢提。我认为他们是最有可能接受的，他们要是不接受，别的地方就不要谈了。

这其实就是基层社会的立宪：我们制定一个规矩，我们按照我们的规矩走。规矩不是让你舒服，是让你难受。有的稿子你看着一百个不顺眼，但也得登，因为根据程序你得登。中国就没有宪政主义传统。中国士大夫传统和启蒙主义很容易衔接，但就是宪政这一套搞不明白。即使理性上编辑们搞明白了，情绪上心理上就不同意，一执行就不明白。刊登不同意见不是个雅量的问题，是接受规则的约束的问题。

人物周刊：你有没有考虑到某些方面的国情因素呢？

薛涌：我知道国内人对我怎么评价。编辑说我在国外，不知道国内的仇富的情绪真是厉害。那要是民主社会的媒体，如果有百分之二十的人仇富，他们的情绪和声音必须要有媒体来反映。如果这么大一批人的声音得不到反映这还叫民主吗？有这么多人仇富那就更应该反映而不是压着不动。

人物周刊：不同意你的观点还发你的文章，好像还不现实。

薛涌：你说这种不现实，不是政治上的不现实，只是大家没有立宪习惯，不习惯按程序解决问题。为什么要专栏制，专栏制是使编辑在行使权力的时候有一个局限。民主社会得从草根培养这种习惯，没有这种习惯，中国搞不了民主。

大家生活环境不一样，看法可能不一样。比方我在美国生活了这么多年，国内很多的事情可能看不惯，我就提供一些点子，这是我的义务，你说你不同意，不适合国情，为什么我的观点不适应国情，有些国情是不是应该修改？

没有自由就没有文化创作。戴上紧箍咒，写的时候非常难受。

仇富的道德对社会有益

人物周刊：一段时间以来，你批评主流经济学家，批评精英阶层，指名道姓，“不留情面”，你知道国内一般不是这种批评方式。

薛涌：这是因为国内没有公共讨论的习惯。前一阵子美国有一个保守主义的评论家，写了一篇文章讲美国的政治文化。他劝美国的政治家在公开的场合彼此攻击的时候，最好像在私下里的场合一样文明一点。美国的民选政治家，在公开场合把彼此说成魔鬼，势不两立，吵得一塌糊涂，什么狠话都说，私下里却彼此客客气气，相当尊重，有时候还承认，我的话说得有点过火，你的话还有点启发。

为什么不能把私下里人与人之间的厚道，带到公共层面来？民主社会就是这样，公共层面代表的是为某种人的利益说话。比如说，茅于轼他为富人说话，我为穷人说话，凭什么客客气气？凭什么厚道？在公共层面，我不同意你的意见，不能因为个人的厚道来做一些妥协。我在私下里对人都很好，都是客客气气，我朋友之间没有人说我很尖刻，在私下里别人骂我狗血淋头我可以不在意。

我是对茅于轼的思想不厚道，不是对他的人。这是两回事情。中国跟美国正好相反。中国没有公共辩论的传统，没有公共辩论的伦理。私下里互相使坏，到了公共场合，即使观点不同，也客客气气，回避辩论。个人之间好像很厚道了，但把公共利益出卖了。所以，不要老说厚道不厚道，应该超出文人的圈子文化。

人物周刊：回到你批评茅于轼的问题上来，你了解中国当下辩论“仇富”话题的现实语境吗？

薛涌：你就说“仇富”这事儿，我搜集的数字，所有发达的市场经济国家，基尼系数都比咱们低，贫富分化都没有咱们严重。中国的贫富悬殊在亚洲第一，在全球排第三十几，排在咱们前面的，都是非洲那些穷得不得了的国家。中国社会的贫富分化还在急剧扩大，再往前走就是世界前几名了。这种社会怎么能不仇富啊，不仇富不正常。

仇富是什么意思?仇富就是民主的开始。基督教不是仇富吗,它说贫困给人带来美德,富人进天堂比骆驼穿过针眼还难,对财富批评得非常厉害。亚当·斯密也可以说仇富。因为他对工商势力攻击得非常厉害。美国不仇富吗?美国当然仇富啊。爱德华兹竞选总统本来势头不错,后来因为他花了四百块钱理个发,他的总统梦就此基本终结了。他的钱都是自己正当挣出来的,如今至少是几千万的身家吧。但四百块理个发,美国媒体几个礼拜都在谈这事儿,这不是仇富吗?在中国,大款四百块理个发,能成丑闻吗?

在西方发达国家,它有制度化的方式来抑制富人的权利。比如竞选,每一个人的捐款多少有一个控制,防止富人通过金钱的方式,谋得过多的政治利益。金钱多少可以不一样,但权利要平等。成熟社会有一套这样的方式。在没有这一套的时候,仇富的这种心理,包括仇富的道德,对社会很有益。

我现在最感压抑的一点是,茅于轼的很多观点,降低了我们社会道德准则的观点,没有机会来批判,而且批判它要写长篇大论,要写好多文章,更没有地方发。可能这个事情要是闹大了,我要写一本关于仇富的书。

对老左要保护,对新左要辩论

人物周刊:你怎样看待贫富分化之后,中国知识分子的左右分化?

薛涌:对左右之分,我好像有点感觉,不过从来不太当真。这么多人,怎么能简单地分成左右?我自己大概就属于和左右两派都难融的。

左派有老左和新左之分。整个八十年代,我都把老左视为自己的敌人。不过,到了九十年代,老左渐渐退出历史舞台。我不相信他们对中国的改革会再形成实质性的威胁。同时,因为他们失势的失势,衰老去世的衰老去世,我倒是觉得他们可怜,需要保护。

人物周刊:为什么要保护?

薛涌:我认为中国是没有历史的国家。二十岁的和四十岁的不对话,四十岁的和六十岁的不对话。老一代没有公信度,年轻一代拒绝承认上一代人的经验有任何价值,不听他们的话。现在八十年代后这代人,根本不知道老左是怎么回事,不能体会在老左时代是什么滋味,甚至对老左时代反而有一股温情,对领袖也很崇拜。你跟他们说当年饿死多少人,他们甚至会跟你急,不许你污蔑伟大的祖国。这是在经济增长中长大的一代。民族主义情绪、大国的自信,远压过了对过去痛苦的记忆。

老左的消失标志着民族记忆的消失。现在的孩子，羡慕老左时代人人有工作。人人有工作怎么会饿死人？他们说你造谣污蔑。我想，如果我们真保护老左，让他们和年轻人照照面，告诉年轻人不能留披肩发、不能穿连衣裙等等，年轻人有过去时代的活标本摆在眼前，就不会对计划经济有那么多玫瑰色的幻想。

人物周刊："新左"呢？

薛涌：按说我没有资格谈"新左"。他们的东西大部分没有看过。甘阳大概属于新左吧。你寄来他在《读书》上发表的长文，我也粗略看了一遍。

在我看来，甘阳的思想看上去复杂，实际上很简单。他把改革以来的传统叫自由的传统，把改革以前三十年的传统叫平等的传统。并认为两者和西方自由平等的传统很类似，我们现在都应该拥抱。老实说，读了这些话，我真不知道他那么多年思想史都读了什么。西方的平等传统，是建立在"权利"的基础上。中国改革前三十年的平等，则是建立在"权力"的基础上。再往前追，中国古代"一君万民"，这"万民"也是平等的，即同样屈从于一君的权力，没有贵族可言。欧洲贵族乃至农奴，层级甚多，看上去很不平等。但是，人的地位是建立在权利的基础上的。英格兰的农奴要被判罪，也得经过陪审团审理，陪审员常常就是其他农奴，是受审者的邻居。从权利的角度看，欧洲中世纪老百姓所拥有的一些平等权利，我们现在也未必有。

中国未来要建立一个健康的市场经济、民主的政治制度，就必须形成以权利为核心的社会。甘阳所讲的那种平等，非清除不可。那是靠一个绝对权力把社会削平的平等。如果我们的民族有记忆的话，他这套理论是不可能有市场的。问题是，现在这代人失去了历史记忆。听甘阳一说，不少人觉得不错，真幻想着过去很平等。那个年月，部长有部长楼，有汽车、司机，高干有特供店，有内参看，甚至有文工团的女演员陪跳舞等等，火车的软卧，不到一定级别不能坐。这样的社会，真比现在平等吗？甘阳的理论，正是建立在这种失忆后的幻觉上，很有误导性。

人物周刊：你应该算左派还是右派？

薛涌：你说我这种主张"保护老左、斗争新左"的人是左派右派呢？其实，派别也许不重要。我看中国知识界早被利益集团所侵蚀。所以，我现在的主要精力还是和"主流"们斗争。他们是有势力的既得利益集团。他们讲"效率优先"，我讲"权利优先"。大家虽然都主张市场经济，但是意识形态还是不同。也许他们是"老右"，我就自封"新右"如何？

徐友渔："仇富"的现实危害被夸大了

上世纪末期以来，徐友渔先生投入了更多精力研究中国新时期的社会思潮，分析知识分子的思想分化和立场对立。在每一次社会思潮涌起和知识分子产生分化的时刻，他都迅速对种种纷繁复杂的现象做出分析，连续发表了多篇重要论文。这些文章清晰地标注着当今中国一位持自由主义立场的学者眼中的"当下思想史"。

当我们试图报道在当前社会剧烈的贫富分化面前，中国知识分子的不同观点和立场时，正逢徐先生准备从北京赶往广州赴南方论坛演讲《当前中国社会思想的分化和对立》，于是他成为最为合适的采访对象之一。

知识分子的分化并不明显

人物周刊：我们首先想问的是，你是否认为当前社会的阶层分化和对立加剧了社会思想的分化和对立？

徐友渔：原因不只这一个，但这一个可能是主要的。

人物周刊：在对贫富分化的具体现实的判别上，知识界有分歧吗？

徐友渔：我觉得，对基本的社会现实的描述，对社会不公正的不满意，是比较一致的。绝大多数人，绝大多数知识分子，和社会上其他人一样，对社会现实的不公正都是共同承认的。明目张胆地为不公正辩护的，说这种现象"很正常"的，是极个别的。问题只是在于对社会不公正出现的根源以及解决的办法，有不同的甚至是对立的看法。

人物周刊：你已经在今年发表过《进入21世纪的自由主义和"新左派"》。

徐友渔：谈到自由主义跟新左派的分野，一个简单的说法是，新左派主张社会公正，自由主义主张个人权利。新左派把"社会公正"问题作为打自由主义的一根棍子，但是实际上在中国搞维权的，为此付出代价的，数得出哪个新左派呢？自由主义派却可以说出一长串。这是以维权来描述自由主义和新左派。事实上，追溯一下历史，最早说社会公正并且一直在说的，从秦晖、朱学勤和我，有各种文本根据。我觉得这个问题有一个人说得好，新华社高级记者杨继绳，他在《明报月刊》评论新世纪自由主义与新左派的对立，说新左派主张社会公正，自由主义主张个人权利，理论上应该如此，在自由主义和新左派发源地的西方社会大致如此，但在中国，事实上并不如此。但新左派的宣传把"理应如此"说成是"事实如此"。所以，这种分化显得很复杂。

还有,以前说的自由主义跟新左派的分歧,已经远远不能概括中国今天知识界的情况,民族主义、文化保守主义也是很重要和值得关注的思潮。

人物周刊:一些中国自由主义者信仰基督以后,他们对中国现实的态度有没有什么变化?

徐友渔:这是另一个问题,非常有趣,我也很关注。主要是像北京这样的大城市,一些高级知识分子,主要是大学教师和艺术家,他们开始信仰基督教,有时跟他们的自由主义思想有联系,它的后果也会显得很有意思。

人物周刊:目前知识分子的分化程度,是否意味着各个社会阶层和利益集团都有可能对应着自己的代言人?或者终将有这一天?

徐友渔:在一个成熟的社会里,每一个阶层和利益集团在知识分子里面都有其代言人,用自己的言论来维护他们的利益。现在很多西方社会就是这样。当然,也有极少数知识分子不站在利益代言人的立场,他追求一个客观真理,捍卫的是一个社会公正的理念。

目前中国知识分子还摆脱不了以前那种对统治集团依附的观念,而中国社会也没成熟到这种程度——允许知识分子为某个阶层或利益集团代言。中国正在往这个方向走。知识分子界整体上也没有自觉做到这一点。当然也有别的情况,比方说有些经济学家,可以替既得利益集团辩护。

但是即使到了这一步,中国仍然需要一群这样的公共知识分子:他是超脱利益的,不是来代言的。我觉得这种公共知识分子更值得尊重。总而言之,利益的多样化和代言的多样化是正常的,是社会进步的表现,但真正需要的是像罗素这样的人——我就是追求真理,追求公正。

人物周刊:你觉得目前这种分化是不是明显存在?

徐友渔:现在我觉得并不明显,现在中国知识分子的分化还没有达到自觉将自己定位为某个阶层或利益集团代言人的程度。但对现存的现实的辩护或是对现实中不好的东西的批判,这种分化已经出现。

人物周刊:比方说像西方的左翼对弱势群体的维护,对资本的痛恨,在未来中国的自由主义知识分子中会不会也分化出类似国外的左派?

徐友渔:谈这个问题最关键的前提是要有言论自由和宪政的框架,没有这个框架,那种知识分子号称自己为哪个集团代言都是一种扭曲的东西。自由主义把言论自由看作是最基本的,这就是为什么我把自由主义看作是第一位的价值,有了这点后,也许就有了分化,也成了一个什么主义者。没有这一点就是假的分化。

对“仇富”不能一概而论

人物周刊:你关注过这次茅于轼和薛涌之间关于仇富和贫富分化的争议没有?

徐友渔:我有关注。我觉得他们两人主要是言词之争。茅于轼在文章中说“为富人说话”,但他为劳苦大众办事的行动是无可挑剔的。薛涌的观点,我也觉得还是相当不错,比如对甘阳说毛泽东时代非常公平的批评。

茅于轼虽然我非常尊重他,也跟他的个人关系极好,但我觉得他“为富人说话,为穷人办事”的表述是片面的,有时可以,也需要替受到不公正对待(比如被官府勒索的富人)说话,但更需要替穷人说话。这个标题肯定是片面的,虽然他在具体阐述时,说得还可以。但你“为富人说话,为穷人办事”毕竟有独立的意思,人们会仅仅根据这句话作出判断。薛涌就把这句话放大了。

人物周刊:茅先生后来又做了解释,说他“很担心我们国家再发生贫富冲突”,表现出一种深切的忧虑。

徐友渔:这种说法,我觉得是有道理的。从动机上,茅于轼是很善意的。但是,我仍然觉得这个说法是片面的。过分的“仇富”心理当然是一个问题,但我觉得他夸大了。仇富固然是中国的传统,但这个传统是不是中国传统中很重要的,我觉得也是一个很难说的问题。

我觉得,首先是茅于轼表达的片面,然后是薛涌把这个放大。实际上,从他们表现出来的思想来说,并不应该构成今日中国思想界的一个代表性的对立。我觉得这个对立不是那样重要,与他们两人的主张大不一样的还很多,举例说,甘阳跟薛涌的差异就要大得多。薛涌要批评中国社会的不公正,恐怕还不应该拿茅于轼来说话。

人物周刊:你怎样看待“仇富”心理?

徐友渔:这个话要分两部分。一方面茅于轼的说法有一定的道理,确实有仇富心理,比如我住的小区的小车就经常被扎,你说这些有小车的人又有多富呢,他们得来的钱是不是有问题的呢?不见得。仇富心理中非理性的部分,是值得警惕的,茅于轼只看到这一点。但是,另外一方面,仇富心理是不是像茅于轼说的那样,全部都没有道理?富人中得不义之财的人也相当多。对于富人和仇富,应该有一种现实感和均衡感,不能一概而论。

人物周刊:你不觉得茅于轼表达的是一种很现实的忧虑?

徐友渔:以前我看过基辛格写的一本书,引证了列宁的一段话,说如果人群中最有野心和最有能力的人,在这个社会是有出路的,这个社会就不会引发革命。懂得历史的人都知道，历史上有的朝代很腐败、不公正，但只要有能力和号召力的人能谋自己的出路，就形不成社会的大动荡。余英时提出了“社会边缘人”的概念，很有意思。洪秀全等本来是很有能力和抱负的人，但是屡考不中，后来的革命者也没有被体制吸纳，他们一定会另谋出路。所以，一些潜在的民众领袖能纳入体制，在现存格局中有上升的空间，能得到发展，社会就不会有大的动乱。今天，随着执政党的执政能力的提高，最有能力的人可以在现存条件下谋得出路，成为社会精英，民众的仇富心理和不满情绪也不会引起大的社会动荡。

人物周刊：那么，这个社会是不是如某些人所忧虑的那样，有一些主张“清算”权贵和富人的人？

徐友渔：民众对腐败和不公正不满，要求实现社会公正，清除腐败，这当然是对的。但是，当他们对实现公正和清除腐败感到失望甚至绝望，他们没有历史经验和宪政国家的民主法治经验，唯一的经验，就是文革的经验，就是用大规模的群众运动方式打倒“走资派”，或者像发动者提倡的（其实只是为了动员群众而宣扬的）打倒特权阶层。我觉得民众中间有这种情绪，或者个别左派，特别是怀念文革的知识分子也有这种情绪，这两者结合起来，确实是一个很大的问题，值得注意。当然，真正的解决办法还是要切实地清除腐败，实现社会公正。

原载 2007 年 23 期《南方人物周刊》

一个公共话题的左右说

——薛涌先生访谈(《新生代·调查》)

《新生代·调查》(以下简称调查)：你反对茅于轼的“保护富人”的言论，认为是透露了当今中国新贵的一种极度傲慢的心态，为什么会这么说呢？

薛涌：这里有两个问题。第一，这话本身对不对？第二，这话和他长期的观点是否一致，是否是一时失言？

“保护富人”，就像是“领导干部是改革的最大受害者，应该得到补偿”的话一样，老百姓凭直觉就知道不对。我只不过把这种直觉的道理讲出来而已。人是平等的，应该获得平等的保护。不过，古往今来，在任何社会，富人因为有更多的资源，事实上比较能够保护自己。穷人得到的保护则不那么牢靠。一般而言，你要是说“保护穷人”，就像说要保护弱者一样，走到世界的哪个角落，都不太会有人谴责你。“保护富人”这样的口号则不同。比如我在美国生活了这么多年，我很难想象在美国有茅先生这种地位的人可以公开说这样的话。要真说，早就炸了锅了。现在的中国，是穷人更需要保护，还是富人更需要保护？这个问题需要我来回答吗？在这样贫富极度分化的社会中强调保护富人，难道不该受到谴责吗？

有人狡辩说，茅老没有说不保护穷人。他自己后来也澄清，他讲人人平等。哈哈，这是被我这种人逼出来不得不讲的话。那为什么不简单地说人人需要保护、保护公民的权利等等呢？有必要绕来绕去的说既要保护富人，也要保护穷人这样的话吗？那么不贫不富的中产要不要保护呢？这些大学语文上就该讲清楚：一句话能表达的思想，不要用两句话。他这么讲不是造句啰唆，而是被舆论逼得狡辩，越抹越黑。

他的问题在于，他骨子里不相信穷人和富人是平等的，他认为富人对我们的社会更有价值。所以他说改革开放创造的财富都是企业家的功劳，工人、农民都不算数。当你说一个社会大多数成员都不算数时，这个社会还容许你生存，你实在应该感谢这些“不算数”的大多数的厚道了。可是你看他有这个感觉吗？这是我说他傲慢的原因。

调查：你认为“保护富人”的言论毒害了社会伦理，你觉得经济言论可以放在社会伦理的范围内来讨论吗？

薛涌：经济言论从来是可以放在社会伦理中讨论的。从亚当·斯密以来一直是这样的。最近西方有一股亚当·斯密热，其中一个核心就是“道德情操”的问题。我在即将出版的《学而时习之：论语研究之一》中有一些初步的介绍。可惜，中国的主流经济学家，大概连亚当·斯密也不读。中国近代以来，文化没落，许多受教育的人失去了道德关怀。主流经济学家们就是一例。把“富人”放在优先于穷人的位置上，当然败坏了我们社会的道德。

调查：你在文章中说美国媒体上的主流观念是：要给穷人足够的机会。只要有机会，任何人都可以致富。那么茅于轼先生的小额扶贫贷款和创办家政学校，算不算是给穷人机会的实验呢？

薛涌：我反复说过，我针对的是他的言论，从来没有评论过他干的这些事情。这是两回事情。也许他这些事情，给穷人了一些机会。但他“保护富人”的言论，如果不受我们的挑战的话，会给穷人带来成百上千倍的危害。想想看，如果他这种思想得了势，多少老百姓的房子会被开发商野蛮地推倒？开发商这样赚几百上千万，再掏出三百多块的月薪，雇穷人给自己当保安，这就叫给穷人机会吗？

“保护富人”的言论不是孤立的。比如在拆迁问题上，你看看江平、吴敬琏讲了什么？这些号称维护私有财产的人，关键时刻都站在保护私有财产的对立面。为什么？就是因为侵犯私有财产的是富人！他们要保护富人！

有位媒体的朋友说，如今开发商可以召集专家开个什么会，去坐一坐，几万酬金。这据说是公开秘密。但是媒体不敢说。因为人家是现金交易，连个单据也没有。你说人家可以告你！这话是真是假？你们国内的人自己知道，《南方都市报》那些毙我稿件的人肯定知道。我倒是希望这些人能理直气壮地告诉我这是假的。我希望我的怀疑是错的。但是，你要让我相信江平、吴敬琏之流没有被收买，必须拿出证据来说服我。所以我才让他们公布财产。我从学理上无法理解他们的言论的连贯性。

调查：笑蜀先生认为你的评论并不是基于一个时评家对观点的独立判断，而是为了引得公众喝彩，讨好公众，你是怎么看的呢？

薛涌：他思想破产了，讲不出道理，才需要进行这样的人身攻击。像他这样的人，也许需要哗众取宠来赢得大家的注意。我需要吗？我不挑战主流经济学家，一直就有许多人为我喝彩。我长期不在国内，但在国内很有人气。这不是靠批评谁达到的。关键在于我能写出有思想的文章。我要想哗众取宠，为什么主动退出《南方都市报》这样的主要阵地呢？笑蜀先生不知道自己在说什么。

调查：同样作为自由知识分子，你觉得为什么这次“贫富分化”和“仇富”问题的讨论会出现如此大的分化？

薛涌：主流经济学家，包括许多为他们辩护的编辑，大多是开车的阶级，或者是在这个阶级的门槛上。大家不自觉地形成共同利益。许多人恐怕是被富人包养了。这个你们应该比我清楚吧？我相信，那些自由知识分子在关键时刻背叛自由的原则、帮助开发商侵犯小民百姓的权利的，并非不知道自己言论中的逻辑矛盾。他们大概是拿了人家钱的。你看看这些人住的房子就明白了。单靠教授的工资和稿费不可能承受这样奢侈的生活。这些人常常连稿子也懒得写。他们从富人那里直接拿钱多容易？写作对他们是苦力。这种事情你能理解吗？某大学者昨天还张口闭口市场，然后摇身一变，说小民百姓利益受到侵犯而需要补偿时，不能按市场价格来办。我看一个人要不是弱智，都知道这背后是什么东西。

调查：有国内媒体发表评论说：在活跃的自由知识分子圈，多数人不支持薛涌，是因为长期合作的媒体不发表你批评茅先生的文章而发出高调指责，从而觉得你的“态度”有问题，是在“讨好穷人”，“另有所图”或捞取“政治资本”。对这样的评论，你有什么样的看法？

薛涌：这些人大多数是过时的人物，没有新思想，也不太读书，最多喊几句口号；有些当然是被包养的。说我“讨好穷人”，请问穷人能给我什么？中国的穷人，自己能送孩子上学就不错了。讨好他们有什么用呢？至于“另有所图”或捞取“政治资本”等等，我不知道是谁说的。我的历史清清楚楚：第一，我一辈子没有写过入党申请书。在我这代人里，“另有所图”或捞取“政治资本”的人会这样干吗？第二，我从来公开说自己不准备回国。我对中国尽可能保持局外人的观察。那些这么说我的人，是理屈辞穷，所以才编造出这些东西来。可惜，我在这方面是最清白的。

顺便告诉你一个个人故事。我大学毕业被分配到《北京晚报》。刚刚上班，我每天总是早半个小时到，打扫办公室的卫生。这是我做人的哲学：年轻人刚刚工作，要干最底层的事情。毕竟别人是你的长辈。这样坚持了一个多月，终于有位中年同事按捺不住好奇地问：“小薛，你是否想入党呀？”这事情我当笑话见朋友就讲。大家两路人，当然无法互相理解。那些自己被收买、包养的人，当然无法理解一个人还可以凭良心说话而没有其他的图谋。这种猜测，说明了说这些话的人本身是什么人。我当然是不介意他们这样说。不过，这样说的人，有敢公开暴露自己身份的吗？谁心里有鬼，还不是清清楚楚？

调查：你觉得自己是民粹主义吗？因为你说自己是“反主流精英”和“反智”。

薛涌：你说杰佛逊是不是民粹主义？看你怎么定义了。我只是相信民主的基本原则：每个人有平等的一票、有表达自己利益的权利，不能听任生活在另外一个阶层的精英来对自己的生活和思想指手画脚。我所反的“智”，是那种认为老百姓全是非理性、不懂自己利益的人的“智”。

调查：你反对“富人穷人”说最根本的原因是什么？

薛涌：人人平等。大家都必须得到平等的法律保护。中国的财富，主要是老百姓创造的，但这些财富被靠权钱交易起家的人剥夺得太多了。

“反智主义”的崛起

“反智主义”作为一股社会思潮,正在中国静悄悄地崛起。我可以算这一思潮最鲜明的倡导者。十几年前,我就写了一篇《论〈渴望〉中的“反智主义”倾向》,分析当时红透一时的电视连续剧《渴望》对知识分子的话语霸权的挑战。两年多以前,我又以“反智的书生”为名开始了自己的博客,对国内主流知识界、特别是主流经济学家们展开了激烈的批评,迄今已经获得了一千三百多万的访问量。最近,吴稼祥先生在《中国青年报》的“冰点”发表长文《中国需要“反智主义”吗?》,系统批判我的观点。唐小兵先生则在《南风窗》上发表了另一篇长文《底层与知识分子的民粹主义》,把我在近著《学而时习之:〈论语〉研究之一》中表达的反智思想看成是“民粹主义”的“野火”烧进了自由派阵营。总之,不管是反对还是拥护,人们对“反智主义”已经不能视而不见。因此,作为这一思潮的发起人,我有必要澄清一下什么是“反智主义”,为什么“反智主义”是中国社会之必需。

“反智主义”(Anti - Intellectualism)无疑是个外来语,在上个世纪五六十年代的美国,被左派知识分子作为一个贬义词而广泛运用。六十年代初,这派知识分子中的霍夫斯塔特(Richard Hofstadter)写了一本《美国生活中的反智主义》(Anti - Intellectualism in American Life),一下子走红,获得了1964年的普利策奖,也把这一词汇的贬义成分固定化。在中文思想界,余英时先生率先运用这一概念批判中国政治传统中的“反智主义”,并在海外文化界引起了辩论。不过,无论是他还是他的批评者,也都把“反智主义”当成一个贬义词。与此相对,我则从一开始就把“反智主义”当褒义词来用。这当然也给我的批评者提供了方便的靶子。比如,前述的吴稼祥先生,对霍夫斯塔特的观点不作任何分析,简单化地把“反智主义”描述为五十年代“代表大企业利益的艾森豪威尔的粗鲁统治,以及麦卡锡主义对知识分子的迫害”的结果。唐小兵先生则把我的“反智主义”理念归纳为新左派的倾向。

可惜,这两位批评者既不了解霍夫斯塔特思想的复杂之处,更不明白这种思想在美国政治文化脉络中的地位。最有讽刺意味的是,两位先生都属于市场派人士,都把市场经济的理念作为一个思想解放、思想启蒙的果实来捍卫,因而批判“反智主义”或者“民粹主义”就成了他们的使命。他们恐怕没有意识到，在美国的思想阵营中正好相反：那些批判“反智主义”的，多是新政以来主张大政府、希望用联邦的行政手段干预经济的左翼知识分子；而那些所谓的“反智主义”者，则往往是要求实行彻底的市场经济的保守主义人士。甚至像哈耶克这样的市场教祖，也可以归入“反智主义”的阵营内。

另外，“反智主义”也并不局限在美国，而且也是英国史中的重要因素。有人甚至将“反智主义”归结为盎格鲁撒克逊的政治文化传统。而恰恰是这一传统为现代西方的宪政民主作出了最重要的贡献。这绝不是简单的历史巧合。从理论上说，“反智主义”是以宪政民主为基础的市场经济的自然结果。在这种社会中，老百姓在政治上拥有一人一票的平等权利，并作为自由的经济人在市场上进行选择。不管你拥有的知识和财富比别人多多少，也不能僭越这样的政治权利和经济自由。这是我所鼓吹的“反智主义”的核心。可是，在现实中，即使是民主的政府，手也经常可以伸得很长。特别是政府有着比个人雄厚得多的资源和权威，并需要大量的知识服务。当政府把那些“最”有能力的人集中起来以后，政府权力的诱惑就变得难以抵抗。结果，不管是在政府之内还是政府之外，都有许多人会想：既然政府集中了这么多的人才，有这么多“专家”，那么这些人一定比那些没有念过什么书、没有离开过自己的镇子的愚夫愚妇更有远见。既然你会花钱请比你更懂经济的财经专家经营你的股票，那么为什么不多缴几个税、让政府多雇些专家，让他们包揽你的个人事务呢？

自罗斯福政府以来的“新政知识分子”，就有着这种舍我其谁、以天下为己任的怀抱。而罗斯福的“新政”导致联邦政府迅速扩大，又使这些人在权力的核心占据了大量的位置。他们真诚地相信，他们有着高超的专业知识和智慧，让他们帮助老百姓进行一些生活抉择，恐怕比老百姓自己来抉择要更明智。有些事情，聪明的政府如果不充分发挥领导作用的话，社会本身是干不成的。这一精神，并没有随着罗斯福政府而完结。六十年代初的肯尼迪政府，就号称是通过“精英的精英”(The Best of the Brightest)来治理的。约翰逊“向贫困宣战”的“伟大社会”计划，也是建立在让专家更多地运用纳税人的钱来解决社会问题的信念之上的。

然而，正像哈耶克所警告的，少数的精英官僚，不管有多么聪明，靠他们的决策也无法有效地改善大多数人的福益。社会太复杂，难以被少数人的智慧所驾驭，必须通过市场博弈、通过每个人的参与来达到健康的均衡。一位欧洲作家曾经观察到：在美国这样的草根民主社会，小民百姓活得是如此地自尊和骄傲，乃至一个没有离开过村子的农夫，也觉得对于干他手里的活计而言，他自己是世界上最棒的人选，绝不会听别人指手画脚。这样的社会，也自然有着强大的反智传统，即对少数人把自己的理念强加于大众非常警惕，对运用这些人的政府权力更是怀疑。新政以来，联邦政府和技术官僚的权力越来越大，老百姓越来越感觉到失去了对自己生活的控制：那些多喝了几口墨水、进入政府的“知识分子”，已经开始代老百姓来决策了。事实上，五十年代艾森豪威尔时代正是这种反对大政府的保守主义开始抬头的时代。虽然肯尼迪以微弱的优势击败尼克松当选总统，使新政精神得以继续，但这种保守主义，还是随着里根时代而达到了高潮，并成为美国政治文化的主流。

霍夫斯塔特对于“反智主义”的“民主面向”有着相当充分的认识。他明确指出：“反智主义是建立在这个国家（即美国）的民主制度和平等的情操的基础之上的。……二十世纪的知识分子发现自己陷于一种几乎是不可能的努力之中：他们相信民主社会中的公民，但又要抵抗这种社会所创造的文化之痞俗。……当公众拒绝知识分子的政治和文化诉求时，他们就感到受了伤害或者震惊……”也就是说，知识分子总有着作“社会良心”的怀抱，认为自己是为了公众利益而生的。但是，在一个民主社会，他们的自负迟早会撞南墙：公众既用不着他们代表，甚至还可能把他们看作是自己的利益的敌人。

应该说，对“反智主义”的社会渊源和制度基础，霍夫斯塔特是个明白人。可惜，他却陷入自己所描述的这种知识分子的自我矛盾中难以自拔。他试图对知识分子所具有的“智识”（intellect）和专家或者一般人所具有的“智力”（intelligence）进行区别。在他看来，“智力”运用的对象是可以预见的、有明确的甚至狭窄的界定的、实际的、切身的。“智识”则是大脑中批判性的、创造性的、冥想式的功能。“智力”是对具体环境中的具体事务进行把握和估价；“智识”则是对这种估价的估价，是对整个宏观环境的评判。用我们比较浅近的语言来说，“智力”是大脑在具体领域中的认知职能，比如科学家研究干细胞，其研究对象有着具体的界定和范围，并必须把这一范围外的事务排除。再如消费者买车，“智力”所考虑的就是价格、质量等实际因素。“智识”则跳出这些具体领域之上，比如要考虑干细胞研究是否道德，是对生命的尊重还是不尊重；买车的社会后果是什么，是否在能源和环境上对人类的生存负责等等。

问题是，在一个民主社会，在可以具体界定的“智力”领域，人们不仅非常尊重专家的，也愿意把自己的权利让渡给专家。比如干细胞研究，纳税人很清楚这种事情只能让科学家们来做。但是，在超出了“智力”领域的难以具体界定的范围，比如干细胞研究道德不道德、政府是否应该资助这种研究，老百姓则常常不会让渡自己的权利，一定要通过投票来决定。这时，他们的意志就往往和一些科学家相冲突。

当科学家发现自己只能听从于这些连干细胞基本的科普知识也不具备的愚夫愚妇之时，就会悲叹民不可教。霍夫斯塔特著作，在某种意义也是这样一本抱怨之书。

可贵的是，霍夫斯塔特在抱怨的同时也指出，美国虽然有着强烈的"反智主义"传统，但自三十年代的二战前夜开始，人们就越来越强烈地意识到：美国实际上才是知识分子的乐园。当时大量受纳粹迫害的知识分子发现，只有美国张开双臂欢迎他们，并提供了更好的条件，让他们继续自己的生活方式。新政之后，知识分子也极其被政府所礼遇。即使是在"反智主义"大盛的五六十年代，知识分子也频频出入政府，享受着前所未有的权力。知识阶层内部的危机不是自己受到政府的冷落和社会的放逐，而是太被权力和公众所抬举，乃至知识阶层频频自问：自己是否已经被主流社会所收买？知识分子固有的独立性、批判性和原创性是否已经丧失？

从中国主流知识阶层对"反智主义"的消化看，他们既没有意识到霍夫斯塔特的左翼思想背景，也没有霍夫斯塔特思想本身所蕴涵的复杂性。霍夫斯塔特自己就明确地承认：过分尊奉智识是有危险的。他之所以起来批判"反智主义"，则是因为"在这个充满了危险的世界，美国社会作为一个整体过分尊重智识、把智识变成一种超越的价值来代替其他合理的价值的危险是实在不足虑的。"也就是说，在美国这样的草根民主社会，知识的权力根本不可能践踏老百姓的民主权利。在中国则恰恰相反。中国的传统中的价值系统不被宗教所界定，知识很容易被尊奉为一种超越一切的价值，知识的权力也很容易践踏民主的权利。甚至这种知识权力凌驾于个人权利的现实，在传统中已经被制度化了。比如在科举制度下，通过科举考试的人在税收、刑法等等方面，都享受着普通人没有的特权。三十多年前恢复高考后，考进大学的人身份自动变成了"干部"，和普通老百姓分开。中国的知识分子，长期生活在这种制度化的特权之中，基本不受公众的制约和监督。

"反智主义"的目标，就是取消这种制度化的特权，使老百姓和知识分子都能在一人一票的平等架构中参与市场经济的博弈。而也正是在这方面，"反智主义"会遇到中国知识分子传统最顽强的抵抗。这一点，我在《学而时习之：〈论语〉研究之一》中对此已经作了具体分析。中国知识分子已经习惯于把知识看作是价值源泉，并凭借自己对知识的垄断占据道德高地。比如在《韩非子·和氏》中，所谓"法术之士"就被描述成屡次因为要奉献璞玉而被砍掉双脚的忠贞之士。而"群臣士民"则全都嫉恨这种忠贞之士，使之不敢发言。贤明的君主，则应该摆脱"群臣士民"的影响，任用法术之士，珍惜他们所奉献的璞玉。这一故事，也成了极权主义的理论基础：统治则要在少数有能力的人的帮助下，建立对大多数"群臣士民"的操纵。后世的中国知识分子，虽然以儒家为标榜，骨子里还是这种法家情怀，觉得自己是掌握了最后真理、代表着社会良心、只求奉献和牺牲、毫无私利的人,应该超越"群臣士民",获得垄断性的权力来指导社会。即使到了"五四"的时代,反传统的知识分子也跳不出这样的思想框架。比如鲁迅,竟因为在日本的幻灯片中看到了精神麻木的国人,于是作为一个医学院的学生开始认定这样的人的肉体不值得救治。也就是说,在民主社会中老百姓可以让渡的"智力"权力,即被狭窄、具体地界定的医生治病救人的职责,他是不要的。他要的是在民主社会中不可让渡的权利:即决定什么样的生命值得拯救,什么不值得。我相信,每一个走进医院的病人,当知道医生要对自己作为一个人的价值进行一番道德判断再决定是否救治时,都会感到毛骨悚然。而大多数现代中国人正是生活在这种毛骨悚然的"知识暴君"的统治之下。

也正是基于对中国知识分子传统这样的分析,我提出了对"主流经济学家"的批判:他们以为是他们设计了改革,他们像"法术之士"那样掌握了稀缺的专业知识,能够为大众规划生活;而反对他们的公众,则都如同韩非笔下的"群臣士民",于国于民有害无益。所以,他们才提出"正确的观点不需要投票",才把公众意见视为"非理性"的情绪。然而,从"反智主义"的立场来看,"不需要投票"的观点,属于"智力"范畴,就像科学家在实验室里的研究,或者像历年诺贝尔经济学奖得主们研究的具体理论问题,比如信息不均衡等等。可惜,"主流经济学家"们在这些具体理论问题上,并没有创建。他们所谈的,常常是大学要不要涨学费、领导干部是不是改革中最大的受害者、是否应该对他们进行优先的补偿等等公众政策的问题。而这些问题,正属于民主社会中的老百姓不能让渡的权利,必须通过辩论和投票来最后决定。弗里德曼获得了诺贝尔奖,对于他获奖的经济学理论,当然不需要公民投票来进行判断。但是,当他提出"教育券"的主张后,虽然论述和分析与他的经济学一样清晰有力,却经几十年奋斗也无法实施,原因就是他凑不够他所需要的票数来改变现有政策。可见,在经营自己的生活时,老百姓根本没有义务听专家指挥。在考虑涉及自己生活的公众政策时,他们当然要通过投票来进行决策。

那些口口声声"市场"的主流经济学家们,在攻击网络民意"非理性"时,掉入了一个自己无法跳出的陷阱:他们所信奉的市场经济学的经典理论,一个基本预设就是所有的经济人都在市场中理性地追踪自己的目标。当你把相当一大部分公众对自己利益的表述斥为"非理性"时,就背叛了这一市场经济的基本原则。类似的问题,霍夫斯塔特虽然没有解决,却一直在面对。遗憾的是,在"主流经济学家"们简单的大脑中,根本就没有这一面向。

1958 年,被霍夫斯塔特讥之为"业余经济学家"的美国右翼代言人 Frank Chodorov 写下了这样一段话:

一群声望卓著的经济学家，被洛克菲勒兄弟基金会召集起来讨论叫作衰退的国家经济病状。他们拿出了处方，在《纽约时报》上登了将近两版。这些医生们的崇高声誉，使所有非经济学专业的人都没有资格检讨他们的处方，否则就是不知天高地厚。但事实是，我们所有的人出于生活需要都是经济学家。我们都在从事谋生的活动。而这些正是经济学家们要研究的全部问题。任何识字的家庭主妇，只要有中等水平的常识，就应该能够检验这些专家处方的具体细节……

这段话，被霍夫斯塔特引述作为他所批判的“反智主义”的十二大例证之一。然而在今天看来，也正是这段作为“反面教员”被“展览”的话，闪现着哈耶克式的经济学智慧。试问：一个由所有家庭主妇参与的经济，和一个由十几个诺贝尔经济学奖得主操纵的经济，哪一个才是市场经济？中国的“主流经济学家”们凭借着自己那些在国际经济学界难登大雅之堂的“专业知识”，把所有不同意自己意见的人都斥为是“不懂经济”、被“非理性”情绪所驱动的群盲，这不仅是对民主的背叛，也是对市场的背叛。这就是我所谓的知识霸权或者“知识暴君”。“反智主义”，就是要以人人都是经济学家的精神，突破知识阶层的这种话语垄断。“反智主义”所宣扬的基本信念是：最健康的制度，其公共决策建立在最广泛的参与之上，而未必是最专业的知识之上。知识可以为人们的参与提供参照，却不能代替参与本身。这种参与性，最终要求把我们的市场经济建立在宪政的框架之中，建立在一人一票的游戏规则之上。

代跋：当自由放任的市场经济失灵的时候

上个世纪八十年代以来，中国知识分子有这样一个信念：中国传统文化“言义不言利”，妨碍了中国的现代化。我们必须反对道德化的传统，鼓励人们追求个人利益。他们用亚当·斯密的“看不见的手”来解释市场经济：每个人都追求自己的最大利益；而自由市场的法则，则会自动把这些个人的最大利益转化为社会的最大利益。道德在这里是多余的。追求个人利益就是道德，就是贡献于社会。这可谓是“无德一身轻”。所以，我们才有声称不为穷人盖房的任志强、叫嚷首先要保护富人利益的茅于轼。其理论根源全是那只市场上万能的“看不见的手”。那个大骂说中国贫富分化的人是“胡说八道”、并抱怨民工不肯在广东拿600块钱月薪干活的张五常，也声称自己的学统来源于亚当·斯密。

我们不能否认这些人和亚当·斯密的思想的关系。只是可惜，他们所依据的不过是一种通俗版的亚当·斯密，抽掉了亚当·斯密学说的道德框架。要知道，市场经济的理论，特别是亚当·斯密的思想，本来具有强烈的反乌托邦的色彩，即不相信有一个涵盖一切的完美制度，也不相信大家能通过服从这个唯一的制度原则而实现自己的最大利益。市场强调的是多元性。这些迷信市场经济的人，则把市场经济构造成了一个乌托邦。好像世界上真有那么一套完美无缺的市场法则，你只要跟着走，想办法赚大钱，就自动会为社会服务，不用操心什么道德不道德。

稍微复杂一些的经济学家都知道，完美的市场从来就没有存在过，也永远不可能存在。任何经济，只能在不甚完美的市场中进行（比如有什么“信息不对称”等等）。我们所能做的，是使市场逐渐趋于完美，但永远不可能达到完美。一个不完美的市场，自然会产生种种不公平的竞争结果。当这种不公平的结果出现时，我们甚至不具有足够的理性知识分析出这种不公平是因为哪个环节出了错误，常常只能根据基本的道德原则对之加以修正。当你把一个不完美的市场描述成完美的，并拒绝根据道德原则对其产生的不公正进行修正时，你就等于给种种社会不公平以合法性。自信能构造出完美的市场经济的人，和那些相信社会工程的人已经没有本质的区别。

人们对亚当·斯密最大的误解，是误以为他把人都看成是自私自利的动物，似乎市场经济的运行就是一个非道德的过程。对此，近年来西方历史学家从不同的面向进行了澄清。比如，Emma Rothschild 分析了“看不见的手”的文化脉落，认为亚当·斯密使用这个词是具有讽刺意味的（以下讨论根据 Emma Rothschild，1994：319－322，2001：116－156.）。她指出，被后人所津津乐道的“看不见的手”，其实只被亚当·斯密用过三次。第一次是在其于 1750 年代写的《天文学史》中。在那里，他用这个词描述多神信仰的社会中的人们是如何轻信：他们把自然的非常规现象，如雷电、暴风雨，归结为“看不见”但却是有知的存在（如神、鬼、巫、魔、灵等等）的喜怒。他们不把神佑用于“事物的普通过程”，“连他们所理解的朱庇特那只看不见的手，也不被用在这些事物中。”第二次使用则在他 1759 年出版的《道德情操论》中，其语气同样是挖苦性的。他描绘一些富裕的大地主，他们对“仁爱”和“正义”漠不关心，自私和掠夺的天性使他们只知道追逐虚幻的和永无满足的贪欲。但是，他们雇佣了数千贫困的工人给他们生产奢侈品。“他们被一只看不见的手来导引……无意识并且不自知地增进了社会的利益。”第三次使用，才是 1776 年出版的《国富论》。他在讨论国际贸易的一章中，强烈反对当时在议会中影响巨大的贸易保护主义集团。该集团声称不限制进口就无法保护国内的工业。亚当·斯密则辩称：取消对进口的限制，一个商人为了自己的安全也还是会支持国内的工业，进而推进整个社会的利益。“在这方面，就像在许多其他场合一样，他被一只看不见的手所导引，去增进一个他所无意增进的目标。”（Adam Smith：IV，32.）

Emma Rothschild 指出，“看不见的手”并非亚当·斯密的凭空发明，而是在他那个时代有特别文化寓意的词汇。“看不见的手”在英格兰和苏格兰的传统中有其固定的用法。比如，在莎士比亚剧作《麦克白斯》中，麦克白斯请求黑夜以其“血淋淋的和看不见的手”来遮掩他即将犯下的罪孽。亚当·斯密自己曾开课专门讲莎士比亚如何运用隐喻，对此自然了如指掌。在他仰慕的伏尔泰的戏剧《俄狄浦斯》（Oedipe）中，“看不见的手”成为惩罚主人公的一股极为恐怖的力量。在罗马诗人奥维德（Ovid）的作品 Metamorphoses 中，人首马身的怪物包围了英雄 Caeneus，并从背后用“看不见的手”反复戳刺英雄的身体。亚当·斯密拥有的这部作品的一个版本，就包括一个描绘英雄被刺中的图象。而把“看不见”和“手”分开考察，同样是恶气森森。在《伊里亚特》中，宙斯的巨手从背后推搡赫克托。在希腊文中，chirokratia，即“手的统治”，意味着以武力为后盾的政府。在罗马的货币上，朱庇特的巨手保护着渺小的罗马皇帝。虽然在基督教中，上帝的手是仁慈的。但在亚当·斯密时代的世俗文献中，巨手总是压制的象征。“看不见”的意义同样令人不快。

亚当·斯密的朋友和当时最重要的哲学家大卫·休谟，把“看不见”和愚昧无知联系在一起。亚当·斯密自己就说，人们喜欢用一些“看不见”的链条来解释他们井然有序的世界体系。但在“文明社会”，人们则倾向于少用这种祖先的恐惧和无知所传下来的“看不见”的存在。

怎么理解亚当·斯密对“看不见的手”的运用？在《道德情操论》和《国富论》中，他讨论了与“看不见的手”相关的三个概念：第一，个人行为会有意想不到的后果；第二，事件具有一贯性和秩序；第三，个人行为的意想不到的后果，有时会增进社会的整体利益。综合考察“看不见的手”中所表达的这些观念，我们就得到了一个非常复杂的结果。有的“看不见的手”是亚当·斯密喜欢的，有的则是他所讨厌的。而讨厌的“看不见的手”似乎居多。

亚当·斯密对“看不见的手”最正面的使用，是来源于其带来的“美学上的欢欣”(aesthetically delightful)。在《道德情操论》中，他在“看不见的手”一词出现后的一段讨论公共政策的段落中说：“我们高兴地看到如此美丽和宏伟的体系的完美性。”也就是说，“看不见的手”在这里是用来描绘想象中的完美体系。

但是在现实中，当亚当·斯密讨论道德心理学和道德哲学时，对“看不见的手”的运用则是负面的，因为“看不见的手”所表达的理论对个人的意图有一种居高临下的傲慢。事实上，在亚当·斯密使用“看不见的手”的三个场合中，他所指的那些意识不到“看不见的手”的存在的个人都属于不体面的人物，或者说是“反面人物”：远古社会的迷信民众，贪婪的商人或大地主。英语中的“看不见”(invisible)是拉丁文 caecus 的翻译。而 caecus 的字面意义就是盲目。亚当·斯密则是个人自由的卫士。他认为个人的天性是独立的，是知道自己在干什么的，也是能够为自己的利益做出判断的。那种个人命运被不可知的力量或者设计者所操纵的理论，跟他对个人自由的信仰正好相反。他特别指出，那些“系统的改革者“(也就是喜欢乌托邦式的社会工程的人)，就如同当时的普鲁世皇帝腓特列二世和神圣罗马帝国皇帝约瑟夫二世那样，想象着安排“一个伟大社会中不同的社会成员就像用手摆布棋盘上的棋子一样轻而易举。”(注意：在这里“手”字又以负面的意义出现。)但是，这种“改革者”没有认识到，“每一个个体有他自己运动的法则”。很难想象，尊重个人意图的自主性和独立性的亚当·斯密，会相信各种不同的人要按“看不见的手”所操纵的一个法则来行事。

“看不见的手”更危险的地方在于其所暗示的知识特权。这当然也特别投当今中国“主流经济学家”的胃口。“看不见的手”的基本预设，是有一个或一群制度的创造者或者理论家，他们能看到一般人看不到的东西。比如，对成千上万的普通老百姓来说，那只操纵他们命运的“手”是看不见的。但几个“主流经济学家”或房地产大鳄却看得见，他们可以告诉老百姓：安心于你们的最低工资，我们看得见但你们看不见的“看不见的手”，最终会使你们的境况好起来。这就是黑格尔所谓的“理性的狡猾”，使个人成为达到目的的工具，等于给了少数精英操纵大多数人的命运的权力。当时亚当·斯密的敌人，拥护政府贸易管制，拼命鼓吹在这种管制中“每个成员都发挥他自己的能力，甚至在不情愿的情况下为整个社会的真正利益而工作。”也就是说，大众被“看不见的手”操纵，在不自知的情况下贡献于社会，这其实正是亚当·斯密的敌人当时不断重复的陈辞滥调。我们很难想象亚当·斯密会拿过来认真地当作自己的学说。

从亚当·斯密在《国富论》中对“看不见的手”的运用来分析，这个词不无嘲讽意味。这个词在第四卷(Book IV)中出现。政治对商业的影响，则是这一卷的中心。亚当·斯密的火力集中对准了贸易商和制造商：这些人总要想方设法消除竞争、寻求垄断，并对国会施加了巨大的影响。要让他们放开追求自己的利益，则会损害全社会的利益。所以，只有打破他们的影响，遏制他们对自身利益的追求，他们才能在“看不见的手”的指引下追逐个人利益。这里，亚当·斯密已经预见到了当今华盛顿的游说团，或者官商一体的“有中国特色的”自由经济。

Rothschild 对亚当·斯密宗教理念的讨论，我们不妨在此略去。她大致归纳说，亚当·斯密喜欢“看不见手”的理由有一个，就是其优美，激发理论的想象力。但他还有三个不喜欢的理由：“看不见的手”暗示了个人生活的无效，崇拜全知的理论家，以及纵容工商集团通过政治渠道追逐私利。“看不见的手”可能就是亚当·斯密行文中一个挖苦性的修辞。如果他确实认真地从正面使用这个词，那么这个词和他最深刻的信仰，即个人的情操、个人的责任，以及个人的意向的重要等等，就有了直接的冲突。她还意味深长地提醒读者，二十世纪的人喜欢用“看不见的手”来讨论个人行为的意想不到的后果对社会的贡献，但是，个人行为的另外一些意想不到的后果，可能是毁灭性的。杀父娶母的俄底浦斯就是一例。这种观念，深入西方人的集体无意识中，也被亚当·斯密所讨论。但是，当二十世纪的经济学家讨论人们追求自己利益时的意想不到的后果时，却回避了这一点，可谓报喜不报忧。她预言二十一世纪人们对“看不见的手”的理解，将更有解构性。

另一派学者，则试图对“看不见的手”进行正面解释。Jerry Evensky 指出，“看不见的手”不仅仅指挥着一个完美的市场经济体系，而且有广泛得多的责任：如果个人想分享“古典自由社会”的果实，那么“看不见的手”必须不仅要协调个人的选择，而且要把他们塑造成“建设性的社会存在”，即“道德的存在”。实际上，“看不见的手”如同牛顿物理学中的定理一样，体现了仁慈的神的意志。[1]这种神圣的意志把人造就成了自爱的和向善的。个人以其独创性贡献于他所生活的社会共同体，共同体则能超越个人的生生死死，构成了人类的永恒性。人类正是在个人与社会的共同进化中进化。到了晚年，随着阅历和经验的增加，亚当·斯密越来越感到“看不见的手”不过是一个完美社会的想象，而世界是永远不可能完美的，不可能靠完美社会中的机制运行。于是，他对《道德情操论》进行了全面修改。这时，他已经不认为“看不见的手”能够指导人类进入一个“建设性的古典自由国家”。相反，他试图寻找道德领袖这样的“看得见的手”，为自由社会创造条件。可惜，他未能完成这一著述就去世了。（Jerry Evensky：197－205.）

美国保守派历史学家 Gertrude Himmelfarb 在这个问题上也有精辟的辨析。她认为，在亚当·斯密看来，一个由“看不见的手”把个人的谋利行为导向公共利益的世界，是由一个仁慈的神明来操纵着的。这个神明创造了具有特别天性的人类，使他们遵循一定的道德规则来行动。也就是说，他之所以主张政府不干预经济、让个人在自由放任的经济中竞争，其理论前提就是相信个人有基本的道德自觉：你给他自由，他就会自觉向善。相反，政府受利益集团影响太深，如果过多地出来管闲事，等于扰乱了自然秩序，扼杀了社会向善的动力。如果把这个预设改变了，即把人都看成是自私自利的动物、没有道德目标，那么亚当·斯密说不定就会要求政府以道德的目标干预经济过程了。

这里，有几个具体的背景需要特别交代。第一，亚当·斯密对正在崛起的工商集团非常不信任。他把社会分成三个等级：地主、农民和工商阶层。他认为前两个阶层的行为符合社会公益，但工商阶层的利益从来不和社会的利益完全吻和。他们总是以穷人的利益为代价来推进自己的利益，并且在国会中的影响力越来越大。所以，亚当·斯密对他们的要求要特别小心。这恐怕是和他对中世纪以来共同体的传统美德比较信任、把工商阶层看作是对这种秩序的威胁有关。第二，亚当·斯密提出“看不见的手”，是用来攻击当时的重商主义垄断贸易限制进口的政策。这种重商主义政策的一大特点，就是要保持劳动阶层的低工资，坚持认为低工资一方面可以逼着劳动者勤劳（即不加班加点就无法维持生活），一方面能够维持工商业的基本利润（这和当今中国一些“主流经济学家”特别是张五常的想法非常接近）。亚当·斯密则几乎是第一个质疑低工资的人。他以不容置疑的口气说：“没有一个社会可以在其大多数成员贫穷和困苦的情况下能够繁荣和幸福。唯一的公平，就是那些给社会整体提供了衣食住的人们能够从他们的劳动果实中享受其应得的份额。”这显然也是站在共同体的整体利益上说话的。（以上讨论参见 Gertrude Himmelfarb:53－70.）

虽然这两派对“看不见的手”的修正理论还有待相互调解，不过双方的分歧对本文的讨论并无本质的影响。双方最核心的不同，其实还是在于亚当·斯密的神学观念：他所描述的自然秩序，以及在这种秩序中自由竞争的人的美好天性，究竟是神的设计，还是来源于人性中的某些善端。在这两派中，我更倾向于Rothschild的观点：亚当·斯密对神的设计非常怀疑，他更依赖于人性中天然的善。其实，这和亚里士多德的道德哲学非常接近：人是社会的或者政治的动物，其中最优异者有天然的美德；他们在一无所求时，也希望通过增进别人的幸福而获得自己的幸福。不过，不管是神的设计还是人的美德，西方的宗教传统和世俗哲学都基于共同体的理念：人和其他人是一体的，需要施惠于他人，使自己所生活的社会从自己的活动中受益，这是人的基本天性。

在这个意义上，两派修正理论都从不同的角度更正了二十世纪最流行的一个谬误，即在排除其任何道德内涵的条件下，把“看不见的手”解释成万能的市场经济规则。事实上，这一词汇在《国富论》中仅出现了两次，而且是在讨论国际贸易的特定场合下出现的（另一次是在提到一个法国经济学家时出现的），在十八和十九世纪时也很少被讨论。把这一词汇无限演绎成一个乌托邦式的理想，就好像要创造一个永动机一样不切实际。Emma Rothschild一针见血地点出了这种市场乌托邦的要害：这一神话不过是皇帝新衣的倒转型版本。皇帝从一个傻瓜变成了英雄。街上的老百姓则是愚蠢的。他们自以为皇帝是不存在的。但是，皇帝和他的顾问们不仅在那里，而且神不知鬼不觉地操纵着老百姓的命运。（Emma Rothschild，1994：319－322.）看看当今的“主流经济学家”们：他们把网络民意都斥之为“非理性”，鼓吹低工资的合理性，口口声声老百姓看不到什么是他们的利益，并在幕后静悄悄地封杀反对意见的，你难道不觉得他们正是这样上下其手的皇帝和其顾问们吗？

二十世纪的人往往忘记，以“看不见的手”为追求个人利益大开绿灯的亚当·斯密，在《道德情操论》中是这么开场的：

> 一个人，不管被认为是多么的自私，在他的本性中显然有一些原则。这些原则，使他关注别人的命运，并希望给别人带来幸福；虽然他本人除了从看到别人的幸福而获得满足之外，从中并得不到任何东西。通过这种怜悯和同情，我们在看到一个人的痛苦时，会活生生地体会到他的情感……通过设身处地……我们进入他的身体，在某种意义上和他成为一个人。（Adam Smith，1948：73.）

在生命的最后一年，亚当·斯密投身于对《道德情操论》的修改。其中最重要的修改，就是加了整整新的一章，题目叫"关于我们的道德情操的败坏，这种情操常常被崇拜富贵和鄙视贫困所占据"。（Of the Corruption of Our Moral Sentiments, Which is Occasioned by This Disposition to Admire the Rich and the Great, and to Despite or Neglect Persons of Poor and Mean Condition.）

显而易见，如果世界充满了亚当·斯密在上文中所描绘的这种"自私"的君子，当然可以任凭"看不见的手"去运作了。事实上，在真正自由放任的经济中最成功的企业家，从卡耐基到巴菲特和盖茨，不都是这样的人吗？他们在自由经济中合法地获得了财富，但也都把给别人带来幸福作为最大的人生目标，从用自己的财富增进别人的利益中获得满足。他们从来不认为他们的财富是他们自己或他们的子孙可以理所当然地享用的。他们也都认识到：纯粹经济上的"看不见的手"远远解决不了他们的社会所面临的挑战。他们都根据自己的道德原则而非经济原则，把财富重新分配给社会。在他们那里，资本有强烈的道德使命。

再看看今天的中国，什么"首先要保护富人的利益，才能保护穷人的利益"呀，什么"领导干部是改革的最大受害者，应该得当补偿"呀，什么"房地产商就应该给富人服务"呀，等等，都成了市场经济的至理名言。假想一个外星人来到地球，他读读亚当·斯密，再听听中国这种喧嚣，他也许会认为亚当·斯密所描绘的社会和当今的中国社会是由两种不同的动物构成的：前面是个君子国，可以自由放任地让君子们竞相展示自己的美德；后面则是虎狼当道，必须严法峻刑地管得死死的，否则那些人什么都做得出来。

其实，最低工资、对穷人的医疗救助等等，从已知的市场原则来分析都未必说得通，但也都融入了世界最成熟的市场经济体制中，对维系这些社会起了不可低估的作用。这要归功于亚当·斯密所描绘的"自私的人"所具有的怜悯和同情之心。要知道，拿最低工资或医疗救助的穷人，在美国这样的社会很少出来投票，本身不构成一股政治力量。但是，公民之间的一体感，使关注这些弱势的利益成为一个基本的政治道义。这充分说明市场原则的有限性。人们必须根据自己的道德原则，而不仅仅是市场原则，在政治、经济和社会生活中做出选择。市场经济的乌托邦主义者们则认为，他们能够构造一个完美的市场原则，而且这个原则应该是我们社会的主要原则或者唯一的原则，一切都要照这个运行。当市场派走到这一步时，他们对市场的信仰，就变成了对社会工程的信仰。看看二十世纪血淋淋的历史就知道，当有些狂人觉得自己能够为社会制造一个完美无缺的体制，并成功地强制社会牺牲一切来服从这个体制时,人类的大悲剧就会开始。“看不见的手”在《麦克白斯》中本来是一只血淋淋的手。这只血淋淋的手如今竟被许多人奉为至宝,大概也并不奇怪吧?看看山西的黑窑和广东河源市被打死的讨薪民工,这只“看不见的手”,难道不真是血淋淋吗?

二十世纪对亚当·斯密的误解,实际上是以绝对的个人理性主义代替了他对人类整体的道德承担,并把他思想中的道德面向全部抽空,仅仅考察其经济学理论。殊不知,亚当·斯密远非仅仅一个经济学家,也并非一个庸俗经济学家所能理解的。

Gertrude Himmelfarb 把这一问题摆在更大的框架中来分析。她指出,现代社会是启蒙主义的产物。但人们谈起启蒙来,一般仅仅谈法国的启蒙主义,远远低估了英国启蒙传统对现代社会的贡献。法国的启蒙以“理性”(reason)为旗帜;而英国启蒙传统的核心,则是“德”(virtue),或者“社会品德”(social virtues),“社会仁爱”(social affections),甚至可以界定为“仁”(benevolence)。这已成了一种“社会宗教”。“理性”只是推进更高的社会道德目标的手段。亚当·斯密的老师 Francis Hutcheson,把“最大多数人的最大幸福”作为人类的道德理想。在他看来,对同伴的感情(fellow - feeling),绝不是自私自利的产物,因为这样的感情使人们对他人的苦难有着非常痛楚的感受,人们在这种痛楚中是找不到自己的利益的。我们天性中的同情心是关乎他人的利益,而不是自己的利益。Francis Hutcheson 如同后来的伯克一样,警告理性的脆弱:“尽管我们吹嘘强大的理性使我们高于动物,但是理性的过程太缓慢,充满了疑惑和犹豫。在应对紧急状况时,理性没有外在的感性,就没有维持我们生存的能力;没有道德情感,也无法指导我们为整体利益的行动。”理性只是一个顺从性的力量,是帮助我们求得达到道德目标的最有效渠道。休谟则说,古今哲学家的一大错误是把理性当成人类行为的动机。其实,在提供品德的动机时,理性不可能高于感情和意志。道德不取决于理性,而取决于道德情感。亚当·斯密也说,一个完美的人性,是为别人感受得很多,为自己想得很少。(参见 Gertrude Himmelfarb.)这样的人性,怎么可能以自利的理性来达到?总而言之,单以“理性”解释亚当·斯密,结论就是以“看不见的手”为代表的万能的市场“理性”。但这根本不是亚当·斯密所自的思想传统。从英国启蒙主义的立场看,这种市场“理性”充满了专制主义的陷阱。

由此,我们可以对英国的启蒙主义做出两点总结:第一,人类是从动物世界中进化出来的。因此,思考人与动物的不同,是塑造人类自我认同的关键。道德情操和理性,都是人之有别于动物的标志。但是,在这两者之间哪一个更高、能够构成人类社会的最高价值?英国启蒙主义与法国启蒙主义有不同的回答。在英国的启蒙传统中,“德”与“仁”是最高的价值,理性只有为之服务才有价值;而法国启蒙主义者则把理性摆在至高无上的地位。第二,英国启蒙传统中有一种强烈的“性善论”,这和孟子所谓的人的“善端”非常接近。也正是出于对人的道德品性的信任,亚当·斯密才特别反对政府过分干预社会。如果说他的“看不见的手”还有什么积极意义的话,那就是由个人或小群体自发创造的“小秩序”优于一个最高权威所设计的“大秩序”,在无序中求有序。这本身不仅仅是反对大政府(这一点是显而易见的),而且是反对绝对的、单一的秩序,包括被“看不见的手”所概括的单一市场秩序。在亚当·斯密看来,以一个原则支配的历史和社会是可怕的。当盖茨和巴菲特严格按照由“看不见的手”所指挥的市场规则成功后,他们也马上意识到,这种竞争规则创造了严重的贫富差别,很不公平。这时,如果按所谓“理性”的原则,就应该按程序修改规则,使日后的竞争能够公平。但是,诚如 Francis Hutcheson 所指出的,靠这种理性的方式,太缓慢、太多犹豫。哪怕是设计一个更公平的税法(巴菲特就说自己的纳税率比一般工薪阶层还低),让自己这样的富翁多缴些税,也要经过极其复杂的政治过程,并且完全没有把握什么时候能出结果。这时,他们就要基于个人道德的情操采取果决、迅速的行动,甚至不惜破坏自由市场的大规则,把钱以非市场的形式捐献出去。每个在市场经济中竞争的公民,也应该同样如此。他们应该根据自己的道德情操,考虑是否遵从市场理性。比如,当老百姓投票提高最低工资时,就是一种根据道德情操来否认市场理性的选择。这其实是符合亚当·斯密的理想的:这种个人出于自己道德情操的行动,最后互相博弈而形成秩序。

关于这一点,Emma Rothschild 围绕着“看不见的手”有相当精彩的论述。哈耶克曾批判说,欧陆启蒙传统中强烈的构成主义,“使人为设计的结果占据了人的行为结果的空间”。在他看来,自发秩序不仅高于自觉的行动,而且和社会生活有更广泛的共通。“社会过程之所以被称为是‘社会的’,乃在于个人的行为几乎在理念上是无意识的。”哈耶克反对制度设计,自然和亚当·斯密志趣相合。但是,他如果在推崇无意识的道路上走得太远,则面临着非亚当·斯密化的危险:不尊重个人的意向性,遵从一个“能看到一切的理论家”(all - seeing theorist)。诚如一些学者指出的,“看不见的手”在解释那些由无意识的、靠本能行动的人所组成的蜜蜂、蚂蚁式的社会时很有效,但是要解释一个由具有高度反省能力的人所组成的社会时,就不那么有效。因为这些人会根据自己独特的道德情感而非共同的“理性”来选择其行为,包括选择不按“看不见的手”的指挥行事。(Emma Rothschild:138 - 143.)比如,《京都议定书》被一些主张自由放任的新古典主义经济学家攻击为是反市场的。

但是,当人类社会的环境意识提高后,消费者本身开始进行"反市场"的选择、宁愿花更多的钱购买对环境友好的厂家生产的产品。最近在美国电视上,一个日本的汽车广告,不提自己产品的性能和价格,只在那里说他们把厂房周围变成了自然保护区,镜头上是一片绿色。这种推销,就是建立在许多消费者的道德情操之上。最近几年世界汽车业的发展表明,美国那些不尊重人们的道德情操、只尊重"市场规律"的汽车制造商,因为热衷于 SUV 的生产而赔了钱,反而是日本几个生产混合型节能车的厂家,因为尊重环境而获得了市场的奖赏。

所以,以我的归结:亚当·斯密的最高理想,仅用自由放任的市场经济来描绘是不恰当的。应该说,他的理想社会,是一个容许每个人都根据自己自觉的道德抉择形成各种小秩序的社会,是一个多种原则并存的社会。这一社会的整合,就是靠人类的道德情操,而不是市场。

在山西黑窑事件和广东河源市打死民工事件之后,主流经济学家们出奇地沉默。他们也许除了"看不见的手"之外,什么也不相信。他们的思想,对当今中国这些残酷的现实是责无旁贷的。现在该是我们对这只血淋淋的"看不见的手"进行反思的时候了。

(此文节选自《学而时习之:论语研究之一》)

①我们的教科书中把牛顿的物理学和他的神学分开,所以对这样的说法感到陌生。实际上,牛顿大部分时间在思考神学问题。他的物理学和其神学是分不开的。另外,Rothschild 反对此说,认为在宗教层面,亚当·斯密的学说和牛顿的学说是对立的,反对神所创造的秩序的观念。此点学界争议很多,可以细看她的著作,在此不进行讨论。

参考书目:

Rothschild, Emma, "Adam Smith and the Invisible Hand," The American Economic Review, Vol. 84, No. 2, Papers and Proceedings of the Hundred and Sixth Annual Meeting of the American Economic Association, May 1994.

Rothschild, Emma, Economic Sentiments: Adam Smith, Condorcet, and the Enlightenment, Harvard University Press, 2002.

Evensky, Jerry, "Retrospectives: Ethics and the Invisible Hand," Journal of Economic Perspectives, Vol. 7, No. 2, Spring, 1993.

Himmelfarb, Gertrude, The Roads to Modernity: The British, French, and American Enlightenments, Alfred A. Knopf, 2004.

图书在版编目（CIP）数据

仇富——当下中国的贫富之争/薛涌著.—南京：江苏文艺出版社，2009.10

ISBN 978-7-5399-3395-5

Ⅰ.仇… Ⅱ.薛… Ⅲ.时事评论—中国 Ⅳ.D609.9

中国版本图书馆CIP数据核字（2009）第167578号

仇富——当下中国的贫富之争

著　　者：薛　涌
责任编辑：刘　霁
特约编辑：孙　勇
封面设计：星银河书装
出版发行：凤凰出版传媒集团
江苏文艺出版社　http://www.jswenyi.com
集团网址：凤凰出版传媒网　http://www.ppm.cn
排版印刷：北京京都六环印刷厂
经　　销：新华书店
开　　本：787 × 1092　1/16
字　　数：250千字
印　　张：17
版　　次：2009年10月第1版
书　　号：ISBN 978-7-5399-3395-5
定　　价：29.80元